COMO
TRABALHAR
PARA UM
IDIOTA

APRENDA A EVITAR CONFLITOS

COM SEU CHEFE

JOHN HOOVER

COMO TRABALHAR PARA UM IDIOTA

APRENDA A EVITAR CONFLITOS

COM SEU CHEFE

TRADUÇÃO
DÉBORA DA SILVA GUIMARÃES ISIDORO

Editora
Saraiva
www.saraivauni.com.br

Editora Saraiva

Rua Henrique Schaumann, 270 – CEP: 05413-010
Pinheiros — Tel.: PABX (0XX11) 3613-3000
Fax: (11) 3611-3308 — Televendas: (0XX11) 3613-3344
Fax Vendas: (0XX11) 3611-3268 — São Paulo - SP
Endereço Internet: http://www.editorasaraiva.com.br

Filiais:
AMAZONAS/RONDÔNIA/RORAIMA/ACRE
Rua Costa Azevedo, 56 — Centro
Fone/Fax: (0XX92) 3633-4227 / 3633-4782 — Manaus

BAHIA/SERGIPE
Rua Agripino Dórea, 23 — Brotas
Fone: (0XX71) 3381-5854 / 3381-5895 / 3381-0959 — Salvador

BAURU/SÃO PAULO
(sala dos professores)
Rua Monsenhor Claro, 2-55/2-57 — Centro
Fone: (0XX14) 3234-5643 — 3234-7401 — Bauru

CAMPINAS/SÃO PAULO
(sala dos professores)
Rua Camargo Pimentel, 660 — Jd. Guanabara
Fone: (0XX19) 3243-8004 / 3243-8259 — Campinas

CEARÁ/PIAUÍ/MARANHÃO
Av. Filomeno Gomes, 670 — Jacarecanga
Fone: (0XX85) 3238-2323 / 3238-1331 — Fortaleza

DISTRITO FEDERAL
SIA/SUL Trecho 2 Lote 850 — 71200-020 — Setor de Indústria
e Abastecimento
Fone: (0XX61) 3344-2920 / 3344-2951 / 3344-1709 — Brasília

GOIÁS/TOCANTINS
Av. Independência, 5330 — Setor Aeroporto
Fone: (0XX62) 3225-2882 / 3212-2806 / 3224-3016 — Goiânia

MATO GROSSO DO SUL/MATO GROSSO
Rua 14 de Julho, 3148 — Centro
Fone: (0XX67) 3382-3682 / 3382-0112 — Campo Grande

MINAS GERAIS
Rua Além Paraíba, 449 — Lagoinha
Fone: (0XX31) 3429-8300 — Belo Horizonte

PARÁ/AMAPÁ
Travessa Apinagés, 186 — Batista Campos
Fone: (0XX91) 3222-9034 / 3224-9038 / 3241-0499 — Belém

PARANÁ/SANTA CATARINA
Rua Conselheiro Laurindo, 2895 — Prado Velho
Fone: (0XX41) 3332-4894 — Curitiba

PERNAMBUCO/ ALAGOAS/ PARAÍBA/ R. G. DO NORTE
Rua Corredor do Bispo, 185 — Boa Vista
Fone: (0XX81) 3421-4246 / 3421-4510 — Recife

RIBEIRÃO PRETO/SÃO PAULO
Av. Francisco Junqueira, 1255 — Centro
Fone: (0XX16) 3610-5843 / 3610-8284 — Ribeirão Preto

RIO DE JANEIRO/ESPÍRITO SANTO
Rua Visconde de Santa Isabel, 113 a 119 — Vila Isabel
Fone: (0XX21) 2577-9494 / 2577-8867 / 2577-9565
Rio de Janeiro

RIO GRANDE DO SUL
Av. A. J. Renner, 231 — Farrapos
Fone/Fax: (0XX51) 3371-4001 / 3371-1467 / 3371-1567
Porto Alegre

SÃO JOSÉ DO RIO PRETO/SÃO PAULO
(sala dos professores)
Av. Brig. Faria Lima, 6363
Rio Preto Shopping Center — V. São José
Fone: (0XX17) 227-3819 / 227-0982 / 227-5249
São José do Rio Preto

SÃO JOSÉ DOS CAMPOS/SÃO PAULO
(sala dos professores)
Rua Santa Luzia, 106 — Jd. Santa Madalena
Fone: (0XX12) 3921-0732 — São José dos Campos

SÃO PAULO
Av. Antártica, 92 — Barra Funda
Fone: PABX (0XX11) 3613-3000 / 3611-3308 — São Paulo

ISBN 978-85-02-09187-0

CIP-BRASIL. CATALOGAÇÃO NA FONTE
SINDICATO NACIONAL DOS EDITORES DE LIVROS, RJ

H759c
Hoover, John, 1952-
   Como trabalhar para um idiota : aprenda a evitar
conflitos com seu chefe / John Hoover ; tradução Débora
da Silva Guimarães Isidoro. - São Paulo : Saraiva, 2010.

   Tradução de: How to work for an idiot :
survive & thrive

   Inclui bibliografia

   ISBN 978-85-02-09187-0

   1. Gerenciando seu chefe. 2. Executivos - Psicologia.
3. Política organizacional. 4. Relações humanas.
5. Psicologia industrial. I. Título.

10-0531.   CDD: 650.13
                                            CDU: 65.012.61

03.02.10   09.02.10   017462

Diretora editorial: Flávia Helena Dante Alves Bravin
Gerente editorial: Marcio Coelho
Editoras: Gisele Foha Mós
          Juliana Rodrigues Queiroz
Produção editorial: Daniela Nogueira Secondo
          Rosana Peroni Fazolari
Marketing editorial: Nathalia Setrini
Aquisições: Rita de Cássia da Silva
Arte e Produção: Paula Bifulco/Casa de Idéias
Capa: Weber Amendola

Contato com o editorial:
editorialuniversitario@editorasaraiva.com.br

*A meu pai, Robert J. Hoover (1925-2001), que me mostrou
como podemos mudar nosso modo de pensar e agir.*

Agradecimentos

Quero agradecer ao editor geral da Career Press, Ron Fry, pela coragem de publicar as confissões de um Chefe Idiota em recuperação e examinar o eventualmente desagradável submundo dos relacionamentos patrão/empregado; a Stacey Farkas, da diretoria editorial da Career Press, e sua editora, Nicole DeFelice, que transformou uma torrente de idéias e ilustrações pessoais em um documento legível que faz sentido; à minha mãe, Ruth Schultz Hoover, uma escritora talentosa, que examinou os primeiros esboços e disse: "Ouça seus editores"; a Sandy Wilson, uma talentosa profissional de treinamento e desenvolvimento, que leu um esboço inicial e confirmou que a questão dos Chefes Idiotas precisava ser tirada do armário e levada para a luz do dia, onde todos poderíamos dar boas risadas. Agradeço também ao autor e especialista em liderança, Danny Cox, por ter sido uma inspiração para mim e tantos outros. E agradeço, em especial, a Pamala Davenport, por seu encorajamento para a conclusão deste trabalho.

Sumário

Introdução

A experiência de trabalhar para um chefe idiota é tão universal e os sentimentos de frustração são tão difundidos que a mera menção do título deste livro se torna familiar a todas as pessoas. Mas não é familiar aos chefes idiotas.

Certa vez, fracassei miseravelmente tentando vender um seminário chamado "Como administrar pessoas que são mais inteligentes, talentosas e produtivas que você". Meu erro foi anunciar que alguns tipos de chefe precisavam muito de um seminário como aquele. Se eu tivesse feito a divulgação para pessoas que pudessem fazer as inscrições de maneira anônima e enviar seus chefes para o seminário teria ficado multimilionário. *Como trabalhar para um idiota* pode não ser um seminário ao qual os chefes enviarão ansiosamente seus subordinados, mas, como um livro, a audiência potencial de indivíduos altamente motivados e interessados em vingança é ampla e tão onipresente quanto oxigênio.

Chefes idiotas são o soluço mutante da evolução organizacional com uma imunidade semelhante à das baratas diante das calamidades que dizimam pessoas realmente talentosas e criativas. Ainda assim os idiotas podem servir a funções valiosas, desde que não estejam no comando. A má notícia é que, em geral, eles *estão* no comando. A boa notícia é que pessoas talentosas e dedicadas podem dar a volta por cima da situação e prosperar, apesar de seus chefes. Se este livro não trouxer o conhecimento e a consciência para lidar com o desafio de mobilidade vertical, ele pode, pelo menos, impedir que você se torne um funcionário estagnado na carreira.

Quase todo mundo trabalha ou já trabalhou para um chefe idiota. Apesar das liberdades que este livro toma com os arquetípicos chefes idiotas na tradição do desprezível chefe de departamento de Dilbert, ele também sugere alguns métodos e técnicas para ajudá-lo a lidar com maior facilidade com os tolos em posição de poder. Você vai começar ativando e ampliando sua capacidade de empatia. Esse tipo de chefe só terá poder sobre sua carreira se você assim o permitir.

Para muitos, os termos *empatia* e *idiota* raramente aparecem no mesmo contexto. Mas o que o ressentimento lhe trouxe de bom até hoje? O ressentimento faz seu coração enfraquecer e entupir suas veias e artérias. Enquanto tudo isso acontece com você, o coração de seu chefe bate alegremente, oxigenando o cérebro pelo sangue que corre saudavelmente pelas veias.

Quando permitimos que alguém nos incomode, a responsabilidade é mais nossa do que de qualquer pessoa. A chave para sobreviver e prosperar sem se estressar com seu chefe é assumir o controle sobre a única coisa que você pode controlar: sua resposta emocional às coisas que outras pessoas dizem e fazem.

Se este livro puder ajudá-lo a se sentir mais confortável com sua humanidade frágil e imperfeita, terei colaborado para lançá-lo no caminho para uma convivência serena e confortável com os idiotas que fazem parte de sua vida, seja ela pessoal ou profissional. Encarar os fatos sobre os nossos flertes com a estupidez às vezes pode ser difícil. Por isso decidi permear este livro com muito humor. É uma colher de açúcar que vai tirar um pouco do amargor do remédio; gargalhadas que, como água fresca, empurrarão garganta abaixo as grandes pílulas que talvez você tenha de engolir.

Não deixe *Como trabalhar para um idiota* jogado pelo escritório, a menos que seja sobre a mesa de seu pior inimigo. Se você um dia pensou que as únicas maneiras de sobreviver a um chefe idiota seriam medicar-se, demitir-se ou aumentar a dose do seu medicamento e despejá-lo no café de seu chefe, este livro traz esperança para seu espírito, estratégia para sua mente e uma garantia de devolução de pagamento quando e se Bill Gates algum dia pedir falência pessoal.

Dr. John Hoover

1

Confissões de um idiota em recuperação: eu mesmo

O autor John Irving aconselha aspirantes a escritor a escreverem sobre aquilo que conhecem. Publiquei cinco livros sobre administração de negócios antes de perceber que ainda precisava escrever sobre meu estilo de liderança. Agora, no meio de uma pilha de cacos onde antes havia uma casa com telhado de vidro, não consigo me lembrar de quem atirou a primeira pedra. Talvez tenha sido eu mesmo. Talvez não. Mas isto não importa. O apedrejamento ganhou tal intensidade que me esqueci por que as pedras estavam sendo arremessadas.

Oh, sim! Eu me lembro. Eu apontava o dedo para outras pessoas e as acusava de coisas pelas quais eu tinha idêntica — senão maior — culpa. Para cada pedra que jogava, outra maior era lançada contra mim. Sentia-me justificado em minhas acusações e vitimado pelas críticas alheias. Atirar as pedras era natural e justo. Recebê-las era antinatural e injusto. Viver em uma casa com telhado de vidro não significava que eu quisesse ser visto pelos outros. Ou queria?

Minha casa é sua casa

Você está vivendo em uma casa com telhado de vidro? Está acusando seu chefe de coisas pelas quais pode ser facilmente condenado? Estas não são perguntas simples. Nem são questões que formulamos a nós mesmos rotineiramente. Por isso as estou formulando agora. Coisas que nos incomodam nos outros são, com freqüência, características que nós mesmos possuímos. Nossas próprias falhas são especialmente incômodas quando aparecem nas atitudes e palavras de outras pessoas. Elas são quase insuportavelmente incômodas quando aparecem nas atitudes e palavras de alguém com poder e autoridade sobre nós.

Agora que meu telhado de vidro foi destruído, sou capaz de escrever sobre falsa confiança, falsa segurança e falso orgulho. Conheço todos eles. E a sabedoria consiste em saber distinguir esses sentimentos. Não posso deixar de me sentir incomodado e perturbado por ninguém ter me explicado essas distinções antes de eu ter prejudicado grande parte de minha vida.

Saindo do sério

Quem ou o que tem a tendência de tirá-lo do sério? Se você pára e pensa sobre coisas que causam desconforto, está compilando uma lista de questões pessoais que exigem sua atenção. Isto é especialmente verdadeiro na vida profissional. Suas chances de impedir que pessoas em posição de poder e autoridade o tirem do sério são quase nulas.

Se você remover ou desarmar seus gatilhos internos é certo que conseguirá diminuir consideravelmente a possibilidade de seu chefe ou colegas de trabalho o incomodarem. Desarmar seus gatilhos de maneira consciente é a melhor maneira de adquirir imunidade ao ambiente em que se encontra. Que importância tem para você quanto poder tem um idiota, desde que ele não o utilize para aborrecê-lo? Reduzir a habilidade de seu chefe de incomodá-lo, esteja ele agindo intencionalmente ou não, é uma forma excelente de aumentar sua autoridade. E ninguém pode tirar de você essa conquista.

Lidando com um acionador de gatilho

— Meu nome é John e sou um idiota — digo ao grupo na grande sala de piso de cerâmica.

— Olá, John — um coro responde entre goles de café. Alguns falam com clareza, como se quisessem me dar boas-vindas. Outros resmungam, como se falar de maneira incompreensível mascare o fato de estarem presentes naquele local.

— Eu acreditava que minha casa de telhado de vidro era o lugar perfeito para viver — continuo.

— Fale alto — exige um daqueles que resmungaram, repentinamente articulado. — Não conseguimos ouvi-lo.

Irritado com a interrupção, tenho um impulso instintivo de atacá-lo. Resisto! Normalmente temos a reação de ignorar a inteligência de outras pessoas... especialmente depois de termos sido surpreendidos fazendo algo estúpido. Mas agir assim seria uma declaração da minha estupidez. E estou em um grupo chamado de "grupo de recuperação". Já consigo me conter antes de atirar a pedra. Na maior parte do tempo, pelo menos.

Ainda me abaixo instintivamente para pegar algumas pedras e formulo perguntas venenosas, mas na maioria das vezes consigo recuperar o controle antes de abrir a boca e deixar o emocional se sobrepor ao racional.

— Aprendi que viver em uma casa com telhado de vidro não é uma boa idéia para quem vai jogar pedras.

— Que original — dispara um homem a quem apelidei, para mim mesmo, de sr. Resmungo.

Rápido, pego outra pedra e aspiro algum oxigênio extra, não para acalmar-me, mas para ter o suporte respiratório necessário à aquisição do máximo volume de voz. Então percebo que outros estão olhando para ele.

— Não interrompa — uma mulher o censura. — Você conhece as regras.

"Sim", penso, "é como ela diz". Sinto-me aliviado, confortado e protegido. Alguém me defendeu. Alguém se importou. No mesmo instante, a raiva começa a se esvair e sinto uma certa compaixão pelo sr. Resmungo. Ele se encolhe em sua cadeira e examina a borda do copo descartável. Quando sinto que alguém está do meu lado e se importa com meu direito de ocupar espaço no universo, os pensamentos ruins se dissipam e no lugar deles surge a curiosidade sobre como os outros se tornaram o que são. Começo também a refletir sobre como me tornei o que sou.

Portanto, pense da mesma maneira em relação ao seu chefe. Ele precisa sentir que alguém está do lado dele, defendendo-o, garantindo a retaguarda. Nunca se esqueça de que você e seu chefe são seres humanos. Ele terá as mesmas respostas básicas que você a sentimentos e situações. Isto é importante para que você, ao se sentir abandonado, tente se agarrar com mais força, lutar com mais intensidade, tornar-se mais desconfiado. Saiba que seu chefe irá fazer o mesmo. Descubra maneiras de apoiar seu chefe, especialmente em seus momentos de incerteza e dúvida. Quando o fizer, ele sentirá o que senti quando a mulher me defendeu contra o detrator na reunião de recuperação. Você pode engendrar o mesmo sentimento de seu chefe por você. Experimente e sinta a tensão evaporar. Envie um e-mail encorajador, mencione no corredor como você acha que ele lidou bem com uma determinada situação. Mantenha tudo isso no contexto dos objetivos do departamento de forma a não parecer subserviente.

Procure por sinais de que seu chefe está tentando se emendar

Se você considera seu chefe um idiota, mas nota que ele exercita a limitação, talvez deva pensar em mudar seu diagnóstico. Um idiota fora de controle jamais vai levar em conta o panorama geral de como seus pronunciamentos administrativos e suas ordens vão afetar a vida alheia. Se seu chefe parece estar pensando de forma consciente nas conseqüências de seus atos ou em como ele conseguiu chegar a sua atual condição, ouça, preste atenção e tente encontrar pistas de que ele está se esforçando no sentido de realizar algum tipo de auto-aperfeiçoamento. Se for esse o caso, encoraje-o. Ele precisa de todo o apoio que puder obter.

Eu continuei contando ao grupo como aprendi a receber na mesma medida aquilo que estava disposto a dar... fossem coisas boas ou ruins. Recuperar algo do que ofereço de bom é uma suposição. Às vezes acontece. Às vezes não. De qualquer maneira, aprendi que é melhor fazer o bem. Fui criado como Luterano germânico dentro da doutrina que prega a culpa no caso de recebermos coisas boas sem nenhuma razão para tal. Se dissemino o bem, sinto-me mais confortável com o bem que obtenho de volta.

No mundo das políticas de escritório, resistir aos desejos de seu chefe pode proporcionar uma satisfação momentânea, mas não vai acrescentar nada em sua lista de desejos a longo prazo, presumindo que sua lista inclua mais respeito e reconhecimento no local de trabalho, um aumento, uma promoção.

Aquilo é um espelho, não uma janela

Antes de cruzar a linha entre a idiotice ativa e a recuperação, eu não entendia que ver outras pessoas como patetas era, na verdade, uma auto-acusação. Não queria necessariamente que meu chefe deixasse de ser um idiota. Eu queria ser o Idiota Alfa. Não queria fazê-lo parar de me hostilizar protegido pela impunidade. Queria o poder de hostilizar os outros protegido pela impunidade. Não estava compenetrado na missão de criar um ambiente de trabalho mais tranqüilo. Cobiçava o poder de tornar vidas repletas de conflitos.

Quando me dei conta de que outras pessoas podiam me ver como o idiota que eu era, me senti mesquinho. Pior, senti que havia vivido um sonho mesquinho durante a maior parte da minha vida sem saber disso. É embaraçoso prosseguir nesta reflexão, mas o que posso fazer? Sentir-me confortável com minha mesquinhez, acho. Construir outra casa com um telhado de vidro mais espesso não vai ajudar em nada. Haverá sempre pedras pesadas o bastante para estilhaçá-lo.

Escrevo sobre ser um idiota na posição de conhecedor do assunto, porque caí na armadilha. Mais precisamente, escorreguei pela estrada que desce ao inferno seguindo o canto da sereia do sucesso. Na época, sucesso era ter a liberdade de fazer tudo que quisesse, quando quisesse, e contar com recursos ilimitados. Eu também queria total anonimato em minhas demandas, nenhuma responsabilidade por nada que decidisse fazer, e queria tudo isso sem levantar um só dedo para tornar essas coisas possíveis. Queria ser um híbrido de Howard Hughes e Donald Trump.

O fato de estar em recuperação não significa que ainda não deseje em segredo todas essas coisas. O que mudou é minha atitude com relação a elas. Agora posso aceitar que jamais viverei como Howard ou Donald. Melhor ainda, posso me sentir grato pelas coisas que tenho. Se algum dia conquistar uma situação financeira remotamente próxima àquela desfrutada por essas personalidades, terá sido resultado dos meus esforços. Posso ganhar na loteria. Mas isso é minha enfermidade querendo se manifestar novamente... Como idiota em recuperação, tenho uma vida mais feliz, tranqüila e satisfeita. Apesar de ter permitido que meu passado fosse prejudicado, ainda tenho tempo para viver um futuro longo e mais inteligente emocionalmente.

Nenhum pensamento digno de ser preservado

Parte de uma vida ampla e esclarecida consiste em aceitar que sempre haverá idiotas à nossa volta, idiotas em recuperação, como eu, e outros que não sabem que são idiotas. A idiotice às vezes é definida como um estado permanente de estupidez.

Como um idiota em recuperação, sei que sempre serei vulnerável a pensamentos estúpidos, palavras estúpidas e atos estúpidos. Mas posso reduzir minha dependência deles.

Em muitos casos, idiotas praticantes não tornam nossa vida insuportável de propósito. É pouco provável que eles compreendam a influência negativa que têm em nossas vidas.

Imagine por um momento como sua organização ficaria se a "Polícia dos Idiotas" aparecesse um dia e levasse presos todos os idiotas. Que escritórios ficariam vazios? Que coisas deixariam de ser feitas? Haveria a interrupção de alguma atividade positiva? Haveria a interrupção de alguma atividade negativa? Se você descobrisse onde seu chefe estava sendo mantido cativo, mandaria um cartão? Ou até...

... sentiria falta dele?

... sentiria pena dele?

... imaginaria o que foi feito dele?

De volta ao mundo real: não existe uma Polícia dos Idiotas. Estamos sozinhos para lidar com os idiotas que vivem entre nós. Pelo menos aqueles que são idiotas em recuperação sabem com o que estamos lidando. Idiotas ativos permanecerão ignorantes ao dano que causam, e não-idiotas continuarão simplesmente arrancando os cabelos. Por isso este livro é tão útil à sobrevivência.

Idiotas: mais estranhos que a ficção

Podemos ver Jim Carey personificando um idiota em um filme como *Debi & Lóide* e rir. Mas, quando Debi e Lóide estão administrando empresas, não é nada engraçado. A terrível verdade é que idiotas ativos estão nos espreitando. Os tentáculos de sua estupidez alcançam milhões de vidas. Seu poder é indescritível. Felizmente, idiotas não têm consciência da extensão de seu poder. Se esse tipo de chefe soubesse quantas balas têm na agulha, as coisas seriam realmente assustadoras.

Todos os idiotas podem ser criados da mesma forma, mas há uma ampla disparidade em como são dotados por seu Criador. Por algum desígnio misterioso da natureza, alguns idiotas são dotados da liberdade de fazer o que quiserem fazer, sempre que quiserem fazer, e têm recursos ilimitados para isso. Eles também dispõem de completo anonimato em suas demandas, não são responsabilizados por nada que decidam fazer e não erguem um único dedo para tornar tudo isso possível.

Por que há tal poder na estupidez?

É algo muito grandioso para ser capturado em uma única sentença ou numa frase astuta. Contextos devem ser construídos. Paradigmas devem ser alterados. Pensamentos devem sair do simples quadrado.

Questões não respondidas

Tenho uma lista de questões para Deus que nunca serão respondidas, a menos que eu O encontre frente a frente. Sugiro que o primeiro de nós que conseguir entrevistar Deus envie a informação de volta à Terra. Aqui vão algumas questões simples:

- Por que o Senhor criou os idiotas?
- Por que pessoas inteligentes devem sofrer com a preocupação, o medo e a ansiedade, enquanto os idiotas dormem a noite toda?
- A que propósito serve manter os idiotas ignorantes da carnificina que criam?
- Aliás, para que servem os idiotas?
- Como os idiotas se enquadram no grande cenário mundial?

A pergunta na mente de todos os trabalhadores do mundo é: "Por que Deus permite que idiotas se tornem chefes?" Em um mundo em que jogadores de futebol ganham mais dinheiro do que cientistas empenhados na busca da cura para o câncer e em que pessoas realmente se interessam pela opinião de atores e músicos multimilionários sobre a política global, o fato de os idiotas se tornarem chefes parece ser mais a mais cruel das piadas.

Testando a teoria

Você pode ver claramente por que questões tão profundas devem ser tratadas de maneira progressiva. É impossível engolir uma pílula tão grande num só gole. Uma importante pergunta inicial a se fazer, embora você talvez não queira fazê-la, é "Eu sou um idiota?" O questionário a seguir poderá ajudá-lo a determinar se você se enquadra ou não nessa categoria. Se você se sente muito nervoso com a possibilidade de descobrir aquilo que não quer saber, vá em frente e use o questionário para analisar seu chefe.

1. Quando algo dá errado no escritório eu...
   a. Culpo automaticamente outra pessoa.
   b. Abandono trabalhos importantes e me concentro no controle dos danos.
   c. Peço pizza.
   d. Todas as anteriores.

2. Quando recebo ordens para reduzir minha equipe eu...
   a. Verifico as médias de pontos de todos os subordinados que jogam paciência na hora do almoço.
   b. Demito as pessoas que mais me desafiam a pensar e a inovar.
   c. Peço pizza.
   d. Todas as anteriores.

3. Quando recebo ordens para aumentar a produção eu...
   a. Ameaço demitir as pessoas que me desafiam a pensar e a inovar.
   b. Começo uma lista de funcionários que posso culpar pela baixa produtividade.
   c. Peço pizza.
   d. Todas as anteriores.

4. Quando recebo ordens para reduzir custos eu...
   a. Cancelo a festa de fim de ano do departamento.
   b. Obrigo os funcionários a providenciarem seu próprio material de escritório.
   c. Obrigo os empregados a fazerem vaquinha para a pizza.
   d. Todas as anteriores.

5. Quando sou instruído a recompensar os funcionários por boa *performance* eu...

    a. Verifico as médias de pontos de todos os subordinados que jogam paciência na hora do almoço.

    b. Permito que os funcionários peçam suprimentos extras de material de escritório.

    c. Peço pizza extra.

    d. Todas as anteriores.

Não precisamos continuar. Se você tentou aplicar o questionário a si mesmo e atirou a caneta do outro lado da sala antes de terminar, há esperança. Se você analisou as perguntas tendo em mente seu chefe, aqui vai a pontuação:

Cada resposta (a) vale um ponto; cada resposta (b) vale dois pontos; cada resposta (c) vale três pontos; e cada resposta (d) vale quatro pontos. Resultado:

• Quatro pontos: apenas estúpido.
• De cinco a 12 pontos: um verdadeiro idiota.
• De 13 a 19 pontos: um completo idiota
• 20 pontos: um idiota colossal.

Como seu chefe se saiu?

Trabalho autônomo: a cura será pior que a doença?

Abraham Lincoln disse certa vez que representar alguém em um Tribunal é a garantia de que sempre haverá um advogado menos talentoso para um cliente menos inteligente. Demitir-se de um emprego que paga regularmente e oferece benefícios para você e sua família para trabalhar como autônomo é a mesma coisa que desejar incendiar o mundo.

Nunca me dei conta de como era realmente trabalhar para um idiota até começar a trabalhar para mim mesmo. As pessoas sempre buscam o trabalho autônomo como meio de se libertar de chefes que consideram idiotas. Mas quase sempre descobrem tarde demais que seu novo chefe é um idiota maior do que aquele que acabaram de insultar a caminho da porta de saída. Considere algumas possíveis armadilhas antes de mandar seu chefe engolir o emprego:

- Depois de passar pela porta, você terá alguma chance de voltar?
- Se voltar, eles o farão recomeçar na sala de correspondência?
- Você poderá pagar a si mesmo salário e benefícios iguais aos que está deixando?
- Poderá pagar seu salário sem usar suas economias e a poupança para as despesas mensais?
- Você entenderá as conseqüências de gastar o que não está ganhando?
- Está preparado para passar mais horas trabalhando do que jamais passou antes?
- Sua esposa o quer em casa o dia inteiro?
- Sua esposa vai permitir que você transforme o quarto extra em um escritório?
- Tem certeza de que possui os talentos organizacionais e a disciplina necessários para ser produtivo?
- Será tão brutal com você mesmo quanto foi com seu antigo chefe quando as coisas ficavam difíceis?

Se você respondeu não a alguma dessas questões, talvez queira pensar duas vezes antes de abandonar algo seguro só para descobrir que deu um tiro no próprio pé.

O nascimento de um chefe idiota

A maioria de nós nunca recebeu nenhuma educação formal ou treinamento na arte da liderança. Enquanto rastejamos ou tropeçamos pelo caminho que nos leva a posições de autoridade, usamos o que sabemos. Assim, fazemos como qualquer pessoa inexperiente faz e imitamos as figuras de autoridade que encontramos e observamos. Mas nem mesmo nossa observação é exatamente "educada".

Trabalhei como músico enquanto cursava a faculdade. Em um de meus primeiros gestos como empreendedor, fundei um trio para tocar em um restaurante. Na mesma época fui assistir ao filme *O poderoso chefão*. Muitas pessoas teriam se identificado com os personagens representados por Marlon Brando ou Al Pacino. Eu não. Identifiquei-me com Moe Green, o diabólico egocêntrico que comandava o hotel cassino em LasVegas e foi morto por uma bala que atingiu seu olho direito.

Havia um pianista arrogante no restaurante, alguém com quem eu tinha de lidar. Ele chegava atrasado para os ensaios e era irresponsável em todos os sentidos. Certa noite, antes do espetáculo, decidi confrontá-lo. Mais tarde, ele reclamou por ter sido humilhado publicamente diante dos garçons e das garçonetes que também eram cantores.

— Chester — eu disse, acendendo um cigarro e exalando uma longa coluna de fumaça para criar um efeito enfático (naquela época fumar era chique). — Estou aqui administrando um negócio, e de vez em quando preciso chutar um ou outro traseiro para fazer as coisas funcionarem.

Chester riu na minha cara e continuou com seu comportamento irresponsável. Fiquei intrigado. Meu discurso havia sido retirado do filme e ninguém ria quando Moe Green o recitava. Chester mudou em um aspecto: em vez de antipatizar comigo intensamente, passou a me odiar a partir desse dia. Em meu primeiro verdadeiro desafio profissional, tornei-me um chefe idiota instantâneo. Fiz uma imitação barata de uma cena de filme... e me dei mal!

O mito da imitação

Muitos chefes são promovidos sem o benefício do treinamento para a liderança ou a formalização de um desenvolvimento pessoal. É comum que eles simplesmente imitem os estilos de liderança e as práticas de seus antecessores.

Embora pareçam indiferentes a quase tudo, os chefes idiotas podem agir dessa maneira para mascarar sua insegurança. Se um empregado faz algo maravilhoso, esse tipo de chefe pode se sentir humilhado, ameaçado em sua capacidade de demonstrar a mesma competência. Ele pode não ser capaz de identificar o sentimento ou suas origens, mas é capaz de tomar providências para que o empregado sinta o que ele está sentindo. É por isso que nenhuma boa ação escapa impune, e membros da equipe que as executam são rotineiramente constrangidos ou humilhados por seus chefes idiotas.

Se o chefe não tem certeza se a atitude de um membro de sua equipe é boa ou ruim, é provável que ele decida pelo ruim e assuma o controle da situação, só por precaução. É embaraçoso admitir que eu mesmo já fiz isso. Interferi em conversas sobre assuntos que desconhecia completamente só para parecer bem informado. Escolhia citações, termos e frases cujos significados não conhecia e as repetia no meio de conversas. Se ninguém reagia, eu sabia que havia escapado ileso. Se todos se calavam e olhavam para mim, eu agia como se algo estivesse enroscado na minha garganta. Acreditem, existem maneiras melhores de conquistar a confiança e o respeito dos membros de sua equipe do que camuflar sua ignorância.

O *aluno torna-se professor*

A melhor maneira de não se estressar com um chefe idiota nem cair em desgraça com ele é treiná-lo... sem que ele perceba, é claro! Este será seu trunfo. Prepare seu plano de maneira consistente.

Um professor de psicologia ensinava os conceitos do condicionamento clássico a sua turma quando os alunos viraram o jogo. Uma insidiosa conspiração se formou, e os estudantes combinaram que se sentariam eretos e prestariam muita atenção à aula quando o professor estivesse do lado direito da sala. Quando ele fosse para o lado esquerdo, todos se reclinariam e agiriam com aparente desinteresse. Sem perceber por que, logo ele passou a dar sua aula do lado direito da sala. Sei disso porque eu comecei a conspiração.

Você pode fazer o mesmo com seu chefe. Mostre-se atento e interessado quando ele fizer aquilo que você deseja. Ignore-o, trabalhe vagarosamente ou comporte-se com rebeldia quando ele estiver agindo de forma a aborrecê-lo. Se você prestar atenção ao que o faz feliz ou infeliz com relação ao seu comportamento, em pouco tempo poderá começar a influenciar o que ele diz e faz.

Torne-se um antropólogo amador. Finja que é um detetive da mais alta competência. Observe que tipo de quadro ele pendura nas paredes do escritório e que objetos exibe orgulhoso em sua sala. Que animais estão nos retratos de seu calendário? Ouça as palavras e as frases que ele usa. Ele é literato? Sabe operar um computador? Sabe montar um computador? Sabe escolher seus *softwares*? Sabe soletrar *software*? Você é capaz de cumprimentá-lo pelas coisas que ele tão obviamente idolatra, inclusive a criança (*argh*) bonitinha?

Seja paciente, pratique este método. Mas, acredite, isso não acontece do dia para a noite. Na pior das hipóteses, você vai criar um objetivo que o fará levantar cedo e animado para trabalhar no dia seguinte. Também poderá sentir uma genuína satisfação por estar melhorando o ambiente de trabalho para seus colegas. Não se sinta mesquinho ou culpado por fingir ou adular. É a sobrevivência.

Você não é invisível

Lembre-se: você está sendo observado o tempo todo. Se você se sente invisível ou ignorado, é provável que não esteja fazendo o suficiente para impressionar aqueles que estão à sua volta ou acima de você. Mas eles estão apenas fingindo que você não existe. Ponha seu talento de investigador em prática mais uma vez, note que tipo de comportamento eles aprovam e comece a se comportar de acordo. Mesmo que não tenha intenção de alterar seu estilo pessoal e seus hábitos de trabalho a longo prazo, a experiência vai provar que o que você diz e faz é mais notado do que imaginava.

Satisfaça as pessoas e terá reconhecimento. Como no episódio da modificação de comportamento com o professor de psicologia, você precisa distinguir entre o que seu chefe percebe como comportamento positivo e negativo. Em quantidade suficiente, tanto um quanto outro farão visíveis aqueles que se sentem invisíveis. Se você não atrai muita atenção de seu chefe, deve saber que suas atitudes, sejam elas quais forem, estão caindo no vazio.

Os idiotas não têm imaginação. Essa deficiência, aliada à visão de túnel pela qual são famosos os chefes idiotas, significa que o navio estará afundando antes que eles percebam que se chocaram contra um *iceberg*. Se você quer atenção, não precisa apenas fazer ou dizer coisas que mereçam atenção aos olhos do idiota, mas tem de exagerá-las de tal forma que ele não possa deixar de notá-las.

Torne-se um influenciador

Um ex-presidente de uma grande empresa me contou que não conseguia tomar café nos primeiros anos de profissão, quando seu escritório ficava no mesmo corredor da sala do dono da companhia. Para chegar ao banheiro, ele precisava passar pela porta do escritório do neto do fundador, e ele não queria ser visto fazendo múltiplas visitas ao banheiro. Assim, ele literalmente desistiu de fazer sua refeição matinal completa. Até onde você se dispõe a ir para melhorar sua situação? Sugiro que você desenvolva e empregue algumas táticas próprias para engendrar de forma intencional e sistemática a impressão que você deseja gerar:

- Se está disposto a ajudar a cuidar das plantas do escritório, faça isso quando seu chefe puder vê-lo.
- Se vir lixo no chão, recolha-o. Nunca se sabe quem está olhando. Se tiver uma chance de verificar a área quando seu chefe estiver presente, faça uma demonstração razoável e digna de credibilidade.

- Se surgir uma chance de ajudar seu chefe em alguma coisa, desde carregar uma caixa pesada a reiniciar o computador, ofereça ajuda.
- Leve alguns biscoitos de vez em quando. Quando o fizer, passe pela porta da sala de seu chefe, mostre a caixa e diga: "Quer um para adoçar o dia?"
- Se seu chefe manifesta frustração com uma situação para a qual você pode oferecer uma solução razoável, ofereça ajuda. Não seja arrogante para não agravar suas inseguranças: faça sugestões na forma de perguntas: "Seria melhor se...? E se tentássemos...?"
- Em todas as coisas e o tempo todo, seja positivo. Não exagere na manifestação de euforia, o que só irritaria todos à sua volta. Seja apenas positivo. Isso significa encontrar meios de conviver com pessoas difíceis, receber a objetividade de seu chefe com uma atitude prática e certificar-se de que o chefe saiba que você gosta de atuar em equipe.
- Chegue cedo e saia tarde. Se não quer sacrificar sua vida familiar, faça saber que levou aquela proposta para casa na noite anterior ou que se levantou cedo para trabalhar nela antes de ir para o escritório.

Você já percerbeu que neste livro há um tema constante: seu sucesso quando estiver trabalhando com colegas difíceis e pessoas complexas em posição de poder só depende de atitude: a sua. "Mas, John", você reclama, "tenho problemas sérios e preciso de soluções sérias". Concordo. Já vivi o que você está vivendo. Por mais difícil que seja sua situação, a solução começa em sua cabeça e se concretiza através de suas mãos. Planeje deliberadamente como você pode ser uma influência positiva em seu ambiente de trabalho.

Se você julga condenável limpar a área de café diante de seu chefe ou oferecer biscoitos, certamente não entende o funcionamento do cérebro de um chefe. Henry Ford se disse disposto a pagar mais pela habilidade de uma pessoa para se dar bem com as outras do que por qualquer outra qualidade. Se você acha que superar o ressentimento e a hostilidade, substituindo-os por uma atitude positiva e útil, é para escoteiros, não deve estar seriamente interessado em melhorar seu ambiente de trabalho. Não há maneira mais poderosa de impressionar um chefe do que oferecendo apoio. Não há nada mais desagradável para um chefe do que um desagregador.

Pense nisso até a conclusão lógica. É o seu escritório que você está arrumando. Você gosta tanto daquelas plantas quanto todos os outros. Um chefe satisfeito, idiota ou não, é a chave para um ambiente de trabalho agradável. Seja honesto e verdadeiro sobre isso. Você está fazendo todas essas coisas, por mais tolas que pareçam algumas delas, e alterando sua atitude para melhorar suas condições de vida profissional. Você não merece?

Trabalho duro faz amigos e inimigos

Se os idiotas em posição de autoridade o incomodam, é possível que seu chefe o esteja mantendo afastado do trabalho duro. Sem falsa modéstia, sempre fui um trabalhador dedicado e esforçado. Desde meu primeiro emprego como vendedor em uma loja, sinto que, se preciso trabalhar, devo mergulhar na atividade com tanta intensidade que, quando voltar à superfície para respirar, já será hora de encerrar o expediente. Tenho dificuldades para interromper alguma coisa e retomá-la em seguida com a mesma intensidade que mantinha antes do intervalo. Assim como a atitude útil e positiva, descobri que trabalhar duro beneficia tanto a mim quanto aos meus empregados.

Quando fui trabalhar como técnico de áudio e iluminação nos estúdios da Disney, em pouco tempo meu trabalho começou a chamar a atenção. Um dia eu integrava uma equipe de três ou quatro funcionários que descarregava equipamento de som de um caminhão. O chefe da união brincou com os outros dizendo que eu trabalhava como um guindaste humano. Ele sugeriu algumas vezes que eu deveria reduzir o ritmo antes de cair esgotado. Eu ri com eles e continuei trabalhando até sentir alguém me puxando pelo braço. Havia um suporte de microfone em cada uma de minhas mãos. "Largue isso", resmungou meu chefe. Pude ver pelas veias em seu pescoço que ele não estava mais brincando. Devo ter olhado para ele de um jeito engraçado, porque ele repetiu a ordem em tom mais alto.

Deixei os suportes de microfone e fui buscar outra coisa qualquer no caminhão. Ele me agarrou pelo braço e me puxou para trás. Preparei-me para pedir desculpas por não estar me esforçando o bastante, quando ele disse: "Fique ali, encostado naquela parede". Comecei a suspeitar de que minha expressão perplexa não o agradava quando ele me empurrou contra a parede. "Vai ficar observando dali", ele grunhiu. "Não quero vê-lo tocando em mais nada."

Foi uma das experiências mais difíceis que já tive. Cada músculo do meu corpo me empurrava de volta ao trabalho, mas fiquei ali quieto. Os outros continuaram trabalhando, e eu os observava impotente, enquanto meu chefe me observava. Quando o caminhão finalmente foi descarregado, ele me deu permissão para sair dali. "Na próxima vez em que lhe disser para reduzir o ritmo, reduza o ritmo", ele murmurou ameaçador. E se afastou, assim como os outros colegas.

Lembrei-me de que meu chefe havia sugerido que eu reduzisse o ritmo algumas vezes antes, mas imaginei que ele estivesse brincando. Afinal, não havia nenhuma razão para que ele se preocupasse com a minha saúde. Mais tarde, no vestiário, um de meus colegas manifestou seu desprazer por eu ter feito parecer que eles trabalhavam pouco e mal, e por tê-los deixado com uma pessoa a menos na equipe enquanto o chefe me obrigava a permanecer encostado na parede. Recebi o apelido de guindaste humano, e esse termo não era exatamente um elogio.

Pouco depois disso, o gerente apareceu na área atrás do palco entre um show e outro e me pegou pelo braço. "Venha comigo, John", ele disse. "Quero falar com você." Tive certeza de que me demitiria por ter reduzido meu ritmo de trabalho, embora só houvesse cumprido uma ordem do chefe e, assim mesmo, só enquanto ele estava por perto. "Tenho observado você e perguntado a seu respeito. Queremos que seja o chefe de um novo departamento que vai trazer os técnicos para a divisão de entretenimento."

"Mas o quê...?", esse foi o meu pensamento. O pessoal da Aliança Internacional de Trabalhadores dos Palcos de Teatro havia integrado a divisão de manutenção desde que Walt abriu a Disneylândia em 1955. Estávamos em 1978 e eles queriam que eu me integrasse à outra equipe para participar de uma das maiores mudanças organizacionais na história do parque? Eu ficaria encarregado da área de áudio, e um engenheiro de uma empresa de *design* da Disney ficaria encarregado da iluminação teatral.

Eu pensava que tudo aquilo era bom demais e não conseguia entender por que os rapazes da união não estavam satisfeitos. Afinal, eu não poderia mais carregar equipamento.

Esquecimento idiota

Talvez tenha me esquecido de dizer anteriormente, mas compartilho com você minhas experiências profissionais para que saiba que não está sozinho. Quanto de sua boa sorte profissional resultou de planos bem traçados? Quanto de sua má sorte profissional resultou de planos bem traçados? Estou imaginando que você, como muitas pessoas, experimenta sucessos e desapontamentos que ocorrem mais freqüentemente na aleatoriedade do universo do que como desfechos intencionais de estratégias bem ponderadas. Compreender e aceitar quanto de sua sorte se assemelha a rolhas flutuando no oceano não significa que é melhor desistir de tentar fazer as coisas certas sempre que temos uma oportunidade.

Sem eu saber, o que incomodara um chefe, chamara a atenção da gerência! E eu não havia planejado causar nenhuma impressão a nenhum deles. Estava apenas tentando me manter ocupado até a hora de encerrar o expediente. A gerência da Disney decidiu que eu interessava à empresa, e meus colegas julgaram-me um idiota. Sendo um verdadeiro idiota, não percebi o quanto era desprezado.

Consegui não perceber as caretas e as provocações verbais que me eram lançadas quando me mudei da equipe técnica para o departamento de manutenção da divisão de entretenimento. Mais uma vez, mergulhei no trabalho e não tinha intenção de parar para tomar fôlego, até que fosse hora de ir embora. Não sabia que não havia a hora de ir embora para o pessoal da gerência. Às vezes trabalhava até de madrugada e dormia no chão do meu escritório usando as listas telefônicas como travesseiro.

Seu chefe pode se importar mais do que você sabe

A fadiga pode ter contribuído para provocar minha epifania. As caretas e as provocações diminuíram um pouco, em parte devido aos horários de trabalho mais amenos e a outras melhorias que conseguimos implementar no ambiente de trabalho e que favoreceram nossos técnicos. Com o passar do tempo, técnicos de áudio, luz e vídeo passaram a gostar de integrar a divisão de entretenimento e se sentiram mais em casa. Foi uma grande mudança, e nós a fizemos dar certo porque estávamos trabalhando pela equipe, não o contrário. Abrimos nosso caminho pelo labirinto burocrático para melhorar as condições de trabalho desses técnicos, e eles responderam. As atitudes melhoraram, embora eu tenha certeza de que ainda me consideram um idiota. Pelo menos passei a ser o idiota deles.

Seu chefe pode estar investindo emocionalmente mais do que se dispõe a admitir com a finalidade de fazer as coisas corretamente. O fracasso de um chefe em se comunicar com eficiência pode resultar da falta de conhecimento sobre importantes questões ou, simplesmente, de uma incapacidade de expressar-se.

Pessoas que não são formalmente preparadas para posições de liderança não aprendem habilidades para uma comunicação eficiente. Mantenha-se alerta.

Diagnósticos *versus* comportamento

Seja cauteloso com seus diagnósticos de idiotice. Às vezes, o que parece ser um idiota é só uma pessoa comum com idiossincrasias. Todos nós as temos. As idiossincrasias tornam-se exageradas com a exaustão.

Se uma pessoa chega ao escritório usando uma meia de cor diferente em cada pé, ela pode ser um gênio, um criador de moda ou um daltônico. Mas o mais provável é que seja um idiota.

Não temos controle sobre a idiotice dos outros. Não a causamos, não podemos curá-la e não podemos controlá-la. A única idiotice com que podemos lidar é com a nossa.

Passos para deter a idiotice

Assim que você se torna um idiota consciente, alguém capaz de refletir sobre sua condição pessoal e suas circunstâncias, não pode mais voltar para a população de idiotas e desaparecer nela. Sua inteligência, seja ela como for, o atormentará noite e dia. Você sofrerá de privação de sono, começará a experimentar sensações de angústia, perderá a concentração, pois estará com a mente completamente voltada para o problema recém-descoberto — sua idiotice — e não será compreendido por mais ninguém, nem por sua própria família.

Bem-vindo ao mundo real. Você é tão incapaz de mudar o clima do planeta quanto de exercer qualquer efeito sobre o número e a distribuição de idiotas no planeta. Às vezes é como se os idiotas na forma de seres humanos tivessem invadido a Terra.

Você está aqui. De onde quer que venham, os idiotas estão aqui. Não podemos simplesmente conviver? Eu digo que sim... mais ou menos. Nosso foco deve ser a jornada da pessoa para a recuperação, o esclarecimento e o enriquecimento. Idiotas genuínos não lerão este livro, e por isso o que temos aqui é como uma conversa privada. A boa notícia é que podemos ter vidas satisfatórias e carreiras gratificantes, apesar dos idiotas para quem trabalhamos. A má notícia é que temos de fazer todo o trabalho.

Não fique zangado comigo. Os idiotas nem sabem o que está acontecendo. Como podem ajudar? Mas uma vida satisfatória e uma carreira gratificante não justificam o esforço? Eu digo que sim... absolutamente. Com isso, eu o levo ao primeiro passo da nossa jornada ao ápice à prova de idiotas.

O primeiro passo:

*"Admito que sou impotente sobre a idiotice
dos outros e minha vida se tornou idiota
demais para ser administrada."*

Não deixe esse primeiro passo deprimi-lo demais. A idiotice pode não ser exatamente uma doença, mas devia ser classificada pelo menos como síndrome. Não podemos iniciar nossa jornada de recuperação até confessarmos a exata proporção do nosso problema. Sentir-se e, especialmente, admitir-se impotente é intolerável para algumas pessoas. Implica uma perda de controle que não podem suportar. Conheça os mortos-vivos. Esses zumbis andam por aí pensando que podem mudar os idiotas que giram em torno de suas vidas. Eu digo que precisamos alcançar o sucesso apesar dos idiotas em nossas vidas.

A vida é impossível de administrar se você tenta controlar a idiotice que não é sua. Você precisa investir seus recursos na administração da sua própria idiotice. Se você mantiver todo conceito universal do idiota em perspectiva e dentro do contexto, há esperança. Tente cuidar de si próprio sem dar atenção à idiotice que o cerca. Admitir a impotência é o primeiro passo para a recuperação. Os passos seguintes vão revelar quem tem o poder e como você pode chegar a ele para garantir sua serenidade.

Pense no que eu disse dentro do contexto de cuidar de si mesmo. Você é, em última análise, seu próprio chefe, mesmo que se reporte a outro indivíduo. Você é seu próprio chefe idiota? Com que eficiência você interage com seu chefe é escolha sua. Quer ser uma pessoa que tem comportamento repetitivo, ou seja, age conforme vê os outros agirem, como um macaco de zoológico? Ou o macaco vê e pensa melhor no assunto? Você vai ser capaz de dar a si mesmo um descanso emocional, mesmo que os outros não o façam?

2

O verdadeiro idiota queira se levantar, por favor?

Nem todo chefe é um idiota e nem todo idiota é um chefe. Chefes idiotas não são de todo ruins. Quase todos eles são bons em alguma coisa. Só não são bons para serem chefes. Embora nem todos os chefes sejam idiotas, assim que você aprender mais sobre alguns dos outros tipos, é possível que se sinta grato por ter um chefe idiota.

É um engano presumir que seu chefe é um idiota se ele não for. Usar técnicas de modificação de idiota em alguém que não é idiota será tão eficiente quanto usar descongestionante nasal para dor de ouvido.

Organizei o mundo dos chefes em oito subcategorias:

- bons chefes
- chefes deuses
- chefes maquiavélicos
- chefes masoquistas
- chefes sádicos
- chefes paranóicos
- chefes camaradas
- chefes idiotas

À medida que formos examinando cada tipo de chefe, classifique todos os chefes para os quais você já trabalhou em sua categoria apropriada, incluindo seu chefe atual. Você pode acabar descobrindo que seu histórico de chefes revela um padrão preocupante. Tendo sido tanto um chefe idiota quanto um empregado idiota, descobri que a existência de padrões predominantes de chefes na sua vida profissional pode significar que:

- Você é atraído por um certo tipo de chefe para atender a um desejo oculto de autopunição.
- Há um tipo dominante de chefe em seu segmento de mercado.
- Você sofre de azar crônico.
- Você é o idiota.
- Todas as anteriores.

Bons chefes

Por mais incrível que pareça para algumas pessoas, existem bons chefes por aí. Se você vir uma colega reclinada em sua sala, com os olhos fechados e um sorriso tolo no rosto, é bem provável que ela esteja se refugiando nas lembranças de um tempo feliz quando ela trabalhava para um bom chefe. Aqueles que já trabalharam para bons chefes sempre sofrem crises de nostalgia. Os que nunca tiveram o prazer de trabalhar para um bom chefe só podem imaginar.

É surpreendentemente simples ser um bom chefe, o que me faz pensar por que mais chefes não se dedicam a isso. Aposto que você conhece pelo menos um chefe idiota. Para que os chefes idiotas mudem, e isso é possível, é necessário que ocorra algum incidente ou uma série de incidentes de suficiente magnitude antes que eles tomem consciência da existência de um problema. Assim que se conscientizam dele, e isso acontece, eles podem começar a realizar a transformação de chefe idiota em bom idiota adotando a surpreendentemente simples porém profunda regra de ouro da liderança: "lidere como gostaria de ser liderado".

Para dizer de uma maneira simples, é isso que os bons chefes fazem. Em muitas interações humanas, quanto mais simples é alguma coisa, mais eficiente ela é. Todos nós queremos respostas simples, a estrada mais plana e o dinheiro mais fácil. Se somos condenados, queremos a pena mais leve. Já ouviu algum anúncio no rádio que diz "... são só três parcelas pesadas"?

Bons chefes têm a consciência de compreender como gostam de ser tratados e o bom senso de imaginar que outras pessoas provavelmente gostam de ser tratadas da mesma maneira. Como nos comunicamos uns com os outros é um bom ponto de partida. Bons chefes proporcionam um fluxo constante de informação clara e concisa e estimulam a equipe a fazer o mesmo. Bons chefes não gostam de brincar de tentar adivinhar em que você está pensando. Eles não querem ler sua mente para descobrir o que você está escondendo. Tampouco esperam que você leia os pensamentos deles para tomar conhecimento de suas expectativas.

Fazer alguém adivinhar o que você quer ou tentar adivinhar que informação importante está retendo é um comportamento passivo-agressivo. É o ressentimento se manifestando. Temos a tendência de ser passivo-agressivos com pessoas que desejamos punir. Quando foi a última vez que você dispensou o tratamento silencioso a alguém com quem estava satisfeito? O conceito é fácil de testar. Reverta a situação e considere como se sente quando seu chefe sonega informações.

Sua imaginação enlouquece. Ele não confia em mim? Acha que sou estúpido e por isso me mantém alheio ao grande segredo? Tem medo de que eu possa fazer alguma coisa digna de elogios? Todos os tipos de pensamentos devem passar por sua cabeça... e nenhum deles vai produzir bons sentimentos com relação a seu chefe. Se ele está da mesma forma tomado pelas dúvidas, que tipo de bons sentimentos pode ter por você?

A incerteza sempre leva ao desconforto. Quantas vezes pessoas saem para almoçar juntas e especulam sobre o que está acontecendo no escritório? Com que freqüência você ouve conversas abafadas por mãos postas sobre o bocal do telefone? Por acaso já aconteceu de você estar no banheiro e seu chefe entrar com alguém do mesmo nível hierárquico? Você ficou quieto, esperando poder ouvir alguma informação capaz de afetar seu emprego, não é? Tem consciência de quantas vezes se empenha para ouvir uma conversa na sala ao lado ou no final do corredor?

Baias vizinhas

Meu primeiro escritório na Disney não era um espaço convencional. As divisórias eram altas, mas não havia teto, e eu podia ouvir com facilidade tudo que era dito nas salas vizinhas. Na época não pensei muito nisso, mas, olhando para trás, havia certas pessoas que falavam com robustez, como se não se importassem com a possibilidade de serem ouvidas. Eram personalidades abertas que não faziam do segredo uma prioridade ou uma política. Sempre me senti confortável com essas pessoas. Elas falavam sobre as outras de forma positiva, o que me dava a sensação de que, provavelmente, falavam da mesma maneira a meu respeito quando eu não estava presente.

O mesmo princípio vale quando é revertido. A Disney foi a primeira grande corporação para a qual trabalhei. As dinâmicas humanas no local de trabalho eram algo fascinante e assustador para um jovem solitário com delírios de grandeza e nenhuma habilidade formal para alcançar esse propósito. Por meio da experiência, aprendi que pessoas que têm o hábito de falar positivamente de outras tendem a fazê-lo em quaisquer circunstâncias. Aqueles que criticam outras pessoas em sua presença e tentam recrutar sua concordância para comentários ferinos provavelmente o criticarão quando você estiver ausente.

Havia aqueles que sempre mantinham conversas abafadas e sussurradas em suas salas sem teto. Alguém entrava no escritório, a porta era fechada (sinal de que alguma informação secreta seria trocada) e os cochichos começavam. Não me lembro de ter sido capaz de decifrar o que era dito, e não queria ser surpreendido com uma orelha grudada na divisória ou na ponta dos pés sobre um móvel, me esticando inteiro para tentar escutar o que acontecia do outro lado. Aquelas conversas ficarão em segredo para sempre. Mas elas provocavam minha paranóia e soavam muito importantes naquele tempo.

Os sussurrantes podem ter tentado ocultar o conteúdo de suas conversas de muita gente nas salas próximas. Talvez tivessem consciência de que o sigilo aparente tornava a informação, qualquer que fosse ela, incrivelmente interessante. Talvez conhecessem o efeito de seus sussurros e não dissessem realmente nada, sussurrando apenas para provocar a curiosidade dos vizinhos.

Nada disso é problema se as pessoas são abertas e honestas. Havia uma secretária de um executivo da Disney que levava o sigilo ao extremo. Sempre que alguém, e não apenas eu, se aproximava de seu espaço de trabalho, fosse para conversar ou apenas de passagem, ela mergulhava sobre os papéis em cima da mesa para escondê-los. Eu tinha de passar pela mesa dela para ir ao banheiro. A alternativa mais próxima ficava em outro edifício, bem longe dali.

Sempre que passava pela mesa dela, eu dizia a mim mesmo: "Não diga nada. Não reduza o ritmo. Não olhe em sua direção". Não fazia diferença. No momento em que eu surgia no corredor, ouvia o farfalhar de papéis e um baque surdo que sinalizava o momento em que ela aterrissava sobre a mesa. E ela ficava ali, com os braços abertos, olhando para mim, até que eu desaparecesse.

Sempre imaginei o que podia haver de tão importante no trabalho de seu chefe para merecer tamanho sigilo. Ele era uma boa pessoa, um gerente de nível intermediário, como eu. E parecia ser um comunicador aberto. Mas o efeito daquele gesto de se atirar sobre a mesa era curioso. Criava a ilusão de que o conteúdo daqueles papéis era sigiloso, o que era pouco provável, e que ela me considerava uma ameaça, caso eu descobrisse o que havia ali.

Talvez devesse me sentir lisonjeado por ela pensar que eu tivesse tanto poder. Eu tinha a sensação de que ela possuía alguma razão para suspeitar de mim, embora soubesse que não havia motivo algum. Obviamente, ela se julgava justificada em suas suspeitas. Outras pessoas tiveram semelhante experiência com aquela secretária, o que significava que a mulher passava muito tempo debruçada sobre a mesa. No entanto, eu só me preocupava com o que poderia ter feito para merecer tal tratamento.

Bons chefes sabem que compartilhar informações de maneira honesta e constante faz as pessoas se sentirem incluídas, respeitadas e reconhecidas por sua habilidade de contribuir. Eles fazem da comunicação aberta uma prioridade. Mantêm todos informados o tempo todo. E são receptivos ao retorno dessas informações. É algo tão fácil que os chefes que não adotam essa prática deveriam se submeter a testes de liderança e acompanhamento com psicólogos.

O tratamento igualitário de todos os membros da equipe é quase tão importante no local de trabalho quanto a comunicação. Digo quase tão importante porque, se as pessoas são tratadas de maneira desigual, é melhor informá-las claramente sobre isso do que fingir que não está acontecendo. As pessoas se incomodam menos com o papel de gata borralheira do que com a promessa do príncipe encantado e da magia da abóbora que nunca se realizará.

Bons chefes são justos

Justiça no escritório significa simplesmente aplicar as regras com justiça, igualmente, e sem consideração por alianças políticas no local de trabalho. Mesmo que as regras sejam enfadonhas e inconvenientes, aplicá-las com justiça e a todos constrói bons relacionamentos. Criticar e punir alguns enquanto outros são beneficiados pela impunidade produz hostilidade, ressentimento e retribuição, caso essa desigualdade vá longe demais.

Comunicar-se abertamente e com honestidade com as pessoas e tratá-las de maneira justa não é mais do que tratá-las como você gostaria de ser tratado. Parece muito simples, mas funciona. Não é difícil e não custa nada. E também funciona com todos, independentemente da posição de cada um. Bons chefes tratam os que têm mais poder da mesma maneira que tratam aqueles com menos poder. Pessoas são pessoas. No entanto, com que freqüência você encontra um padrão duplo?

Bons empregados costumam dar bons chefes e bons chefes costumam ser bons empregados para aqueles que estão acima deles, porque os mesmos fatores se aplicam aos dois. Comportamentos positivos produzem bons relacionamentos de trabalho em todas as direções. Empregados auto-indulgentes normalmente tornam-se chefes auto-indulgentes. Pessoas que prejudicam aqueles em posição de inferioridade têm a mesma probabilidade de prejudicar os que estão acima deles assim que houver uma oportunidade. Se você não é um indivíduo justo ou não se comunica abertamente, não será aquela pessoa com quem seu vizinho de sala estava sonhando acordado.

Administrar em todas as direções é um conceito importante a ser compreendido pela ampla abrangência de suas implicações. Se você tem um bom chefe, é bem provável que ele seja um bom empregado. Os valores que ele demonstra em sua presença devem ser os mesmos que ele exibe quando você não está por perto.

Ser um bom chefe é tão fácil que nos faz pensar por que alguém investiria o esforço e a energia necessários para ser um dos maus. De fato, tudo se resume em um desconhecimento, em uma atitude do tipo "macaco vê, macaco faz", ou na escolha de um modelo impróprio dentre as opções disponíveis. Por mais que as borboletas sociais do escritório, aqueles que adotam a postura do conviver bem para se dar bem, queiram acreditar que animais e crianças jamais se ferem mutuamente quando deixados sozinhos, é sempre necessário levar em consideração a segunda intenção, o motivo escuso. Quando se tem um mau chefe, as chances são de que alguém vai se dar mal.

O sangue fala mais alto

Quando o filho do dono trabalha na companhia, qualquer um sabe que ele está submetido a regras especiais. Conheci um rapaz que era motorista de uma família muito rica na cidade de Nova York. Mais especificamente, ele trabalhava para o pai e seus dois filhos. Esse homem tinha certeza de que a família gostava muito dele, tanto que um dia o colocariam na empresa que possuíam.

Esse dia nunca chegou. Tentei preveni-lo de que tal coisa jamais aconteceria. O fato de alguém gostar de você, com ou sem motivos, não significa que pretenda adotá-lo. Não é preciso estudar muita história para aprender que o sangue fala mais alto e o dinheiro de família fala mais alto que o sangue. Já vi chefes de família ignorarem antigos empregados talentosos, capazes, leais e dedicados para entregarem seus negócios a filhos inexperientes e sem tino administrativo.

Este tipo de atitude em cem por cento das vezes contribui para o prejuízo do empreendimento. De maneira típica, a primeira geração estabelece o negócio, a segunda geração o faz progredir, a terceira geração mal consegue mantê-lo e a quarta geração destrói o que restou.

Claro que há exceções. Conheço muitos empresários que, mesmo pertencendo à quarta geração da família, ainda fazem seus negócios prosperarem. Mas, mesmo quando o nepotismo é a ordem do dia, a comunicação aberta e honesta, aliada à justiça aplicada a todas as outras coisas, ameniza boa parte do incômodo. Trabalhar em uma empresa de administração familiar pode ser uma experiência gratificante.

Chefes deuses

Existem pessoas que pensam ser Deus. Ninguém sabe como ou por que essas pessoas chegam a esse auto-endeusamento. Pode ser um caso extremo de escolha de modelo de papel. Não há nada de errado em valorizar qualidades próprias dos deuses, mas imaginar que você é *O Cara...* pensar que é a voz por trás da nuvem de fogo... agora você está me assustando.

Um chefe deus não é um chefe idiota no sentido clássico. De alguma forma, pensar ser Deus transcende a ausência de noção de todas as coisas. É como acreditar que você *é* Napoleão Bonaparte. O chefe deus é aquele que anda de ombros eretos, como se tivesse engolido um cabide, conhece sobre todas as coisas e acredita estar acima de todas as coisas — e pessoas.

Se você tem um chefe deus, espero que ele seja bondoso e generoso e rezo por isso. Fogo e enxofre em mãos erradas podem arruinar seu dia. Vamos esperar que o lunático não queira vesti-lo com a túnica de algodão e calçá-lo com sandálias. Por outro lado, quanto mais poderoso o chefe deus, mais importante é encontrar uma forma de convivência.

Se você considera indispensável agradar a um chefe deus, implore pelo perdão de sua verdadeira Autoridade Superior. Se ele sugere que você o desapontou, não discuta. Suplique por seu perdão. Use o Velho Testamento como um guia para fazê-lo feliz. As artimanhas do Velho Testamento são, via de regra, mais exageradas do que o comportamento do Novo Testamento.

Quando seu chefe deus estiver zangado, encontre alguma coisa para sacrificar sobre sua mesa. Use sua imaginação.

A verdade é que uma das muitas razões pelas quais os chefes deuses nos aborrecem é que não conseguimos acreditar que o verdadeiro Deus criaria esse megalomaníaco. Acredite. Abra espaço para a possibilidade de ele estar brincando de ser Deus para compensar uma tremenda falta de confiança. De qualquer maneira, é sempre aconselhável considerar o que pode agradá-lo e providenciar a pronta entrega. Tentar subverter ou competir com um chefe deus o levará invariavelmente à derrota.

- Certifique-se de tratar seu chefe deus como ele quer ser tratado. Se ele deseja ser chamado de Sr. Smith em vez de Joe, chame-o dessa maneira. A resistência só vai destruir sua paz de espírito e arruinar qualquer influência que você possa esperar exercer sobre seu ambiente de trabalho.
- Siga as regras dele. Mesmo que essas regras entrem em conflito com a política da companhia, encontre um meio-termo e dê a ele a ilusão de estar fazendo tudo como ele quer.
- Perca as batalhas e vença a guerra. Chefes deuses têm a ver com poder, normalmente porque o poder esconde a incompetência. Seu objetivo é criar um ambiente de trabalho agradável e gratificante da melhor maneira possível. Brigar com um oponente mais poderoso por causa de coisas pequenas só o deixará infeliz e ressentido.

- Ofereça sacrifícios. É sério. Isso pode custar menos do que você imagina. Se ele gosta de biscoitos, apareça na porta da sala e ofereça uma caixa cheia deles. Se ele aprecia granola, leve granola (e coma-a também quando estiver perto dele). São coisas pequenas e tolas, mas chefes deuses acreditam seriamente que, se você não está com eles, está contra eles.
- Peça perdão por antecipação. Não é tão difícil. Se você disser coisas como "Se você concordar..." ou "Você se importaria se...?", seu chefe deus vai ouvir "Você tem o poder de determinar..." e "É sua vontade que mais importa por aqui".
- Reconheça sua presença. Chefes deuses não pensam ser invisíveis. Não cometa o engano de ignorá-lo. Quando ele chegar na sala de reuniões ou na cafeteria, cumprimente-o verbalmente. Se não houver chance para isso no momento, encare-o e faça um movimento de cabeça para indicar que notou sua chegada.

Seu conforto em situações profissionais começa com o conforto de seu chefe. Sua atitude, caso seja suficientemente positiva, vai colocá-lo à vontade. O conforto dele é o seu conforto. Se sua atitude for ressentida, ele derramará raios e trovões sobre sua cabeça e sobre as de seus colegas. Não irei tão longe a ponto de aconselhar que você tema seu chefe deus. Ele não tem tanto poder real. Mas é aconselhável respeitar o poder que ele tem. Não fazê-lo equivale a provocar uma praga de gafanhotos em sua vida.

Chefes maquiavélicos

Chefes maquiavélicos não pensam em ser Deus. Eles são extremamente inteligentes e sabem que isso é bobagem. Mas eles o demitiriam por sujar o tapete de sua sala. Chefes maquiavélicos se irritam por não poderem arrancar Deus de Seu emprego e não se incomodam em extravasar a frustração sobre o restante de nós.

Os chefes maquiavélicos *vêem* o universo como uma enorme pirâmide. Há um lugar no topo que pertence a eles por direito divino. Chefes maquiavélicos comprometeram cada miligrama de seu ser com a aquisição desse posto máximo. Eles não se importam com quem têm de atropelar para chegar lá. Simplesmente se recusam a não terem aquilo que querem.

Se você for atropelado, atravessado ou se tornar qualquer outra casualidade na corrida de um maquiavélico para o topo, não trate a questão como uma ofensa pessoal. Não é nada com você. Nunca foi e nunca será, exceto pelo momento em que você estiver realmente em seu caminho. Esse momento é seu, e você o reviverá para sempre em seus pesadelos.

A única oportunidade em que um chefe maquiavélico fica contente ou é benevolente é quando ele está no lugar no topo da pirâmide. Mesmo assim, é uma questão de sorte. Eles podem ter lido em algum lugar que há um posto mais elevado a ser conquistado. Enquanto houver mais poder a conquistar, os chefes maquiavélicos não descansarão. Além disso, eles não deixarão de utilizar manobra ou arma de destruição em massa em sua busca pelo topo.

Chefes maquiavélicos são muito inteligentes e astutos para serem considerados chefes idiotas. Eles não são desprovidos de noção, exceto com relação a coisas que não importam para eles, como a saúde e o bem-estar de outras pessoas ou os objetivos da organização. São altamente focados, determinados e eficientes. Traduzindo, isso significa duros, implacáveis, verdadeiras máquinas de matar. Eles removem os obstáculos de seu caminho utilizando todo e qualquer meio necessário e prontamente disponível. Não atravesse a rua na frente de um maquiavélico em alta velocidade, mesmo que o farol esteja aberto para você.

Se descobrir que está trabalhando para um maquiavélico, existem várias formas de se proteger. Você pode dizer coisas como: "Sabe, chefe, o carpete na sala da presidência combina com seus olhos". Se o presidente da companhia dirige um Volvo preto reluzente *você* pode dizer: "Sempre achei que você é o tipo de pessoa que combina com um Volvo, chefe". Você pode abolir o simbolismo e satisfazer seu insaciável apetite por poder com: "Essa organização funcionaria como um relógio se você estivesse no comando". Dizer aos chefes deuses e maquiavélicos o que eles desejam ouvir é sempre sua melhor aposta.

Compreendendo que os maquiavélicos percebem o universo como uma pirâmide, você deve tomar cuidado em tudo o que faz para evitar competição. Mais do que evitar competição, você deve utilizar uma linguagem e um comportamento de forma a indicar que você não pretende competir com o chefe e que entende e aceita seu direito de estar no topo. Como o chefe deus, o maquiavélico é absolutamente sério sobre sua autopercepção e tem pouca ou nenhuma real consideração por você. Pelo lado positivo, apresentar a atitude e as ações apropriadas ao chefe maquiavélico fará seu ambiente de trabalho tão agradável quanto possível e, vendo por um lado ainda mais positivo, possivelmente o preservará de ser atropelado.

- Use sempre as palavras "para você". Dizer apenas "Eu cuido disso" pode ser interpretado por um maquiavélico como uma ameaça de passar por cima dele. Você pode nem ter essa intenção. Mas, se um maquiavélico suspeitar de que você vai passar por cima dele, sua cabeça será servida por ele numa bandeja de prata. Para um maquiavélico, ouvir um subordinado dizer "Eu cuido disso para você" soa muito menos ameaçador, quase como se você estivesse agindo em nome dele.
- Use "para você" no passado. Quando descrever qualquer coisa que tenha feito, inclua as palavras "para você". Isso faz o maquiavélico pensar que você está agindo pelo bem dele, mesmo quando está longe de seus olhos, e a tranqüilidade dele em relação a você será maior.
- Alerte-o. Quando descobrir alguma coisa, conte a ele. Envie um e-mail ou mencione o assunto de passagem. Estando em constante competição com todo mundo, os maquiavélicos apreciam informações que possam ser úteis para eles. A informação pode não significar muito na sua opinião, mas você não está engajado na mesma luta que ele: pela supremacia.
- Informe-o sempre em primeira mão. Certifique-se de que seu chefe maquiavélico está sempre bem informado sobre tudo. Mesmo que

a informação pareça trivial para você, deixe que o maquiavélico decida se está interessado nela ou não. Se ele sentir que você está sonegando informações, concluirá que está competindo com ele, e as coisas ficarão desagradáveis. Estamos tratando da desintoxicação do seu ambiente, lembra-se?

- Aceite seus convites. Talvez isso atrapalhe sua agenda, mas recusar o convite de um maquiavélico para almoçar ou comparecer a um evento pode ser interpretado como resistência ou um possível movimento de poder da sua parte. Seja razoável ao considerar sua vida pessoal, mas entenda que seu desinteresse pode ser uma ameaça para um maquiavélico.

- Formule suas contribuições levando em conta quem ele quer impressionar. É muito melhor dizer "Isto faria o Sr. X mais feliz" do que dizer "Espero que o Sr. X goste do que eu fiz". Quando elogiar um maquiavélico, conheça os nomes das pessoas que estão acima dele no organograma da empresa e construa seus comentários em termos de como elas ficarão impressionadas e gratas pelo que ele fez, mesmo que seja você quem tenha feito.

Além de todas essas táticas, você deve usar sua capacidade de julgamento e equilibrar suas necessidades com o sacrifício que está disposto a fazer. Tenha consciência de como suas atitudes e seu comportamento se apresentam aos olhos de seu chefe. Embora você e ele possam marchar em ritmos distintos, o chefe estabelece o ritmo no escritório. Aprender uma nova cadência será mais útil do que dançar sua própria música. Você só conseguirá ficar frustrado e frustrar seu chefe, que, por sua vez, o colocará para dançar na rua.

Chefes masoquistas

Dizer o que um chefe masoquista quer ouvir, algo como "Você é um monte de lixo", não é exatamente apropriado e pode ter um retorno desastroso. Infelizmente, elogiar masoquistas só serve para aborrecê-los, e eles normalmente reagem fazendo algo particularmente desprezível só para manifestar seu desprazer.

Como sugere o nome, os masoquistas desenvolveram uma crença de que precisam ser punidos. Quem sabe por quê? O importante é que eles sugarão todos em sua esfera de influência para dentro de seu comportamento doentio. A necessidade de ser punido é tão intensa que eles punirão a si mesmos, caso ninguém mais o faça. Em casos extremos, ninguém mais é bom o bastante nisso, não o suficiente para merecer confiança.

Chefes masoquistas atraem co-dependentes como um piquenique de domingo atrai moscas. Os co-dependentes tentam como loucos preencher o buraco negro na alma do masoquista, o que é impossível. No entanto, o esforço heróico continua no dia-a-dia. Chefes masoquistas não são idiotas no sentido clássico. Mas são tão edificantes quanto uma âncora.

Os departamentos chefiados por masoquistas são fáceis de serem identificados. Para começar, nada jamais é feito. Concluir alguma tarefa pode significar uma redução na dor e na infelicidade, e por isso essa alternativa está fora de questão. Chefes masoquistas certificam-se de que seus departamentos fracassem, pois assim ele será o centro da ira da chefia superior.

A melhor maneira de lidar com um chefe masoquista é sair. Não há nenhuma chance de que essas pessoas se sintam bem com elas mesmas. E nem vão permitir que você realize alguma coisa capaz de fazê-los parecer bons ou se sentir bem. Quando você realiza alguma coisa com esse efeito, seu chefe masoquista provavelmente diz: "Ora, ora. Que bom para você. Suponho que agora será promovido e me jogará para fora da escada administrativa. Bem, vá em frente. Faça o que o deixa feliz". Isso faz você desejar recolher sua realização, amassá-la e jogá-la no lixo. Mais uma vez, o segredo para sobreviver e prosperar em um departamento chefiado por um masoquista começa com atitude, seguida pela linguagem e pelo comportamento. Você tem de aprender a ser positivo sem sorrir. De fato, ser positivo no mundo de um masoquista significa remover o foco do sofrimento com tanta freqüência quanto for possível.

- Emoldure seus comentários no contexto de evitar problemas. Se você tem uma proposta a fazer, diga "Isso vai garantir nossa concordância com os parâmetros da organização sem atrair nenhuma atenção indevida para nós". Seu chefe masoquista ouvirá em seu comentário uma ausência de recompensa ou apreciação que, para ele, é a segunda melhor alternativa depois da punição real.

- Aponte eventuais desfechos negativos. Dizer "Isso pode resultar em algumas conseqüências negativas com as quais teremos de lidar" pode ser uma afirmação perfeitamente honesta e verdadeira. Seu chefe masoquista ouvirá o possível negativismo, enquanto seus colegas de equipe simplesmente tomarão a colocação como um sinal positivo para seguirem em frente.

- Não se envolva nas conversas negativas de seu chefe masoquista. Ouça de maneira respeitosa, mas não se deixe contaminar pela negatividade. Você não vai querer se cercar de mais energia negativa do que é necessário. Ele quer mergulhar nela. Você pode estabelecer uma espécie de compromisso sendo atencioso quando for apropriado, e mantendo-se bem longe sempre que for possível.

- Reconheça o que pode acontecer. Seu chefe masoquista lhe dirá repetidas vezes que coisas ruins podem ocorrer em qualquer cenário ou iniciativa. Registre para futuras referências o que mais o amedronta, ouvindo-o atentamente, e aponte diretamente a possibilidade de que seus temores se realizem. Depois comente que tudo pode dar certo, afinal, dependendo da sorte.

- Inclua, mas não convide. Envie para o seu chefe masoquista cópias de todos os e-mails e anúncios de atividades que combinar com seus colegas, mas não o convide especificamente. Envie um convite generalizado. A última coisa que você quer é agir como se o estivesse animando. Também não o exclua especificamente.

- Dê a ele um abraço virtual. O contato físico raramente é apropriado em ambientes de trabalho, mas um aceno de cabeça oportuno, um suspiro ou um encolher de ombros pode ter um efeito similar. Um abraço virtual para seu chefe masoquista é uma maneira não-verbal de dizer: "Sei que está sob enorme pressão que você não merece e não há nada que eu possa fazer para ajudá-lo".

Eu raramente aconselho um pedido de demissão, mas, como diz W. C. Fields: "Se de início você não tem um bom resultado tente novamente. Depois desista. É inútil ser um tolo sobre isso". Ou algo parecido. A melhor maneira de lidar com um chefe masoquista é sair. Não há nenhuma maneira de pessoas como ele se sentirem bem consigo mesmas. E nem elas permitirão que você faça alguma coisa que possa fazê-las parecer ou se sentir bem. Meu conselho: saia antes que você se machuque em uma armadilha de urso que ele colocou no escritório para prender o próprio pé. Saia, a menos que você seja um sádico. Nesse caso, você poderá brincar com o masoquista da mesma maneira que um gato brinca com um rato indefeso.

Chefes sádicos

Dizer a um chefe sádico o que ele quer ouvir só vai animá-lo a emitir mais punição, às vezes abertamente, às vezes de maneira sutil. Tome por exemplo a piada do chefe sádico que pendurou no escritório um cartaz com os dizeres: "Quando eu quiser sua opinião, eu lhe darei". O que esse tipo de chefe aparentemente não percebe é que as pessoas enxergam nesse pseudo-humor o que é verdadeiro, ou seja, uma lembrança sobre quem tem o poder.

Se é tão engraçado, por que ninguém mais está rindo além do chefe? Existe sempre uma caixa de sugestões sem fundo pendurada bem em cima da lata de lixo. Ouviu alguém rindo? Nunca vou entender por que as pessoas pensam que debochar da disparidade de poder no ambiente de trabalho é algo positivo.

Como o rato que foi pego, mas não foi morto, o chefe sádico não o deixará escapar. Ele o manterá vivo para torturá-lo. Se você tentar uma transferência de seu departamento, ele aparecerá na porta da sua sala com sua solicitação carimbada em vermelho: R-E-J-E-I-T-A-D-A. Você vai se beliscar para acordar do pesadelo, e vai descobrir que ele ainda está ali, no mesmo lugar, com o mesmo sorriso diabólico. Se você tentar passar ao largo ou por cima dele, seu chefe irá ao Papa, se for necessário, para garantir que seu pedido de transferência seja rejeitado.

Trabalhar para um chefe sádico é a situação mais próxima do inferno que eu consigo imaginar. Esqueça essa idéia de trabalhar para livrar-se do problema. Quanto mais você se esforçar, mais ele o atormentará. Esqueça a insubordinação como uma saída para o problema. Quanto mais você o enfrentar, mas estará dando a ele justificativas para atormentá-lo. Trabalhar até quase morrer ou revoltar-se é fazer o jogo do chefe sádico. Mas não estamos falando de uma situação sem esperança. Tente fingir que você é um masoquista. Se seu desempenho for convincente e o sadista acreditar que você está gostando do sofrimento, ele o abandonará em um segundo. Só a dor e o sofrimento dos outros carrega as baterias de um sádico.

Há maneiras de lidar com chefes sádicos para melhorar seu ambiente de trabalho. Como sempre, é útil saber o que você está enfrentando. A máxima "Mantenha seus amigos próximos e seus inimigos mais próximos ainda" não se aplica aqui. Você deve manter a maior distância possível sem provocar no sádico o impulso de castigá-lo.

- Desenvolva meios de garantir ao seu chefe sádico que sua carga de trabalho é realmente opressora, mesmo que não seja. Em termos reais, se ele pensa que você está patinando para o nada, associará essa condição ao fracasso e não o sobrecarregará de verdade. Parece tolo, mas muitos chefes acreditam mesmo que qualquer felicidade ou frivolidade no escritório só pode ter um significado: fuga da prisão. Carcereiros lidam com fugas de uma só maneira: trancafiando.
- Quando um chefe sádico chama, atenda. Desobedecer a um chefe sádico, ou mesmo adiar suas respostas, dá a ele uma desculpa para retaliar. Ele já tem motivação suficiente para causar dor sem você oferecer mais motivos. Entenda que, para um sádico, sofrimento é poder. Seu sofrimento... o poder dele. Combater esse poder é fazer

seu jogo. Esteja sempre pronto para responder rapidamente, embora não com alegria, a um chefe sádico. Você vai chegar ao final do dia com menos sofrimento.

- Faça-o ver que a dor é um bom motivador. Muitos empregados acreditam ser uma missão de Deus convencer o chefe sádico de que seus métodos são doentes. Você não só vai perder a discussão todas as vezes, como também dará a ele mais uma razão para provar novamente a extensão de seu poder. Subordinados espertos cumprirão suas tarefas e as entregarão junto com um reconhecimento de que a pressão por ele exercida acelera o processo. Refira-se em seus e-mails e em outras correspondências ao fato de ter uma carga de trabalho muito pesada, mas estar em constante progresso na sua batalha.

- Não organize atividades no departamento de um chefe sádico. Mantenha-as ocultas e não as divulgue abertamente. Organizar uma atividade esportiva ou uma festa é como dar a ele uma oportunidade de punição em uma bandeja de prata. Isso significa que você não deve vestir seu uniforme de futebol antes de deixar o escritório. Se seu chefe sádico o vir saindo para ir se divertir, você vai acabar trabalhando até tarde e perdendo o jogo.

- Aja como se estivesse sempre ocupado. A ociosidade convida a punição na forma de cargas de trabalho exageradas. Em um ambiente sádico, faça apenas com que seu trabalho pareça excessivamente cansativo. Se você alguma vez tentou tornar as coisas mais leves e menos opressivas perto de um chefe sádico, não preciso ajudá-lo a lembrar o que acontece.

- Observe os olhos dele. Dor gera dor. O chefe sádico é provavelmente vítima de dor imposta por outro sádico, seja na família ou em outro ambiente qualquer. Ele não é uma pessoa feliz pisando em você sem nenhuma razão. Seja qual for o sofrimento por ele causado, ele já o experimentou antes vitimado por alguém mais poderoso. Por alguma razão, a dor se tornou um meio de vida. Às vezes, estabelecer contato olho no olho pode abrir um corredor silencioso entre vocês, e ele recuará um pouco. Se esse contato só aumentar a ira desse chefe contra você, desista.

Você estará mais bem servido no departamento de um chefe sádico se parecer sempre ocupado e concentrado sem muita alegria. Não que uma atitude séria seja difícil de conseguir. Isso não significa que você não possa ser animado e positivo quando estiver fora da órbita do sádico. Ser positivo e animado vai aumentar a possibilidade de alguém recrutá-lo e levá-lo para longe do chefe sádico.

O fato de seu chefe ser um sádico não deve ser novidade para ninguém, dentro ou fora do departamento. As pessoas no topo do organograma sabem mais do que você pode imaginar, apesar de não reconhecerem nada em sua presença. Se você estiver azedo e carrancudo em todos os lugares e com todas as pessoas, elas não saberão se o problema é você ou seu chefe.

Nunca diminua seu chefe sádico diante dos superiores dele. Se outros o virem sendo positivo longe de seu chefe, sentirão compaixão de sua situação e poderão até admirar sua tenacidade por manter a cabeça erguida diante de tanta negatividade. Com um chefe sádico, jogue de maneira astuta, mas jogue.

Chefes paranóicos

Um chefe paranóico é uma criatura e tanto. Para os chefes paranóicos, tudo e todos estão contra ele, inclusive você. Trabalhar para um chefe paranóico pode ser uma ameaça real. Qualquer coisa que você faça, por qualquer razão, é uma tentativa de subverter seu chefe, ou ele pensa assim. O que você pode fazer? Muito pouco. A paranóia é uma portinhola emperrada. Ela existe largamente na imaginação do paranóico, e esse setor não é acessível a você ou qualquer outra pessoa.

A paranóia pode se auto-alimentar e tornar-se uma profecia auto-realizadora. O chefe paranóico gasta sua energia buscando e expondo a conspiração contra ele. Às vezes realmente encontra uma. Mas, na maior parte do tempo, ele precisa inventá-las. De qualquer forma, o foco e a liderança que deviam estar voltados para os objetivos do departamento são desperdiçados, e toda a operação vai por água abaixo, o que confirma as suposições do chefe de que alguém estava conspirando para sabotar sua operação. Ele não precisa ter nenhuma evidência; basta uma operação fracassada. Isto é suficiente para alimentar a paranóia até a próxima vez.

Escapar do chefe paranóico não é difícil. Se você puder fazê-lo acreditar que é parte da conspiração, ele fará tudo que puder para puni-lo, o que, em muitas organizações, resulta em transferência de departamento, porque hoje em dia uma demissão sumária termina sempre em litígio, e todo mundo sabe que ele é paranóico.

Embora isso seja eticamente suspeito, você pode tentar tossir nas reuniões. Seu chefe paranóico vai interromper imediatamente o que estiver dizendo para perguntar: "O que foi? O que está acontecendo?". Olhe em volta da sala e responda: "Nada". Aproximadamente noventa segundos mais tarde, faça sinal para um de seus conspiradores tossir. Tamborile o código morse na mesa de reuniões e combine com seus cúmplices para responderem da mesma maneira. Quando seu chefe paranóico perguntar: "O que foi? O que está acontecendo?", encolha os ombros. Quanto mais você negar suas acusações, mais ele suspeitará de você e se esforçará para removê-lo de seu departamento.

O tempo e as circunstâncias mudam. Para muitos profissionais, o panorama de empregos é quase irreconhecível comparado ao que era há alguns anos. Atrasos fiscais em todos os ramos, reduções nas corporações e contenção de custos sempre limitam as opções de que você dispunha para mover-se com liberdade e facilidade pela organização. Se escapar de seu chefe paranóico não é tão fácil quanto você esperava, você pode empregar táticas para tornar o relacionamento tolerável.

- Mantenha suas atividades à vista. Você pode não pensar nisso, mas um chefe paranóico é capaz de considerar uma inocente conversa ao lado da máquina de café uma ameaça. Mais uma vez, use sua imaginação. Essas pessoas não pensam como você. Mantenha-se um passo a frente de seu chefe paranóico evitando intencionalmente dar a impressão de atividades secretas.

- Como com o chefe maquiavélico, envie cópias de tudo para seu chefe paranóico. Ele que diga quando você deve parar. Um fluxo constante de informação serve a dois propósitos. Primeiro, ele vai pensar, levando em consideração o volume abundante, que há mais informação sendo revelada do que sonegada. Segundo, ele vai se manter suficientemente ocupado lendo as informações, e assim terá menos tempo para ruminar sobre conspirações.

- Passe mais tempo com ele. É difícil um chefe paranóico imaginar que você está conspirando enquanto está diante dele. Imaginação é um termo-chave, porque é aí que a conspiração existe... em sua imaginação. Se criar um ambiente de trabalho mais agradável é seu principal objetivo, convide seu chefe paranóico para passar mais tempo com você e seus colegas.

- Compartilhe o conhecimento. Use termos e frases indicando que você não só divide com seu chefe paranóico todas as informações de que dispõe, como também faz o mesmo com o restante da organização. Indique em suas correspondências com que vastidão você distribui informação. Diga abertamente: "Como comentei com (tal e tal)..." Isso vai reduzir seu nível de ansiedade; ele sabe que a informação compartilhada com uma população maior reduz a probabilidade de uma conspiração em massa.

- Compartilhe segredos. Revele a seu chefe paranóico alguns de seus pensamentos, dentro do razoável. Demonstrar sua confiança por ele o convidará a confiar em retribuição. É difícil desconfiar de alguém que demonstra confiar em você. Os paranóicos não são casos completamente perdidos. Compartilhar também vai demonstrar uma nova forma de ser para uma pessoa que pode adotar uma nova atitude com relação a você, dado o encorajamento necessário. Se ele decidir compartilhar com você, seja um ouvinte verdadeiro.

- Vista o uniforme. Em vez de esgueirar-se pela porta do escritório para o jogo de futebol da companhia, o que seu chefe paranóico certamente interpretará como um sinal inequívoco de que você está a caminho de uma reunião secreta, vista antes seu uniforme do time. Não que seja impossível conspirar contra o chefe vestindo um uniforme de futebol, mas pelo menos isso dá a impressão de que você está fazendo algo legítimo. E, é claro, convide-o para ir ao jogo. Se ele não for, leve para o escritório na manhã seguinte as fotos da partida.

Como em qualquer outra desordem de personalidade, você não tem nenhum controle real sobre o chefe paranóico. Mas pode fazer muito para influenciar o ambiente de maneira positiva. Esse poder você tem. Tente criar o ambiente em que você deseja trabalhar. Nem que para isso você precise agir de maneira a driblar a paranóia de seu chefe. A ausência de ação no escritório não é inócua.

Chefes camaradas

Não preciso de mais amigos, não é? O chefe camarada está tão determinado a ocupar o mesmo espaço que você no universo que você não deixará escapar nenhuma desculpa para fugir dele. Isso inclui trabalhar. "Desculpe, chefe", você ensaia olhando para o espelho, fazendo a cara mais patética que consegue conjurar. "O presidente acabou de me dar um prazo final." Esse tipo de argumento coloca o chefe camarada em uma posição de sobressalto. Se você for demitido, ele perde um companheiro e tem de encontrar outra pessoa para substituí-lo. Ele fica tão perturbado por você não estar disponível que nem questiona a razão pela qual o presidente lhe deu ordens pessoalmente.

Seu chefe camarada quer ficar com você, mas não quer causar problemas nem deseja conquistar sua antipatia. Se ele tem o poder de relaxar um prazo ou livrá-lo de uma tarefa mais difícil, talvez valha a pena passar algum tempo com ele. Mas, com muitos chefes camaradas, as pessoas preferem dobrar sua carga de trabalho a se tornarem inseparáveis de seu superior.

Chefes camaradas podem ser irritantes, mas também estão entre os mais maleáveis que se encontram nas empresas. Você pode exercer sobre ele uma influência positiva que é mais eficiente do que com qualquer outro tipo de chefe. Se você for tão carente quanto seu chefe camarada, a união pode ser perfeita, um paraíso, embora eu prefira ir para outro tipo de Éden.

• Convide seu chefe camarada para tudo. Ele vai de qualquer jeito. Tentar esconder eventos de um chefe camarada pode ser desastroso. Ele vai ficar magoado se descobrir que foi excluído, e você terá de carregar o fardo de um chefe ressentido, o que só interessaria a um sádico.

• Compartilhe informações abertamente. Isso o fará sentir-se incluído. Compartilhar informações abertamente é uma prática sadia dentro de uma organização. Mantenha-se consciente, no entanto, de que essas várias personalidades de chefes, com exceção do bom chefe, não têm como prioridade as melhores práticas. Num sentido prático, você pode imobilizar de certa forma um chefe camarada inundando-o de informações, o que, por sua vez, o manterá fora do seu caminho temporariamente enquanto você tenta trabalhar.

• Solicite reuniões. Um chefe camarada pode reunir seus subordinados à sua volta com grande entusiasmo, mas, se a sugestão partir sempre dele, no final ele poderá ficar aborrecido e até triste. Se você sugerir pelo menos uma reunião semanal, o tempo pode ser utilizado de forma produtiva para os propósitos organizacionais, e seu chefe camarada vai ficar satisfeito por você ter tomado a iniciativa. Para ele, isso significa que você se interessa. Ele o deixará planejar e conduzir a reunião, o que põe em suas mãos a chance de reformar o ambiente.

• Exponha fotos onde ele apareça. Demonstrações visuais e lembranças de sua inclusão em todas as coisas vão alimentar sua segurança emocional. Chefes camaradas são geralmente pessoas solitárias, e um pouco de atenção pode surtir grande efeito. Um quadro informativo do departamento exibindo fotos dele em vários grupos de membros da equipe pode preencher os espaços vazios, diminuindo sua necessidade de importuná-lo constantemente.

- Envie e-mails e outras correspondências para lembrá-lo de que não está sozinho. Não são necessárias muitas palavras para dizer "Olá". O "Como você está?" é implícito. Enviar fotos e piadas para seu endereço de e-mail também promove seu sentimento de inclusão. Se você conhece seu e-mail residencial, envie cópias para esse endereço e certifique-se de que a rede de amizade o alcançará onde quer que esteja.

- Cuidado com as confissões. Seu chefe camarada vai dedicar horas intermináveis a ouvi-las e fazê-las. Essa é uma possibilidade que põe em risco a produtividade no trabalho. Quando perceber o início de uma confissão, pergunte educadamente se você pode ouvi-la mais tarde, porque existem outros dois assuntos urgentes aos quais você tem de dar sua atenção total. Essa é uma afirmação verdadeira e permite que você tenha mais controle sobre a situação quando puder se dedicar a ela. Ele vai ficar satisfeito com a antecipação da conversa.

- Estabeleça limites de tempo. Quando seu chefe camarada perguntar: "Você tem um minuto?", diga que você tem três. Essa técnica de modificação de comportamento é geralmente eficiente se aplicada de maneira consistente. Se cada vez que ele solicitar seu tempo você estabelecer um limite, a tendência é que ele não o interrompa mais quando tiver a intenção de prolongar a conversa.

Seu chefe camarada, se você conseguir suportar estar perto dele, não é o mais intolerável chefe de departamento para o qual se pode trabalhar. Conviver bem com ele requer simplesmente ignorar tudo pelo que você está sendo pago para fazer e conversar. Os trabalhadores mais dedicados são os que mais se sentem perturbados pelos chefes camaradas, pois precisam trabalhar até tarde e nos finais de semana para concluir o que teriam feito durante o expediente, se não estivessem discutindo as notícias, o tempo e os esportes com seus chefes camaradas. Você provavelmente terá de respirar fundo e contornar a situação. Com sorte, você pode acabar sendo transferido para um chefe idiota.

Chefes idiotas

Agradeça sempre a Deus pelas pequenas bênçãos. Ao contrário dos chefes deus, maquiavélico, masoquista, sádico, paranóico e camarada, o chefe idiota é simplesmente um sem-noção crônico e um mutante da jornada de evolução das espécies. A carroça do desenvolvimento humano passou em um buraco em algum lugar e o chefe idiota caiu sentado no meio da estrada, onde foi esquecido numa nuvem de poeira, sozinho, massageando o calombo na cabeça. De lá, ele vagou até entrar em um escritório próximo, onde logo chegou à supervisão. Bem-vindo ao mundo idiota.

Embora haja algumas referências ocasionais aos vários tipos de chefes, o restante deste livro é basicamente um guia para a compreensão dos chefes idiotas, que eu apelidei de I-Chefe. Sim, porque existem muitos, e ficar a todo momento falando "chefe idiota" é tão cansativo quando desanimador. I-Chefe é muito mais interessante, ao meu ver. A boa notícia é que seu I-Chefe não vai saber o que é um I-Chefe.

O I-Chefe provavelmente não vai pensar que é Deus, não terá a perspicácia necessária para abrir caminho cirurgicamente até o topo, mutilar-se e sangrar sobre sua mesa, ver o sangue pingar no tapete e pensar que os pingos marcam o caminho para os ninjas entrarem e atacarem quando ele não estiver olhando ou inserir seu cordão umbilical em uma bateria para passar a viver da sua energia.

O segundo passo:

"Percebi que o desafio de um I-Chefe era grande demais para que eu o enfrentasse sozinho e compreendi que precisava de um poder maior do que o de todos os chefes idiotas combinados para não enlouquecer."

Tenho a impressão de que Deus ama os I-Chefes da mesma forma que ama todos nós. Senão, por que fazer tantos deles? Eles estão aqui para testar nossa fé, assegurar nossa sanidade e ensinar técnicas de sobrevivência. Entenda, todas as coisas funcionam em conjunto para o bem. Poderíamos começar a pensar que realmente somos capazes de controlar o mundo que nos cerca, não fosse pelos idiotas. Nossa sanidade depende de quão sinceramente e completamente entregamos nossos I-Chefes aos cuidados oniscientes e onipresentes de Deus.

Chefes Idiotas nos mantêm honestos. Se não os temos por perto, como podemos enriquecer nossas vidas? Como diz a típica canção sertaneja, "Não posso dizer que sinto sua falta se você não for embora". Agradeça por ter um I-Chefe. Ele pode ser o mais fácil com quem trabalhar e o menos ameaçador à sua saúde dentre os outros tipos de chefes. Um lembrete: certifique-se de que seu chefe é um I-Chefe antes de começar a aplicar métodos e técnicas de intervenção para I-Chefes.

Tentar usar soluções para I-Chefes em outros tipos de chefe é como tentar usar um programa de computador sem nunca ter visto um pela frente. Na melhor das hipóteses, você vai conseguir ligá-lo. Na pior delas, você vai provocar um incêndio no local em que está.

Nem todo chefe é um idiota e nem todo idiota é chefe. O melhor que você pode fazer é se preparar para lidar com o que surgir em seu caminho. Relaxe e deixe as coisas acontecerem.

3

Como se forma um I-Chefe

A eterna discussão permanece: os idiotas são produto da natureza ou do ambiente? Os I-Chefes são moscas no ungüento da evolução ou o senso de humor de Deus? Deus tem senso de humor. Já viu um pato correr? Sou pessoalmente inclinado a aceitar a teoria do *Big Bang* na evolução contraposta ao argumento da criação. No entanto, a teoria do *Big Bang* ainda não explica se Deus estava ou não brincando com fogos de artifício um dia e bum... nós ganhamos o nascimento, a morte e os impostos.

Se a vida deste planeta foi posta em movimento por uma enorme explosão, então faria sentido que os I-Chefes fossem os destroços resultantes. Aprendi na escola dominical que Deus criou tudo e todos com um propósito, e um propósito para tudo e todos. Aparentemente, o primeiro I-Chefe estava no banheiro quando Deus distribuía as tarefas. Que propósito pode haver na estupidez?

O terceiro passo:

*"Decidimos entregar nossas vidas ao nosso
Poder Superior — como O entendemos."*

Compreender como sua formação o colocou num curso de tolerância ou intolerância para a estupidez é essencial, se você deseja tornar-se mais hábil no trato com seu I-Chefe. Sem a auto-reflexão, enquadrada no contexto de seu Poder Superior, como você poderá saber se o desconforto e a frustração que atribui ao seu I-Chefe é real ou produto de sua imaginação?

O mais provável é que seja uma combinação dos dois. Um mergulho refrescante no Oceano Pacífico é uma atividade convidativa para quem está passando férias em um condomínio na ilha de Maui. Mas e se seu barco vira dez quilômetros distante da praia? A mesma água, a mesma temperatura e uma resposta psicológica diferente. A extensão de sua capacidade de prosperar, apesar de seu I-Chefe, depende de quanto você tem consciência de seu próprio temperamento e da reação química que ocorre quando você e seu I-Chefe estão na mesma sala.

Seu Poder Superior é importante para essa compreensão porque Ele criou você e seu I-Chefe. Os dois nadam na mesma água, por assim dizer. Vocês são criaturas diferentes dentro do mesmo sistema. Mas quanto são diferentes? Talvez vocês se encaixem de algum jeito cósmico que você ainda desconhece. Enquanto segue minha jornada para o esclarecimento, considere-a sua. Não se surpreenda se começar a sentir mais paz e dormir melhor à noite, o que significa que está entendendo.

Escolhendo modelos legais

Meus horizontes são internos em sua maioria. Eu fui uma criança *nerd*, imaginando grandiosas maravilhas para o futuro, tudo através das lentes de Hollywood. Podia ter imitado Charlton Heston em *Os dez manda-*

mentos, mas não o fiz. Ele não era bom o bastante para mim. Sem alguma moral absoluta sobre quem deva ser esse Poder Superior e o que Ele deva parecer, é possível viajar pela estrada errada e ir bem longe antes de perceber que algo não está correto.

O legal é uma condição natural, não uma natureza condicionada. Via de regra, I-Chefes não são legais. Trata-se de uma omissão natural, da mesma forma que o ser legal em outras pessoas é um dom natural. Em que grau essa característica se manifesta de dentro para fora, e não o contrário? O ser legal emana de certos indivíduos ou existe apenas na maneira como os outros os enxergam? Talvez haja o intrínseco e o extrínseco juntos. Minha lista de perguntas para Deus está ficando maior.

Pense no seu I-Chefe. Quem ele escolheu como modelo? O modelo é legal ou não? Você pode adivinhar levando em conta sua personalidade e seu comportamento? É capaz de acreditar que milhares de administradores compraram o livro *Os segredos de liderança de Átila*, sonhando um dia ter uma reputação como a de Átila? Não tenho os números exatos, mas duvido que o livro *O líder Jesus* tenha vendido tantas cópias quanto *Os segredos de liderança de Átila*, porque empreendedores do mundo dos negócios não acreditam que o Salvador seja um bom exemplo de como ganhar dinheiro.

Origens do poder idiota

Com um pouco de poder, os I-Chefes podem levá-lo à loucura. Com muito poder, eles podem aterrorizar o planeta. Não por serem diabólicos, mas porque têm certos pensamentos bizarros em suas cabeças. E isso é perigoso em uma cabeça que não foi planejada para pensar. Aliás, de onde vem o poder idiota? Há um poder superior reservado exclusivamente para as mentes frágeis? Há um ídolo da antiga mitologia que todos os idiotas idolatram?

Deve haver algum traço comum, cósmico, permeando toda a idiotice no local de trabalho. Todos os idiotas no trabalho tendem a pensar de maneira semelhante. Todos andam de maneira semelhante. Todos falam de maneira semelhante. Muitas pessoas conseguem identificar um I-Chefe de uma distância de noventa metros e de olhos fechados. Todos parecem ser cortados do mesmo tecido, se é que se pode chamar velcro de tecido.

Natureza ou ambiente?

A crença de que os I-Chefes ocorrem naturalmente na seleção aleatória da natureza provoca algumas questões interessantes. Se tornar-se um I-Chefe é uma progressão natural, então a desordem deve ter suas origens na equação pré-natal. Para aqueles que deixaram de comparecer às aulas de psicologia do ensino médio para ficar dormindo, equação pré-natal é o mesmo que "dentro do útero".

Seria um desequilíbrio químico ou uma privação de oxigênio? A primeira é uma condição penetrante e contínua que pode ser tratada com medicação. O dano neurológico é mais difícil, senão impossível de superar. De qualquer maneira, são as pessoas que trabalham para I-Chefes que acabam necessitando de medicamentos. Às vezes a mãe natureza é cruel ao dar as cartas da vida. No entanto, com diagnóstico precoce e terapia extensiva, I-Chefes como eu podem mudar e transformar nosso exagerado suprimento de limões em uma limonada. Alguns I-Chefes podem acabar conduzindo reuniões e até prestar atenção ao que está sendo dito, mesmo que não entendam ou compreendam.

Se os I-Chefes são causados pelo ambiente, não pela natureza, as questões mudam. (É o ambiente contra a genética, para aqueles que continuaram dormindo nas aulas de psicologia.) O que a criança vê quando abre os olhos pela primeira vez? Havia uma placa dizendo "Lave as mãos depois de ir ao banheiro" na parede da sala de parto? A criança olhou diretamente para a luz brilhante? Alguma coisa começou a bola de neve que desceu a encosta.

Quando os pais pós-Segunda Guerra Mundial deixaram seus filhos assistirem a *Laugh In* de Rowan e Martin, o destino da geração seguinte no universo foi selado. A série de *sitcom* da década de setenta protagonizada por Lucille Ball, meias-soquete, hippies, dippies, yuppies... em algum lugar no meio de tudo isso os I-Chefes assumiram o controle enquanto o restante da força de trabalho estava distraído. Uma vez perdido o controle do local de trabalho, tornou-se quase impossível recuperá-lo.

Como as cartas são jogadas

Além da discussão natureza *versus* ambiente sobre como um idiota pode ser um idiota, a questão maior é o que pode ser feito agora a respeito disso? Um idiota não se tornou um idiota no emprego. Ele já chegou nessa condição. Nosso caráter é forjado e galvanizado muito antes de batermos nosso primeiro cartão de ponto. As características de um bom chefe têm raízes em alguma misteriosa combinação de influências biológicas e sociais. Apesar da pesquisa e do inquérito que podemos conduzir nos campos da ciência neurológica e da psicologia, Deus ainda mantém o desenvolvimento humano em segredo, como a fórmula da Coca-Cola, e Ele não vai dividir seu conhecimento conosco.

Mesmo o chefe deus tem sua origem na primeira infância. Se você quer mesmo investir seu tempo na pesquisa da síndrome do chefe deus, as mães deles podem ser um bom ponto de partida. Se o chefe deus tem alguma esperança de se recuperar, ele tem de aceitar e reconhecer que houve aí um pequeno caso de erro de identidade. Esperar que um chefe deus algum dia aceite e reconheça tal coisa é alimentar uma expectativa bastante elevada. Afinal, se você realmente acredita ser Deus e depois descobre que não é, a única direção a seguir é para baixo.

O chefe maquiavélico foi maquiavélico na pré-escola. O que quer que o tenha feito sonhar com o posto máximo começou cedo e foi bem estabelecido antes de ele forjar a eleição e ser escolhido como presidente da turma pela primeira vez. O que quer que tenha feito o maquiavélico pensar que só há lugar para um no topo da pirâmide surgiu muito cedo.

O que faz os chefes serem como são?

Após separarmos o chefe maquiavélico e o chefe deus, todo o restante do grupo é candidato a ser um chefe idiota. Ou não? Onde os chefes masoquistas adquirem suas pequenas idiossincrasias? Mais uma vez, na infância. De alguma maneira, a criança fica obcecada por punição. Se você tem experiência com crianças entre 6 e 12 anos de idade, já percebeu por si mesmo que a tendência à autopunição manifestou-se em alguns. Todos nós capturamos fragmentos das personalidades de nossos pais e os agrupamos à nossa. Por que escolhemos uns e não outros é mais uma questão inexplicada.

Felizmente, a maioria das crianças não se torna masoquista. Infelizmente, os que desenvolvem esse traço o levam para o local de trabalho. Alguns podem se tornar chefes, mas a maioria permanece escravizada, porque a escravidão é mais condizente com sua auto-imagem. Se os chefes masoquistas esperam recuperar-se, eles devem reconhecer e aceitar que existem outras maneiras de lidar com a auto-acusação.

Se você ainda não perdeu as contas, a porção da população que resta disponível para a simples estupidez vai diminuindo mais e mais com a emergência das personalidades sádicas na infância. Se alguma vez você já trabalhou para um chefe sádico deve saber que não é preciso um grande esforço mental para imaginá-lo torturando animais na infância.

Se você tem um chefe sádico, veja a situação pelo lado positivo. Você pode considerar-se um sacrifício vivo ou um escudo humano, o que torna possível que outra criatura inocente desfrute de mais um dia. Como os outros tipos de chefes, os sádicos não iniciam seu comportamento no local de trabalho. Já chegam com ele. Mas a tortura pode advir de qualquer chefe, dependendo das circunstâncias. Se você ouve gritos horríveis no final do corredor, é bem provável que o chefe idiota tenha retirado alguém de seu trabalho produtivo e designado esse pobre ser para reescrever o planejamento de médio prazo novamente. Certas tarefas causam imensa dor, seja um chefe idiota seja um chefe sádico a instigá-las. A principal diferença é que o sádico aprecia o sofrimento alheio. O idiota nem o percebe.

Tanto idiotas quanto sádicos tendem a formar um grupo sobre o qual infligem dor atroz. O I-Chefe o faz porque ouviu e leu a palavra "equipe" tantas vezes que considera legal colocar as pessoas em equipes. E acha que qualquer coisa que um indivíduo possa fazer é mais divertida para todos se eles a fizerem em equipe. O sádico não perde a oportunidade de ficar afastado vendo um grupo de pessoas se contorcer em agonia. Para ele, qualquer dor que um indivíduo possa sofrer é mais divertida de observar como uma atividade em grupo se todos no grupo sofrerem.

Se um chefe sádico espera recuperar-se, ele deve reconhecer e aceitar que outras pessoas têm o direito de viver em paz e com conforto. Mas não espere demais. Muitos fatores conspiram para manter o chefe sádico no poder. Por exemplo, a excitação que eles sentem observando o sofrimento dos outros é tão intensa que comprar narcóticos em quantidade suficiente para provocar a mesma sensação com a mesma intensidade custaria milhões. O hábito é simplesmente forte demais para ser abandonado e caro demais para ser substituído.

Outra razão pela qual os chefes sádicos vieram para ficar é que os ambientes corporativos, especialmente aqueles com gráficos retratando a hierarquia organizacional, são perfeitos para os sádicos. Eles precisam de uma disparidade de poder para operar. A estrutura napoleônica, militarista, mecanicista, burocrática e hierárquica de muitas companhias garante o sadismo tão seguramente quanto deixar seu filho adolescente sozinho em casa enquanto você e sua esposa passam férias fora do país.

Chefes paranóicos reduzem ainda mais o campo para os I-Chefes. Como todos os outros, o pensamento peculiar e o comportamento dos chefes paranóicos podem ser traçados até a primeira infância. Não é comum, mas aparece na sala da pré-escola. Houve ocasiões em que eu ouvi "Fulano me bateu", e acabei descobrindo que o fulano nem estava na escola naquele dia.

A paranóia, como qualquer outra característica indesejável, começa cedo. É difícil trabalhar para um chefe paranóico, porque eles desconfiam de que tudo que você faz é parte de uma conspiração insidiosa contra ele. Ele pensa em tudo que você não faz, mas imagina que deveria ter feito, e que integra essa conspiração insidiosa contra ele.

Ao contrário, I-Chefes não suspeitam de nada. Um I-Chefe pode encontrar alguém saindo de seu escritório, cumprimentar essa pessoa calorosamente, entrar e descobrir que alguém invadiu a folha de pagamento e a deixou aberta na tela do computador. "Huuummm", o idiota pensa. "Eu estava jogando paciência quando saí para ir ao banheiro. Ah, bem..."

Se um chefe paranóico espera se recuperar, deve reconhecer e aceitar que outras pessoas nem sempre estão conspirando contra ele. Infelizmente, há muitas situações nas quais as pessoas realmente conspiram contra ele, tantas que acabam justificando a paranóia de um chefe paranóico. Mais do que qualquer outra falha de liderança, a paranóia é uma profecia que se auto-realiza. Quanto mais paranóico for o seu comportamento, mais justificado ele será. Assim como o sadismo, a paranóia não começa no local de trabalho, mas o ambiente de trabalho é um local fértil para seu florescimento.

Chefes camaradas e I-Chefes são quase sempre indistinguíveis. No entanto, ao olhar treinado, os chefes camaradas devem ter conhecimento da inexistência de amigos naturais, razão pela qual o perseguem com tanto desespero. Os I-Chefes pensam que todos são seus amigos. A fobia do chefe camarada pela idéia de não ter amigos também é enraizada na primeira infância. Com exceção dos grandes tubarões brancos e de outros predadores insaciáveis, se você é amoroso com os animais, eles serão amorosos com você, excetuando-se os gatos. Gatos vivem numa via de mão única. Eles podem se encolher em seu colo. Mas só um *Rei* ou uma *Rainha da Negação* podem fingir que o comportamento dos gatos tem alguma relação com promover o seu bem-estar. Cachorros, por outro lado, são ótimos por seu amor incondicional.

Para a maioria, os cães são idiotas, o que deveria ajudar os amantes dos cachorros a compreender que um I-Chefe pode ser inofensivo. Os cães pensam que o que estão fazendo é a coisa mais importante no Universo naquele momento. A menos que uma ameaça ostensiva altere sua disposição, eles estão eternamente num insuportável bom humor. Adoram comer e comem quase tudo, sem se importar com maneiras à mesa ou etiqueta social. Muitos I-Chefes se contêm pouco antes de farejarem seus companheiros à mesa do jantar, mas repetem incessantemente atividades sem nenhuma importância. Pior ainda, esperam que você se junte a suas intermináveis bobagens e o cercam sem misericórdia (embora não pulem em você) caso obtenham uma recusa.

Se você sabe como ser afetuoso e encorajador com um animal estúpido, já possui a maioria das habilidades exigidas para lidar com um I-Chefe. Sinto saudade dos dias de inocência quando eu era um aborrecimento apenas para os outros, não para mim mesmo. Portanto, não deixe ninguém lhe dizer que a recuperação de um I-Chefe é um caminho fácil.

O que aconteceu conosco durante a passagem da infância para a vida adulta? Quando éramos crianças, não aceitávamos Chefes Idiotas, a menos que eles nos fossem impostos. Nunca nos perfilamos atrás daqueles que pareciam ser estúpidos. Por que na vida adulta as pessoas legais acabam sempre trabalhando para aqueles que não são legais?

Idiotas *versus* inteligentes

Por que o superinteligente acaba se reportando ao idiota? I-Chefes são constantemente tragados pela extensão e pela complexidade da informação discutida pelos membros de sua equipe nas reuniões. Nessas situações, é comum ver o olhar do I-Chefe perder o foco. Ele pode estar olhando para frente com o foco fixo em algum lugar entre três e trinta metros além da parede oposta por alguns segundos ou trinta minutos antes de alguém perceber. Quando isso ocorre, os membros da equipe normalmente assinalam uns para os outros com uma sutil linguagem de sinais.

Mesmo que aquele olhar perdido na sala de reunião seja resultado de um trauma de infância, da vergonha ou da culpa, eles ainda são idiotas. E você precisa aprender a lidar com eles. A estrada para a recuperação de um idiota merece sua atenção, especialmente se você não é o idiota. Aceitar as coisas que não podem ser mudadas é uma parte importante disso.

Constrangimento: um raio de esperança para os idiotas

Enquanto ainda estava na Disney, me empenhei muito em arrumar uma colocação para Steve, um colega que se havia demitido como forma de protesto contra o poder de um maquiavélico. Ele era uma técnico de iluminação e poderia se tornar facilmente um dos durões do departamento. E tinha tamanho para isso. Mas a verdade era que ele era inteligente demais para isso.

Fiz campanha com todos que encontrava pelo escritório, dizendo como seria bom trazer aquele funcionário para a administração. Talvez desejasse secretamente um guarda-costas pessoal. A verdade é que eu gostava mesmo do sujeito. Um dia, quando ia para o banheiro, cheguei a comentar com a secretária sobre como ele seria uma grande aquisição.

Meu novo chefe maquiavélico era absolutamente contra essa substituição. "Sobre o meu cadáver", era uma resposta típica. Então, um dia, ele mudou de idéia de repente e Big Steve chegou. Até hoje, não sei o que o fez mudar de opinião. Um dos supervisores de palco e eu levamos Steve para comemorar. Doug e Steve eram muito maiores do que eu, e nós três percorremos diversos bares da cidade. Começamos logo depois das seis com alguns tragos, e nosso grupo foi ficando menor a cada bar, até restarmos apenas nós três. O último bar tinha uma programação para o fim de noite nada usual: luta de garotas na lama. Pagamos nossa conta e decidimos ir embora, apesar da atraente proposta. Estávamos no banheiro, prontos para deixar o local, quando as combatentes começaram a ser apresentadas.

Eu saí do banheiro com meus dois amigos e quase colidi com uma encorpada mulher de biquíni. Ela recolhia notas de dólar que iam sendo colocadas em várias partes de seu traje. Doug e Steve tomaram a frente e, vencendo a multidão de homens entusiasmados, deixamos o local. Não sou nenhum esnobe. Luta de mulheres na lama está entre os primeiros postos da minha lista de preferências esportivas. O fato é que já estávamos fartos de fumaça, barulho e cerveja, e Steve teria de se apresentar cedo no dia seguinte usando uma camisa limpa e sua primeira gravata.

Cerca de uma semana mais tarde, notei que as pessoas paravam na porta da sala que eu dividia com Steve. Elas paravam, espiavam e seguiam em frente. Depois retornavam trazendo mais alguém, espiavam e desapareciam. Quando finalmente saí de detrás da minha mesa e me aproximei da porta, elas se espalharam rapidamente. Fui para o corredor e vi uma enorme foto da mulher de biquíni olhando para mim no bar enfumaçado.

O momento é tudo. Um repórter de um jornal local havia estado lá naquela noite para escrever um artigo sobre lutas de mulheres na lama em bares da cidade. Se o repórter houvesse tirado aquela fotografia cinco segundos antes do fatídico momento, agora para sempre suspenso no tempo, ou cinco segundos depois, ninguém estaria espiando na porta do meu escritório. Daquela maneira, a foto me fazia parecer parte do espetáculo. Um dos nossos técnicos recortou a foto do jornal, colocou-a em posição de destaque no quadro de anúncios e pendurou-a na parede.

"Se eu fosse você tiraria aquilo de lá", aconselhou-me uma colega. Sim, tirá-la de lá foi meu primeiro impulso. Mas decidi agir como se nada daquilo me embaraçasse e a deixei pendurada no quadro. Afinal, eu não estava tentando me envolver com lutadoras. Estava apenas celebrando a promoção de Steve com Doug. Quando me virei para retornar à minha sala, Steve e Doug surgiram no final do corredor acompanhados por outros colegas, todos rindo e debochando de mim.

— Do que estão rindo? — perguntei beligerante. — Também estavam lá.

— Ah, sim, John. — Todos continuaram rindo. — Vá sonhando. — Eu me virei e examinei melhor a foto, que devia ter vinte e cinco centímetros de altura e quatro colunas de largura. O tempo do fotógrafo havia sido impecável. Steve e Doug ainda não haviam saído do banheiro no momento do retrato. Eu estava ali sozinho, em pé, com meu rosto bem no nível do top do biquíni da lutadora. Ao ver a cena com mais atenção, soube que meu navio de guerra havia afundado. Eu não tinha nenhum lugar para correr ou me esconder.

O que eu devia fazer? Comprar óculos estilo Groucho Marx, com nariz e bigode postiços e passar os dois anos seguintes usando o acessório.

Sim, de fato, só os tolos são atacados por tolos. Mas, às vezes, os tolos apenas estão no local errado no momento errado. É o tipo de incidente que marca uma pessoa para o resto da vida.

A lição é que coisas constrangedoras acontecem com todo mundo. Coisas ruins ocorrem com todos, com alguns mais do que com outros, mas com todos da mesma maneira. À medida que amadureci, aprendi que isso é normal. Todas as coisas podem funcionar juntas para o bem.

Na manhã seguinte removi a fotografia do quadro. Talvez minha porção professor tivesse pensado: "o técnico fez um trabalho tão bom de recorte e montagem, que eu devia mesmo ter deixado o retrato aqui para que todos vissem o resultado." É claro, eu não pensei nisso. Por alguma razão, uma voz sinistra ecoou em minha cabeça lembrando que o que não pode me matar me faz mais forte. Não sei ao certo de onde veio a voz que me aconselhou a deixar a fotografia no quadro do corredor por vinte e quatro horas. Mas fico feliz por ter ouvido o conselho.

Uma oportunidade para construir uma ponte

A recordação de momentos embaraçosos em sua vida pode ser uma ponte enfática entre você e seu I-Chefe. Sem dúvida, ele faz muitas coisas constrangedoras. Para ser mais preciso, coisas que embaraçariam uma pessoa normal. Ele provavelmente não tem idéia de que qualquer atitude que tome garante o constrangimento. Ele pode, no entanto, se perguntar por que as pessoas estão rindo dele. Em minha experiência, é muito melhor ter consciência do fato de eu ter me embaraçado do que não saber por que as pessoas riam de mim.

Naqueles momentos desesperados em que todos os outros estão rindo do seu I-Chefe, você pode apoiar uma das mãos em seu ombro e dizer: "Não se incomode com isso, chefe. Fiz muitas coisas estúpidas em minha vida, também". Há uma possibilidade de que ele se ofenda com seu comentário de transparente duplo sentido. Por outro lado, o fato de você ser o único na sala a não rir dele servirá para aumentar em algum grau sua eqüidade.

Lidar com o constrangimento tornou-se parte da recuperação de minha idiotice. No final, passei a aceitar que nunca seria capaz de impedir completamente a ocorrência de coisas ruins ou embaraçosas. Como elas afetam minha vida depende de mim. Percebi que só tenho controle sobre as coisas que escolho fazer e como escolho me sentir a respeito delas. E não estava disposto a desistir da luta de mulheres na lama só por causa de um pequeno ridículo.

Em particular, Doug e Steve se desculparam. Bem, mais ou menos isso, como fazem os homens. Eles me levaram para comer pizza numa noite depois do trabalho e repetiram como todo o incidente havia sido um cenário criado pelo acaso e eles tiveram de encená-lo à minha custa. É uma coisa dos homens.

Uma oportunidade para crescer

A antiga filosofia oriental nos ensina: "Quando o aluno estiver pronto, alguma coisa acontecerá para embaraçá-lo", ou algo nesse sentido. Se nunca somos desafiados em nossas vidas, não cresceremos muito. Talvez isso não seja importante para você, mas é possível que você nunca tenha sido um idiota. É a lição que tem influência sobre o futuro. Fazer as pazes com seu idiota interior é o primeiro passo numa longa estrada para a recuperação, trazendo paz interior e uma coexistência pacífica com outros idiotas.

Olhe para seu I-Chefe com novos olhos. Ele quer ser importante. Em muitos aspectos, já é mais importante do que você gostaria que fosse. Trabalhe com astúcia. Não espere que seu I-Chefe conjure algum esquema ridículo para manter-se, e a você também, ocupado. Examine os objetivos do departamento e da organização e sugira planos para implementá-los. Quando seu I-Chefe ficar com os créditos, não se incomode. Planeje seu trabalho e trabalhe seu plano. Esteja pronto para as oportunidades quando elas chegarem.

Não estou sugerindo que você fique sentado ponderando as origens do pensamento e do comportamento de seu I-Chefe. Aceite que ele tem uma história como você e é produto de alguma combinação de natureza e ambiente, como você. Trabalhar com essa pessoa pode ser uma oportunidade para você crescer e tornar-se um chefe bom quando sua vez chegar.

Se você é o chefe, lembre-se de que os negócios estão ligados às pessoas. Pessoas produzem as coisas que outras pessoas compram e usam. Pessoas oferecem os serviços que outras pessoas precisam e pelos quais pagam. Bons chefes nunca se esquecem disso. Ninguém começa a vida mais importante do que ninguém. Todos têm uma situação adequada a seus talentos e habilidades únicos. Encontre os seus. Encontre a oportunidade ótima para os membros de sua equipe serem aproveitados. Não há maneira mais efetiva de aumentar o envolvimento das pessoas e, conseqüentemente, obter melhores resultados.

4

Procriação idiota

O termo *procriação idiota* não significa que I-Chefes machos e fêmeas se reúnem em eventos de seus mercados e acasalam. Procriação idiota refere-se ao estranho mas universal fenômeno que ocorre nas organizações com muita freqüência. Uma olhada no dia do I-Chefe vai ajudá-lo a compreender como essa população cresce.

Quando viajo pelo país tentando salvar organizações delas mesmas, às vezes chego tarde demais. Entre o momento em que recebo o telefonema desesperado, reservo minha passagem aérea e estaciono meu carro alugado na garagem do edifício, toda a população organizacional provavelmente já penetrou na I-zona, um estado causado pela fusão de sinapses neurológicas, normalmente seguindo uma tentativa de aplicar a lógica e a razão ao pensamento e ao comportamento de um chefe idiota.

Os que estão súbita e inesperadamente à deriva na I-zona não se tornaram idiotas. Suas faculdades mentais apenas foram desconectadas de suas fontes de força. A experiência é semelhante a estar digitando em seu computador tarde da noite, quando a energia elétrica acaba. Tudo fica repentinamente escuro e silencioso. Na I-zona, seu cérebro fica escuro e silencioso com todo o resto. Você se unifica à falência de energia.

Trata-se de um vírus interno do qual poucos se recuperam. Imagine estar sadio de corpo e mente quando você chega para trabalhar. Você apresenta a seu chefe o brilhante planejamento de médio prazo que passou três dias e três noites reescrevendo. Ele olha para o trabalho com expressão indiferente e pergunta: "O que é isto?".

Uma voz dentro de sua cabeça grita: "É o planejamento de médio prazo que você me pediu para fazer novamente pela terceira vez, seu idiota!".

"Por que está perdendo tempo com isso em vez de dedicar-se às coisas realmente importantes?", seu I-Chefe prossegue, sem tomar conhecimento da voz em sua cabeça. Sua voz interior tenta gritar outra vez, mas dessa vez nada acontece, nem mesmo dentro de sua cabeça. Uma janela *pop-up* em sua tela mental anuncia: este programa realizou uma operação ilegal e será fechado. É tarde demais para fazer alguma coisa além de ver sua sanidade desaparecer. Tudo fica silencioso e seu monitor interno apaga.

Sempre encontro pessoas na I-zona: Trabalhadores distraídos, com os ombros caídos, bolsas sob os olhos inexpressivos que já fitaram muitas vezes o abismo corporativo. Entre esses zumbis, enquanto eles vagam sem rumo por corredores estéreis, fico me perguntando quando eu deveria ter chegado para impedir a completa destruição da massa cinzenta, as almas quebradas e o irreversível dano ao sistema nervoso. Nenhum som acompanha a cena macabra, exceto o de um gemido baixo que não parece vir de ninguém em particular. É como a trilha sonora de péssima qualidade de um filme "B".

Enquanto permaneço nos corredores vazios da empresa americana, uma multidão de cadáveres ambulantes se abre à minha volta como o Mar Vermelho. Não consigo entender como eles são capazes de evitar a colisão comigo enquanto me mantenho ali parado. Devem ter radar de golfinho, penso, balançando a cabeça lentamente enquanto imagino como tudo poderia ter sido. As expressões sem vida exibidas pelos zumbis são o oposto do sorriso perpétuo que muitos I-Chefes ostentam. Nunca fui capaz de compreender como eternos sorridentes conseguem morder e mastigar seus alimentos, muito menos conversar, sem mover a mandíbula.

Num dado momento, sinto alguém puxar a manga da minha camisa. Viro-me e vejo uma jovem com aparência fantasmagórica, alguém com certeza que já fora antes vibrante, mas agora apagada. "Por que eles transformam idiotas em chefes?", ela pergunta, olhando para o espaço. Sua voz é monocórdia, sem vida, como se alguém houvesse puxado a corda presa em suas costas centenas de vezes. Os olhos cavernosos buscam os ângulos onde as paredes encontram o teto, como se a resposta para sua pergunta pudesse estar escrita perto da junção entre superfícies verticais e horizontais.

Estive lá e fiz aquilo muitas vezes para oferecer uma resposta rápida. Eu apenas espero. Como suspeitava, ela não espera por uma resposta para sua primeira pergunta antes de formular a segunda: "Por que os chefes idiotas se multiplicam como coelhos?" Sua voz ainda é monocórdia. Dessa vez olha para mim, mas percebo que está sentindo minha presença, mais do que realmente me vendo. Eu dou um passo para o lado. Seus olhos não me acompanham.

De repente, a porta se abre para o banheiro masculino. Seu chefe idiota aparece com gestos quase cavalheirescos, contradizendo a massa de gemedores aflitos que o cerca. "Ei, dr. John", ele me chama, ao mesmo tempo subindo o zíper da calça. A pessoa fantasmagórica solta a manga da minha camisa e volta para o rio de mortos-vivos.

"Como ele pode ser tão loquaz? Ele deve ver essas pessoas. Por que não as reconhece?", penso. Nesse momento ele se aproxima de mim com a mão estendida, me cumprimenta, relembra a última vez que nos vimos, cinco anos atrás, para ajudar no desenvolvimento de uma estratégia de comunicações. Antes de a estratégia poder ser implementada, os lucros da companhia desabaram, a administração entrou em pânico e todas as extravagâncias foram cortadas, especialmente aquelas que eram mais necessárias.

Sua evidente estupidez provoca em mim uma certa fúria. Sinto-me provocado, como se ele estivesse tentando me tirar do sério intencionalmente. "Ninguém pode ser tão estúpido", grita minha voz interior.

— Você não telefonou — falo com voz firme, tentando soar genuinamente curioso.

Estou curioso. Se vou receber pagamento por meu trabalho de consultoria, é bom saber quem me contratou.

— Oh, sim — ele lembra. — Liguei para você. As pessoas começaram a ficar malucas por aqui depois da minha decisão de não perdermos mais tempo com atividades sem importância. Mas você pode ver que agora todos se acalmaram. — Ele abre os braços para mostrar toda a extensão do escritório. — Nós começamos a caminhar.

— Defina em grau de importância — eu peço. Acho que sei aonde ele vai chegar com isso, mas quero que diga tudo com as próprias palavras.

— Bem, eu peço para as pessoas fazerem certas coisas e elas agem como se eu quisesse que matassem suas mães. — Posso perceber que ele está bem perto de ligar os pontos. É isso que fazem os bons treinadores/consultores/conselheiros. Ajudamos nossos clientes a unir dois e dois de forma que eles não só entendam que têm quatro, mas apreciem completamente qual é o significado desse quatro e de onde ele veio. A maior dificuldade em ajudar idiotas a ligar os pontos é fazê-los perceber que precisam de pelo menos dois pontos antes de poderem conectar conceitos.

Idiotas não têm problemas para conectar um ponto. Eles são capazes de desenhar pontos o dia todo, se deixados sem a supervisão de um ser inteligente. Isso os faz sentirem-se ocupados e úteis. Mais importante, eles nunca terão de lidar com a complexidade de contemplar como dois pontos se relacionam entre si.

Eu tinha de ajudar aquele homem a encontrar pelo menos mais um ponto, ou não faria a ele nenhum bem nem o auxiliaria a restaurar a função cerebral de pelo menos parte de sua equipe. Apesar do cinismo que tende a dominar os consultores com o passar do tempo, nós realmente queremos ajudar nossos clientes. Passamos pela porta com o propósito de deixar tudo melhor com nossa presença, independentemente do dinheiro. O dinheiro é bom e ajuda a pagar as parcelas do Volvo, mas posso dizer honestamente que minha vontade de fazer as coisas melhores do que eram antes de eu chegar não tem nada a ver com dinheiro.

Ajudando os chefes a melhorarem, eu torno a vida mais fácil e mais frutífera para os membros de suas equipes. No entanto, apesar do meu otimismo a caminho da porta, sempre parto me sentindo derrotado. Tenho tendência a gostar das pessoas e a confiar nelas até que provem o contrário. Cerca de oito em cada dez vezes parto levando comigo o desejo de contratar um assassino profissional. Enquanto conversava com aquele I-Chefe, minha voz interior sugeria: "telefone para Guido".

Vozes interiores podem ser portadoras de boas e más notícias. Quando estava praticando intervenção em saúde mental como interno registrado no Instituto de Ciências do Comportamento da Califórnia, meu supervisor era um verdadeiro modelo de cinismo. As sessões de supervisão para os profissionais de saúde mental são os embates mais politicamente incorretos que se pode imaginar. Embora o imperativo seja facilitar o crescimento emocional e a cura, a tensão e a exaustão mental resultantes de tratar clientes de saúde mental pode nos levar ao limite. Extravasamos a tensão tecendo comentários cínicos sobre nossos clientes.

Nenhum psicólogo jamais admitirá nada disso, e eu nunca gravei uma sessão de supervisão, por isso vocês vão ter de aceitar minha palavra. Lembro-me de minha supervisora, ao descrever um caso de esquizofrenia que ela estava tratando, formular uma pergunta retórica: "Por que as vozes sempre dizem a eles para matar, para se ferirem ou para irem morar sob uma ponte? Por que as alucinações não dizem para tomarem um banho, arrumarem um emprego e pagarem a conta do terapeuta?" Ela desistiu da profissão logo depois disso.

Enquanto caminhava e conversava com aquele I-Chefe, eu ouvia as vozes dentro da minha cabeça dizendo: "Encontre o armário de limpeza mais próximo e tranque-se dentro dele antes que possa matar alguém ou pular pela janela". Depois, uma segunda voz interior juntou-se à conversa. Você sabe que tem problemas quando uma multidão de vozes aparece.

"O que vai ser?", indaga minha voz racional. "Eu o mato, me mato ou rastejo para baixo de uma dessas mesas? Se pular pela janela primeiro, não o matarei, e levarei isso na minha consciência pelos últimos três segundos da minha vida. Mas realmente me arrependeria de tê-lo matado enquanto mergulho para a morte? Ou o ato final e homicida de um homem desesperado seria um presente para o mundo que ele deixa para trás?"

Muitos executivos teriam de trocar de cueca se soubessem o que os consultores pensam deles num dado momento.

— O que exatamente você pediu para eles fazerem? — pergunto em voz alta.

— Pedi para refazerem o plano de médio prazo —, ele responde com naturalidade.

— Refazer?

— Sim, fazer novamente.

— Quantas vezes eles já haviam feito esse trabalho?

Chegamos ao escritório dele, um espaço de paredes de vidro com vista panorâmica para todo o andar, desde a sala de café até a sala de xerox.

— Não sei, duas ou três vezes.

— E não viu nenhum problema nisso? — pergunto, sentando-me em uma cadeira diante da mesa dele.

— Não, não vi nenhum problema nisso — ele responde honestamente enquanto fecha a porta e senta-se atrás da mesa. Tinha de dar a ele meio ponto por isso. Sentar-se sem nenhum incidente, quero dizer. — Mas eles viram problemas nisso. — Apontou para o mar de zumbis que se movia metodicamente em todas as direções além das paredes de vidro que delimitavam sua sala. Ali, com a porta fechada, não podíamos ouvir os gemidos baixos que davam o tom à parada dos zumbis. A ausência de uma trilha sonora tornava a visão ainda mais estranha do que antes. Mais do que simples divisórias de vidro isolavam aquele I-Chefe de seus subordinados. Pelo menos ele os via lá fora. Já era um começo. Uma semente. Eu decidi regá-la.

— O que o faz pensar que eles têm algum problema em repetir a mesma tarefa diversas vezes? — indaguei, inclinando minha cabeça para os zumbis.

— Olhe para eles. Qualquer um pensaria que eu os fiz carregar tijolos pelos trinta andares de escada.

Aquele sujeito estava a poucos tijolos de carregar uma carga muito maior, e também começava a me fazer sentir realmente incomodado. Sendo um profissional, respirei fundo, endireitei os ombros para alongar os músculos que se haviam enrijecido em meu peito desde que o vira saindo do banheiro masculino. Sabia que ia levar algum tempo até seu elevador subir os trinta andares, e por isso me conformei em ser paciente e tentar lembrar que recebo por dia de trabalho.

— Por que acha que eles estão daquele jeito? — continuei, tentando direcioná-lo para o segundo ponto de que ele necessitava para formar uma associação.

— Não sei... talvez não queiram trabalhar!

— O que eles estavam fazendo quando você os interrompeu e pediu o plano de médio prazo pela terceira ou quarta vez?

— Não sei — repetiu, visivelmente irritado. E emendou: — Por que o interrogatório?

Os clientes podem se tornar ríspidos com os consultores quando são pressionados demais. Eles sabem quem trabalha para quem. Decidi pressioná-lo mesmo assim. Devia isso aos seres humanos do outro lado das paredes de vidro, antes trabalhadores dedicados e esforçados.

— É importante — expliquei. — Tente se concentrar.

Em vez de erguer as sobrancelhas para o comentário condescendente, ele se inclinou para frente e ouviu com mais atenção.

— Eles estavam fazendo alguma coisa que você havia solicitado, quando os fez parar tudo para refazerem o plano de médio prazo? — Eu iluminava pontos à direita e à esquerda. Mesmo assim, ele não conseguia traçar a linha entre eles.

— Provavelmente — murmurou, reclinando-se em sua cadeira. — O que isso tem a ver com o problema todo?

— Funciona assim: quando você pede alguma coisa aos membros da sua equipe, essa coisa se torna uma prioridade. Eles se lançam à tarefa com a intenção de realizarem um bom trabalho.

— Quando você os interrompe para direcionar seus esforços para uma nova tarefa, isso diminui a importância do que eles já estavam fazendo.

— E...?

— E... cada vez que você pedir alguma coisa para depois solicitar que eles abandonem a tarefa, eles se tornam progressivamente cínicos sobre a real importância de cada tarefa.

— Cínicos...?

— É como a fábula do menino e o lobo — expliquei, esperando que um conto infantil pudesse atingi-lo.

— Por que o menino grita "lobo"?

— Não é por que ele grita lobo. O que importa é que o menino gritou lobo quando não havia lobo algum.

— Que estupidez — ele grunhe.

— Sim — eu grito, incapaz de conter meu entusiasmo diante da sugestão de uma abertura. — Foi estúpido gritar "lobo" quando não havia lobo algum. Você sabe por quê?

— Porque não havia nenhum lobo.

— É verdade — confirmo. — Pode se aprofundar um pouco e pensar em um problema maior que sua ação poderia ter causado?

Ele hesitou por um longo instante, tocou o nariz com a ponta do polegar e do indicador e tentou produzir uma resposta. Eu esperava.

— Não sei — o homem anunciou, soltando uma baforada de ar um tanto exagerada. Batendo as mãos abertas sobre a mesa para indicar sua frustração, acrescentou: — Isso é estúpido.

Eu pude ver que seu tempo havia expirado. Dar a alguém uma resposta em vez de ajudá-lo a encontrar essa resposta viola séculos de sabedoria chinesa, mas eu precisava pegar um avião.

— Quando o menino gritou lobo pela primeira vez, todos acreditaram e correram ou se esconderam. Mas não havia um lobo. Finalmente, eles se tornaram cínicos. Então, quando o lobo apareceu de verdade e o menino gritou lobo, ninguém deu ouvidos ao aviso.

— Está dizendo que eu grito lobo?

Eu toquei a ponta do meu nariz com um dedo e apontei o outro para ele.

— Está dizendo que quando atribuo tarefas à minha equipe, eu devia esperar que eles a terminassem? — Repeti o gesto. Quando já começava a pensar que seu elevador estava quebrado, ele começava a se mover novamente. — Mas o que vou fazer?

— Fazer? — indaguei.

— Se eu atribuir tarefas ou permitir que eles escolham o que querem fazer... isso não vai ficar aborrecido?

— Para quem?

— Para mim.

Quando eu começava a pensar que o estava conduzindo, ele me conduziu ao coração do problema. Embora desse ao sujeito o crédito por abrir uma compreensão previamente oculta para mim, não ofereci um desconto nos meus honorários. Mas agora, pelo menos, ele tinha dois pontos para trabalhar.

— Uau! Que epifania! — exclamei.

— Epif...? — ele repetiu com expressão confusa.

— Esqueça — continuei. — O tédio faz você mudar o ritmo de todo mundo e fritar seus cérebros.

— Você acha?

— Aí está sua resposta.

— Onde está minha resposta?

— Se estivesse engajado na atual missão do departamento, não se sentiria aborrecido nem interromperia as pessoas que estão tentando terminar seu trabalho.

— Engajado na atual missão? — ele perguntou. — Isso não seria microadministração? Estive em um seminário e eles nos aconselharam a não adotar esse estilo de supervisão.

— É tarde demais para isso — respondi em voz alta. Isso acelerou o processo, mas prossegui antes que ele pudesse reagir: — Quem lê o plano de médio prazo?

— O comitê executivo, acho.

— Alguém já o procurou pedindo uma explicação sobre as variáveis do plano de médio prazo?

— Não — ele respondeu, pensativo. — Assim que o plano é concluído e apresentado, são postos na prateleira para nunca mais serem abertos.

— Exceto quando você está aborrecido?

— Sim, pensei que não fariam mal algumas melhorias.

— Muito bem, vamos ligar os pontos — eu disse, determinado. — Você sabe que o plano de médio prazo é um exercício de futilidade. Os membros de sua equipe sabem que o plano de médio prazo é um exercício de futilidade. Mesmo assim, você os faz retomá-lo sempre.

— Não é uma atitude muito inteligente, agora que você colocou as coisas nesses termos.

— Exatamente — confirmo. — Isso é microadministração no pior sentido do termo. Está olhando para o seu departamento como para uma colméia que existe para diverti-lo.

— Eu não diria isso — ele protestou.

— Não precisa dizer, porque eu já disse. E se eu dissesse que você pode macroadministrar tornando-se um pioneiro e abrindo caminho através da selva burocrática para que seus funcionários possam ser mais produtivos?

— Realmente?

— Realmente. Você vai se sentir entretido, até desafiado. E seus funcionários voltarão à vida e farão coisas surpreendentes.

— Quando posso começar a abrir caminhos?

— Você já começou — respondi.

A história que acabei de contar é só uma fantasia. Verdadeiros I-Chefes não entendem tão depressa. Sempre perco o avião. Mas eles podem chegar lá se tiverem orientação suficiente e encorajamento. Já vi modificações radicais. Fui inclusive o catalisador de muitas delas. No entanto, o mais comum é que os I-Chefes sejam influenciados por outros I-Chefes. Nesse caso, o comportamento só piora, e a contagem de corpos no seu departamento cresce em proporções assustadoras.

O quarto passo:

*"Devemos fazer o inventário do
nosso comportamento idiota."*

O que me mantém humilde é saber que posso me agarrar à criatividade e influência que possuo para ensinar algum lamentável e estúpido

I-Chefe a perceber o que acontece à sua volta. Isso me faz lembrar diariamente que sou um I-Chefe em recuperação. E preciso, também a cada dia, me lembrar do lugar de onde vim e como foi difícil para mim superar barreiras. Como já disse, mergulhar num acesso de fúria indignada às vezes parece certo, mesmo quando é errado. Para parafrasear Sigmund Freud, às vezes um idiota é só um idiota. Além da questão sobre a origem dos idiotas, se você está tentando realmente obter sucesso no trabalho, é importante compreender como os idiotas acabam alcançando posições de liderança. Como os idiotas nunca pretenderam ser idiotas. Os Chefes Idiotas em sua maioria também nunca tiveram a intenção de se tornar chefes.

Inteligência *versus* vácuo

Devemos perceber que os Chefes Idiotas deixam um vácuo onde deveria haver inteligência, visão e sabedoria. O universo natural repudia o vácuo e começa um processo de sucção intenso para preenchê-lo. Se a inteligência, a visão e a sabedoria estiverem passando por ali nesse momento, a história terá um final feliz. Mas quando foi a última vez que isso aconteceu? O que geralmente ocorre é alguma idéia aleatória, irrelevante e sem significado ser sugada para o vácuo.

Um idiota pode inicialmente tornar-se chefe por várias razões. Ele pode ser o único candidato disponível porque todos os outros membros do departamento pularam pela janela ou estão escondidos no armário de produtos para limpeza. Talvez ele tenha encontrado uma proposta incrível de um projeto no chão, recolhido o formulário, preenchido e olhava para ele quando alguém em posição mais elevada no organograma passou por ali. O superior pensou que aquela era uma criação do idiota e o promoveu. Às vezes os idiotas se candidatam a uma promoção porque parece ser divertido e, acidentalmente, eles parecem ser competentes pelo tempo necessário para conseguir o emprego. Quando seu verdadeiro caráter emerge, é tarde demais.

Eu sempre desconfio do processo democrático. O conceito de escritório democraticamente eleito deve ser autopurificador e expurgar-se da incompetência, da complacência e da corrupção. Na prática, a primeira ordem de serviço dos oficiais eleitos é provocar um curto-circuito no processo democrático e fazer seus empregos tão seguros e lucrativos quanto os dos burocratas unificados que comandam o governo municipal, estadual e federal.

O que realmente significa "sugar"

Quando um I-Chefe é promovido, especialmente próximo do topo, a sucção pode ser sentida por toda a organização. Todos os I-Chefes sobem um posto, deixando um vácuo (e mais sucção) atrás de cada um deles. Embora haja apenas um espaço a ser preenchido no organograma da organização, existem muitos idiotas em seu futuro. O vácuo que os idiotas em altas posições criam é replicado em cada nível. É um tipo de procriação consangüínea sistêmica e automatizada, e a linha de sangue torna-se mais anêmica a cada troca de pessoal.

A grande matriarca de uma rica família norte-americana certa vez recebeu uma jovem noiva em seu clã que era de origem humilde. Em vez de levantar o nariz para a plebéia, a matriarca a recebeu dizendo: "Precisamos de sangue novo nessa família. Já temos muitos idiotas nesta montanha".

Infelizmente, idiotas só são idiotas por comparação. Só os não-idiotas podem apontar que eles são idiotas. Portanto, as pessoas que fazem os idiotas se sentirem menos idiotas são outros idiotas. Adivinhe de quem os idiotas escolhem se cercar? Quanto mais alto e poderoso o I-Chefe, maior sua habilidade em preencher sua equipe com idiotas adicionais.

É extremamente correto afirmar que as pessoas podem ser e são regularmente promovidas além de seu nível de competência. O que Larry Peter, criador do Princípio Peter, presumiu que ocorreria em seguida estava errado. Os idiotas não deixam de subir na organização depois de serem promovidos além de seu nível de competência. Desde quando a competência é pré-requisito para o escritório executivo? Incompetência, especialmente na área de motivação e compreensão humana, pode ser um bilhete de primeira classe para a sala do executivo.

As únicas coisas que mantêm alguns I-Chefes fora dos postos mais elevados são os chefes deus, os maquiavélicos e os sádicos, que podem conquistar a posição por superação, força física ou roubo enquanto o idiota está no banheiro. Quando você já pensava que não podia ficar pior, você se livra dos idiotas preenchendo seus lugares com chefes deus, maquiavélicos ou sádicos.

Uma vez aceso, o fogo se espalha

Mesmo que um I-Chefe seja criado por acidente ou mal-entendido, não é um acidente que os idiotas sejam promovidos. É um dos mais desagradáveis aspectos da natureza humana mostrando sua cara feia. O princípio que leva o nome de Larry Peter só explica uma parte desse fenômeno. Embora aumentar a capacidade cognitiva de alguém seja um feito grandioso, é possível que pessoas promovidas além de seu nível de competência reconheçam seu dilema e trabalhem para aprimorar suas habilidades ou, pelo menos, busquem ajuda de pessoas mais competentes. No caso dos Chefes Idiotas, há raras evidências de que algum dia eles tenham sido competentes, e é certo que eles nem sabem que precisam ser.

Como eu, muitos idiotas chegam a posições de liderança por razões erradas: por acidente, sorte ou por estarem apenas passando por perto quando a sucção começou. O ponto é que eles, como eu, podem casualmente descobrir que há muito mais na liderança do que enfrentar o olho não-iluminado. Mas, quando se está lá, a idéia de fazer o que é mais honroso e demitir-se nem passa por sua cabeça. Em vez disso, os Chefes Idiotas, como seus semelhantes na política profissional, começam a sapatear tão depressa quanto conseguem, e as coisas se deterioram.

Institucionalizando a incompetência

Se você acredita que há mais idiotas do que qualquer outro tipo de chefe, você está certo, especialmente em grandes organizações em que a agregação de idiotas é mais comum. Para aqueles para quem a competência nunca foi um fator, é de espantar que eles se sintam menos ameaçados por (e na maior parte do tempo mais confortáveis com) outros idiotas?

Desprovidos de competência própria, os I-Chefes se impressionam com as coisas que outros dizem ter realizado, e podem inocentemente acreditar que eles a realizaram, mas provavelmente não tiveram nada a ver com isso. Sendo essencialmente desprovidos de qualquer noção, eles aceitam a palavra da pessoa, promovem-na e, *voilà*, outro I-Chefe nasceu. I-Chefes produzem outros I-Chefes, e a sucção em cascata resultante da promoção dos I-Chefes em posições mais elevadas produz o temido efeito cogumelo.

Existem micro e macro efeitos cogumelo. Quando os idiotas descobrem que não são capazes de fazer o que seus trabalhos exigem, procuram por outra pessoa para realizar essas tarefas. Eles não querem abrir mão do *glamour* e do prestígio de suas posições. Essa é a falha inerente às organizações hierárquicas clássicas, burocráticas. A única maneira de obter mais e ir mais alto. Projetistas organizacionais esclarecidos não atrelam o conceito de *mais* ao conceito de *mais alto*. Eles encontram formas inovadoras de recompensar a produtividade sem institucionalizar a incompetência.

O efeito cogumelo

O microefeito cogumelo é normalmente uma questão departamental. Um I-Chefe de nível mais baixo não tem o orçamento ou a autoridade para criar e preencher posições injustificadas e tornar-se um insuportável agravante para os membros de sua equipe, como o rei dos zumbis. Um candidato Princípio Peter que foi promovido além de sua competência pode não ter consciência de que é incompetente para liderar outros seres humanos em atividades que antes ele conseguiu realizar como subordinado.

E quanto à pessoa verdadeiramente competente que é promovida para o nível de supervisão com base em seu talento e em sua habilidade? Esse é outro exemplo de falhas inerentes às organizações hierárquicas burocráticas. (Você já percebeu que não gosto delas?) Para uma pessoa competente e talentosa, ser promovida para o nível de supervisão é a única maneira de ganhar mais dinheiro e obter mais poder. A razão para a promoção, no entanto, não tem nada a ver com bonificação para o promovido.

Para os supervisores e executivos em posições mais elevadas no organograma, promover a pessoa com talento e habilidades é uma maneira de generalizar sua *performance*. Se ela é extremamente boa em alguma coisa, ela pode fazer todos os outros serem bons nisso. É o que diz a lógica. Tal raciocínio é, numa só palavra, estúpido. Guiar outras pessoas, o que exige guiar seu crescimento profissional e desenvolvimento além de motivá-las, exige um conjunto de habilidades altamente especializadas e personalidade servil, coisas que o novo supervisor provavelmente nunca teve ou quis ter.

Criar programas, escrever códigos, dar telefonemas e manipular números são funções importantes. Você não pediria para um mago dos programas parar de fazer programas para começar a atender ao telefone, a menos que fosse um idiota. Só um idiota pediria a um guerreiro dos códigos para cuidar dos telefonemas dos clientes. Este é um fator que contribuiu para a morte das ponto-com. Você não poria um contador para chefiar o departamento de engenharia ou um engenheiro para cuidar da contabilidade... apesar de ambos serem pensadores lineares e viverem para calcular e extrapolar.

Qualquer um com meio cérebro percebe que pessoas que demonstraram tremenda competência em uma habilidade especializada e que, de maneira semelhante, com toda a probabilidade, passaram boa parte de sua vida adulta aprimorando essa habilidade, prosperam quando fazem aquilo em que são bons. Apesar de todo o bom-senso, a prática promocional mais comum em organizações hierárquicas é separar as pessoas das tarefas que elas apreciam e colocá-las no comando de pessoas menos talentosas executando essas mesmas coisas.

Promoções tradicionais em organizações hierárquicas requerem novos chefes para ensinar as pessoas a abrirem seu leque de idéias. O chefe recém-promovido, sendo uma espécie rara de porco cantor, só aborrece o porco comum, que não tem nenhum desejo ou intenção de cantar. O resultado geral desse arranjo é uma vara de porcos aborrecidos e um ex-porco cantor ressentido sem nenhuma oportunidade de vocalizar.

Promoção baseada no talento natural

Facilitar o crescimento e o desenvolvimento profissional dos outros é algo para algumas pessoas que têm uma habilidade natural e desejo de fazer. Esses indivíduos são tão naturalmente adequados para a liderança quanto os trituradores de números para a contabilidade. O conceito de limpar o caminho para que outros tenham espaço, recursos e o oxigênio necessários para operações excelentes ocorre naturalmente para os líderes servis. Como suas contrapartes especializadas e competentes, eles têm uma tendência natural para continuar aprendendo e refinando as habilidades e talentos para os quais são naturalmente aptos, e o aprendizado nunca termina.

Se os chefes organizacionais querem realmente dominar suas respectivas áreas, eles posicionarão seus habilidosos líderes em cargos de supervisão e os deixarão abrir estradas para os competentes criadores de programas, guerreiros dos códigos, atendentes de telefone e trituradores de números. Mas essa é a mais rara das exceções. A regra geral prova que os executivos colocam os criadores de programas, os guerreiros dos códigos, os atendentes de telefone e os trituradores de números em posições de responsabilidade pelo crescimento e desenvolvimento profissional de outras pessoas. Errado, errado, errado.

Os criadores de programas, os guerreiros dos códigos, os atendentes de telefone e os trituradores de números já não fazem mais aquilo que apreciam. São forçados a lidar com questões de motivação humana e com os problemas básicos da vida diária... problemas de outras pessoas. Você se vê cercado por um bando de chefes furiosos que, de maneira nenhuma, são idiotas. Terríveis líderes, sim. Idiotas, não. E agora eles recebem altos salários. Não vão mais regredir. Talvez um em um milhão, pense nisso. A maioria trocará a felicidade e a realização vocacional pelo dinheiro e pelos benefícios. Eles são reféns da hierarquia.

A copa do cogumelo inclui todos que estão sendo pagos, mas não contribuem muito com nada. O caule contém os trabalhadores, indivíduos que sustentam aqueles que estão no topo. Oitenta por cento do trabalho é realizado no caule, enquanto aqueles que estão na copa recebem oitenta por cento da folha de pagamento e dos benefícios.

A copa do cogumelo se espalha na medida em que não-líderes em posições de liderança se cercam de pessoas para poupá-los dos problemas que serão levados à sua porta todos os dias. A copa do cogumelo também se expande na medida em que I-Chefes se cercam de pessoas que os fazem sentir-se confortáveis em sua estupidez. Na próxima vez que você ler no *The Wall Street Journal* que alguém recebeu uma importante promoção em uma grande organização, baixe o jornal e ouça. Aquele som alto de sucção é a copa do cogumelo corporativo se expandindo com as copas de outros pequeninos cogumelos espalhados pela organização.

Madeira!

O caule de um cogumelo só pode suportar um certo peso antes de se dobrar e derrubar tudo que há em cima dele. Todos nós vimos como organizações podem ser criadas para explorar mudanças na tecnologia ou regulamentações no governo. Nas mãos erradas, essas organizações são criadas, prosperam e até celebram, e durante todo o tempo estão sendo sugadas e exploradas pelos executivos no topo da hierarquia. Muitos executivos e administradores públicos têm licença para roubar, como James Bond tem licença para matar. Depois de os recursos dessas organizações serem transferidos para as contas bancárias dos executivos e a casca ser levada pelo vento, um ultrajado grito público clama por justiça.

Tarde demais. O cavalo já está fora do estábulo. Mesmo as legítimas organizações, grandes ou pequenas, que operam pelas regras, freqüentemente encontram dificuldades para sobreviver à incompetência de suas lideranças. O trabalho duro e dedicado de heróis não celebrados no caule do cogumelo mantém tudo funcionando. Eles suportam todo aquele peso. Mas a copa do cogumelo ainda pode crescer e se tornar grande demais até para os trabalhadores mais esforçados. Quantos cogumelos corporativos você já viu tombar em sua vida? Como diz o velho provérbio chinês: "Se não mudarmos de direção, é bem provável que acabemos no local para onde nos dirigíamos".

Pense numa enorme operação como uma grande empresa aérea. Não há uma pessoa apenas no comando da operação da complexa rede de atividades e responsabilidades. Milhares de vôos por dia, chegadas e partidas seguras, muitas pessoas e bagagem, tudo operado por dezenas de milhares de indivíduos que assumem toda a responsabilidade de liderança necessária à realização do trabalho.

E se essas pessoas decidirem que só farão aquilo para que foram instruídas a fazer minuto a minuto? E se decidirem não comparecer ao local de trabalho, a menos que alguém telefone para acordá-los de manhã? E se não retornarem do almoço até alguém ir buscá-los? Parece tolo até você pensar na consciência coletiva de todas essas pessoas e em como um espírito de liderança maior do que todos os indivíduos combinados os liga a um espírito único de realização.

Pulverize I-Chefes pela organização e você estará tornando mais pesada a carga que indivíduos dedicados carregam sobre seus ombros para fazer as coisas funcionarem corretamente. Dê aos altos executivos bônus lucrativos ao mesmo tempo que solicita concessões de salários e benefícios dos trabalhadores que suportam o caule do cogumelo e você terá matado a moral e privado de toda e qualquer motivação aqueles que fazem funcionar a organização. Oferecer compensações financeiras obscenas a altos executivos antes de eles demonstrarem que são capazes de liderar a organização com correspondente crescimento só faz sentido para um idiota. Oferecer compensações financeiras obscenas a altos executivos depois de eles terem levado a organização à beira da falência só faz sentido para um ladrão.

As pessoas certas, as razões certas, as coisas certas

Embora os I-Chefes sejam inevitáveis, eles não têm de ser fatais. Se você trabalha para um deles, tente entender suas deficiências e faça-o sentir-se menos ameaçado. Você pode até reduzir o crescimento da população idiota.

Se você está lendo este livro, é provável que faça parte do caule do cogumelo, e não da copa. Tiro meu chapéu para você. Seja forte, mas também seja inteligente. Nem mesmo o mais forte caule pode suportar a copa de um cogumelo que se tornou grande e pesada demais. Trabalhar com astúcia ajuda a reduzir o tamanho da copa do cogumelo. Se não for possível reduzi-la, você pode, esperamos, adiar seu crescimento até poder sair de debaixo dela.

Trabalhe seu Quarto Passo. Atualize continuamente o inventário de suas motivações e métodos. Não faça as coisas pelas razões erradas como eu fiz. Se tem agido dessa maneira, mude suas prioridades e sua abordagem. Seguir pela mesma estrada só vai fazer você perder tempo e criar uma vara de porcos furiosos. Distancie-se e olhe para a sua organização. Você verá como e por que aqueles I-Chefes chegaram onde estão. Olhe para as coisas menos inteligentes que você tem feito ao longo do caminho. Somos todos parte do mundo idiota... e alguns são partes maiores que os outros.

Idiotas sempre atrairão mais idiotas. Compreendendo a dinâmica da agregação e procriação idiota, você será capaz de romper o ciclo quando for sua vez de chegar ao topo. Seja paciente e encorajador com seu I-Chefe. O que você acharia de ser sugado para dentro de um aspirador corporativo?

5

Banindo o talento

A resolução congressista propondo um sistema de alarme para os idiotas entre a população geral foi derrubada no comitê por ser politicamente incorreta. Isso me deixa desconfiado. As únicas pessoas que não enxergam a necessidade de resolver a questão dos idiotas são os idiotas. Isto porque eles não se consideram uma ameaça para a eficiência operacional no local de trabalho ou para o bem-estar físico e psicológico dos membros de sua equipe.

O que muitos idiotas consideram uma ameaça ao próprio bem-estar físico e psicológico é a competência. Idiotas sempre percebem pessoas talentosas e competentes como ameaças, não por terem alguma coisa contra a produção, mas porque seus chefes podem esperar que eles também produzam alguma coisa. Maquiavélicos são sagazes o bastante para se apoderarem de suas realizações e apresentá-las aos superiores como se fossem deles. Os idiotas preferem simplesmente manter o talento fora disso.

Na lógica distorcida de seu I-Chefe, se ninguém estiver fazendo nada de importante, ele não terá de fazer coisas importantes. Se não há pessoas talentosas na vizinhança imediata, suas chances de voar sob o radar de seus superiores é muito maior. A melhor maneira de certificar-se de que ninguém no departamento vai demonstrar talento é bani-lo completamente.

O quinto passo:

"Admitir para o meu Poder Superior, para mim
mesmo e para os outros a natureza dos meus erros."

Estou começando a ver por que os programas de doze passos têm uma média de sucesso tão elevada. Eles não deixam escapar nada. A negação é inexistente entre os participantes. Mas parece que tudo que tenho feito até aqui é confessar minha estupidez para você e meu Poder Superior, que sabe o que vou dizer antes de eu dizer, então, por que se dar ao trabalho de confessar? É a parte de "admitir para mim mesmo" que eu considero mais difícil. Meu ego não quer lidar com o fato de eu já ter estado dos dois lados da mesa dos idiotas.

Estou começando a perceber que, quando minha frustração ferve e transborda, e me volto contra os idiotas do universo, não estou aceitando a completa medida da minha falta de noção passada, presente ou futura. Como dizem no programa: se você pode ver, você entende. Podemos reconhecer com facilidade os nossos problemas nos outros. Como empregado, sempre tive a sensação de que meus talentos e habilidades eram desconsiderados ou ignorados. Como I-Chefe em pré-recuperação, tenho certeza de que devo ter desconsiderado ou ignorado mais talento do que eu tinha para oferecer.

Se você suspeita de que seu chefe não está reconhecendo seu talento, lembre-se de que muitos idiotas não perceberiam o talento nem que ele mordesse seu dedão do pé. Se seu talento tem sido sistemática, intencional, premeditada e metodicamente ignorado ou escondido, é provável que seu chefe não seja um idiota. Banir o talento é uma prática comum e viciosa entre os chefes deuses e paranóicos.

Banir o talento é um golpe contra qualquer organização. Pode custar caro às companhias em termos de perda de eficiência, efetividade, produtividade e lucratividade. Nenhum desses aspectos representa grande preocupação para os chefes deuses, paranóicos e idiotas. Eles consideram o talento uma ameaça ao seu controle e à realização de seus objetivos. Os paranóicos soletram ameaça com A maiúsculo. Por alguma razão, esses chefes não desenvolveram a constituição férrea dos maquiavélicos, o que permite que você exerça tremendo esforço e exercite imenso talento, só para seu chefe apoderar-se de toda a glória.

Não é justo. Mas desde quando a justiça conta para alguma coisa nos negócios? Se você realmente quer tirar proveito máximo de seu trabalho sob a supervisão de um I-Chefe, esteja preparado para remover a palavra *justiça* do seu vocabulário. Caso não chegue ao ponto de excluí-la completamente, você deve ao menos reduzir suas expectativas. Perdi anos e incontáveis oportunidades profissionais me debatendo contra o que considerava ser um tratamento injusto. Mesmo que o tratamento tenha sido genuinamente injusto, minha atitude obstinada e desafiadora não produziu nada além de maior frustração.

O círculo de justiça

O universo tem um jeito de nivelar as coisas. Às vezes elas acontecem do meu jeito. Não sei por que, mas é assim. Se você é como eu, quando as coisas acontecem da sua maneira, você não reclama. Faz parte da natureza humana criar um caso federal quando as coisas parecem injustas, limitando-se apenas a fazer uma breve e silenciosa anotação mental quando elas se realizam a nosso favor ou recebemos aquilo que consideramos justo.

Quando meu time é surrado no vôlei ou no basquete, sou capaz de verbalizar de forma cáustica e crítica sobre a formação descuidada da equipe ou sobre a atuação questionável da arbitragem. Posso até mancar um pouco e culpar minha artrite. Em outras palavras, sou um péssimo perdedor. Quando meu time surra o adversário, sou um vencedor gracioso.

Quando me sinto fortalecido, sou agradável e magnânimo. Quando me sinto indefeso ou prejudicado, sou capaz de rosnar como um animal feroz. E você? Quando seus demônios sobrepujam seus melhores anjos, é porque você sente que foi tratado com injustiça? Em caso de resposta afirmativa, bem-vindo ao clube. Se confiamos no nosso Poder Superior para trazer de volta os bons tempos na hora certa, é possível que não nos sintamos tão agravados nos tempos difíceis. Haverá justiça para equilibrar a injustiça.

Uma maneira infeliz, mas eficiente, de controlar os outros e recrutar seu apoio para sua forma de pensar é fazer uso de seu senso de injustiça. Confirme seus sentimentos de que estão sendo injustiçados e você terá seus votos, suas doações, sua lealdade e tudo o que quiser. Você não está prestando um favor a ninguém aplicando a justiça como quer que ela seja aplicada a você. O uso mais valioso que podemos fazer desse conhecimento é reconhecer sentimentos de cassação em outras pessoas no trabalho. Se alguém está rugindo como um urso ou resmungando como um estômago cheio da pizza de calabresa de ontem à noite, é bem provável que esse alguém tenha sido tratado com injustiça.

Talvez não. Mais importante que a realidade desse tratamento é o fato de eles sentirem que houve uma injustiça. Se você sabe que outros se sentem como se houvessem sido tratados injustamente, não vai tratá-los com um pouco de empatia e sensibilidade? Sim, se não quiser sua cabeça a prêmio. Além do mais, não se pode alcançar a felicidade ou o contentamento no ambiente de trabalho (ou em qualquer ambiente) sentindo que a vida pode ser resumida em uma palavra: injustiça. Superar tudo isso e aceitar que a vida é cíclica, embora o ciclo algumas vezes pareça girar lentamente, vai torná-lo mais agradável aos outros. Mais importante, você vai considerar sua companhia mais agradável. Experimente. Saia desse poço de amargura, olhe para trás, veja aqueles que continuam se debatendo nele e diga para si mesmo: "Pronto, graças ao poder de uma pequena atitude de ajuste, lá vou eu".

Bater a cabeça

Por mais difícil que seja acreditar em alguns momentos, os chefes são seres humanos. Seu comportamento irritante pode fazer você pensar que há um médico diabólico em algum lugar programando I-Chefes e enviando-os para companhias em todo o mundo. Lutar contra a natureza essencial de seu chefe ou julgar-se capaz de mudá-la é como acreditar que se pode mudar a natureza humana. De qualquer maneira, muitas pessoas vão para o trabalho todos os dias pensando poder enfrentar as ondas de idiotice sem se afogar.

Para essas almas corajosas, teimosas e justas, sugiro que parem quinze metros antes da porta do edifício, peçam a um colega para segurá-la aberta, comecem a correr, alcancem plena velocidade, baixem a cabeça e se atirem contra o batente. Quando recuperarem a consciência, entrem e vivam o resto do dia. Sigam essa rotina diariamente durante seis meses e vocês podem causar um estrago suficiente na porta para que a manutenção tenha de ser acionada.

Bater a cabeça contra a porta faz tanto sentido quando tentar mudar outra pessoa, especialmente seu chefe. Mesmo que consiga atingi-lo, ele só será tirado de seu posto para que outro I-Chefe seja encomendado ao diretor de Recursos Humanos. É sempre possível fabricar outra porta ou outro I-Chefe. Quantas vezes você vai recuperar a consciência? Ressentir-se contra as injustiças no local de trabalho o prejudica mais do que a eles. Talvez eu repita essa lição sobre o efeito nocivo do ressentimento mais de cem vezes até o final do livro, porque precisei de mil lições de bater a cabeça contra a porta para começar a aceitar o conceito.

Comunique seu jeito com serenidade

Você não pode mudar os maus chefes, mas pode mudar o jeito como lida com eles, o que pode mudar os sentimentos que tem por você mesmo, por eles e pela vida em geral. Se mantiver seu chefe informado sobre suas atividades de forma intencional e regular, ele se sentirá menos ameaçado. Isso significa premeditar encontros "casuais" com seu I-Chefe no corredor, no bebedouro, ou no banheiro.

Sim, estou sugerindo uma estratégia de biointervalos. Para mulheres que se reportam a chefes homens e vice-versa, as opções são mais limitadas. No entanto, as mulheres podem passar informações para assistentes e secretárias no santuário representado pelo banheiro feminino, e o mesmo pode ocorrer com os homens. Trabalhar sua propaganda entre os assistentes é sempre mais eficiente do que entregá-la diretamente ao chefe.

Não faça disso um grande caso. Intercale sua mídia. Forneça breves relatórios de suas atividades pessoalmente. Envie um e-mail ocasional. Entregue um memorando. Mas seja cirúrgico com sua noção de tempo. Não jogue seu comunicado sobre uma pilha de papéis que seu chefe está lendo já contrariado. Não acrescente seu e-mail a uma caixa de correspondência já lotada. Monitore quando seu chefe está aborrecido e despache uma de suas missivas informativas, porém divertidas, no momento apropriado.

Não considere essa sugestão uma simples piada. Manter as pessoas confortáveis é o segredo para ter relacionamentos felizes e saudáveis. Considere a alternativa. Se você quer ser um tormento desnaturado para seu chefe, lembre-se de pedir a um colega para segurar a porta aberta para você amanhã cedo. Qualquer que seja o conteúdo de sua comunicação verbal, não-verbal ou escrita, o resultado esperado é criar a impressão de que você está operando dentro da zona de conforto de seu chefe e até protegendo-a de ameaças indesejadas.

Use uma linguagem que permita ao seu I-Chefe tomar pelo menos uma porção, se não todos os créditos, quando reportar progressos e realizações. Sei que ele não merece isso. Mas você está pondo em prática o plano para levar mais alegria ao seu mundo, por isso abra mão da amargura e do ressentimento. Eles o prejudicam mais do que a qualquer outra pessoa. Em suas correspondências, use frases como: "Por sua sugestão..." "Como discutimos na reunião..." "Quando estudava a tarefa que você designou, várias opções surgiram..." Vá em frente e dispare o tiro de misericórdia com: "Sua idéia realmente surtiu excelentes efeitos".

Se não engasgar, você sentirá uma melhora imediata na atmosfera do escritório. Nuvens se abrirão e o sol brilhará. Por mais que odeie admitir, você realmente se sentirá melhor. E seu I-Chefe também. O princípio é o seguinte: você não pode abrigar ressentimento enquanto se concentra em elogiar outras pessoas. Ele se dissipará como o gás tóxico e nocivo que é.

Comunique com cautela

Não seja óbvio a ponto de seu I-Chefe e seus colegas o perceberem como um adulador. Se alguém o acusar disso, diga simplesmente: "Não quero trabalhar numa atmosfera de conflito contínuo. A vida é muito breve. Se eu mantiver o chefe envolvido e informado, ajudará a preservar minha serenidade". Ou se ofereça para segurar a porta aberta para eles na manhã seguinte.

Também tenha em mente o quanto manter o chefe informado e envolvido leva o poder para o seu lado. Na era da informação, informação é como dinheiro no banco. I-Chefes enlouquecem as pessoas com terceiras e quartas versões de planos e relatórios sem importância porque se sentem entediados e imaginam que deviam estar fazendo alguma coisa. Manter seu chefe informado e só um pouco lisonjeado vai ajudar a tirá-lo de suas costas. Isso não é importante para você?

As técnicas de comunicação são eficientes com os I-Chefes, bons, deuses, camaradas e, possivelmente, com os paranóicos, com quem elogios podem conquistar pontos preciosos. Os maquiavélicos são outra história. Não tente abrir caminho para a serenidade através da comunicação com um chefe sádico, masoquista ou maquiavélico, ou vai acabar me escrevendo uma carta rabiscada com sua mão restante reclamando por eu não tê-lo prevenido.

Passei muito tempo explicando para subordinados sofridos e magoados em várias organizações a necessidade de adotar ações evasivas contra ataques aparentemente não provocados, insultos e abuso generalizado de alguns de seus colegas e chefes. O que é não provocado para você pode parecer justificado na imaginação demente de outras pessoas. Se você está em competição direta com alguém, é mais evidente e compreensível como qualquer coisa boa que faça representa uma ameaça às chances de seu adversário sair vencedor. Só porque não está em competição com outra pessoa, seu chefe, por exemplo, isso não significa que ele não se sentirá ameaçado.

Eu não estava desafiando meu chefe maquiavélico na Disney pelo controle do departamento que eu havia ajudado a criar. Admito um certo ressentimento por ele tê-lo roubado de mim. Mas competir com ele pelo controle? Não. Além de ter fobia por confrontos, sei reconhecer um adversário superior. Além do mais, eu estava fazendo incursões na área de desenvolvimento de espetáculos, onde sempre havia desejado atuar. Apesar de ser o departamento para o qual trabalhava a secretária mergulhadora (aquela que cobria os papéis com o próprio corpo), eu era mais um redator/diretor do que um supervisor técnico, pelo menos em personalidade. Se mostrasse que o Desenvolvimento era onde eu gostaria de realizar meus interesses, as chances seriam de realizar movimentos laterais sempre que alguma chance de transferência surgisse.

Mesmo assim, o poder do chefe maquiavélico me pegou de surpresa. Uma pessoa mais esperta, desconfiada ou politicamente preparada não teria sido surpreendida. Se tenho algum motivo para ser desconfiado, normalmente não fico tão cego. Mas, como não costumo andar por aí desconfiando de tudo e todos, ainda sou vulnerável a ataques traiçoeiros. Concentrar-me inteiramente na criação de relatórios e memorandos, como eu ainda tentava fazer, também manteve meus olhos baixos e desatentos para as coisas que deviam ter antecipado.

Gostaria de dizer que foram minha inocência e a atenção aos detalhes que me fizeram vulnerável aos ataques de uma pessoa que se tornou meu chefe maquiavélico na Disney, mas, honestamente, foi apenas estupidez. Infelizmente, só aprendo lições parciais a partir de minhas experiências, e as que aprendo esqueço depressa.

Nunca esqueça que sua competência é vista como uma ameaça para aqueles que são menos competentes ou se convenceram de que qualquer coisa positiva que parta de você será negativa para eles.

Isso é algo difícil de entender se a competência alheia não o ameaça. Mas para aqueles que vivem num mundo inversamente proporcional e mutuamente exclusivo, o fato de você respirar significa que está usando o oxigênio deles. Não ser aterrorizado pela competência significa que sua guarda pode estar baixa quando você precisar dela.

Você está aberto a um ataque inesperado. Levar um soco sem ter idéia alguma de onde ele vem pode derrubá-lo por algum tempo. Tenha consciência de que seu desejo natural de fazer bem todas as coisas e contribuir com seus talentos únicos e suas habilidades para a realização dos objetivos organizacionais pode levá-lo ao nocaute.

Parafraseando outro provérbio chinês: "Se você entende... as coisas são como são. Se você não entende... as coisas são como são". Para os idiotas em recuperação, o provérbio refere-se às coisas que não podemos mudar. Por que perder o sono, ficar com cabelos brancos ou explodir sua aorta por coisas que não vai mesmo poder alterar?

Administração Shamu

Meu chefe maquiavélico na Disney não era um idiota. Sua sagacidade era óbvia. Ele pode ter sentido minha competência demonstrada como uma ameaça por ter assumido que todos pensavam em termos de conquista e constante competição, como ele, e todos estavam tentando ser o rei da montanha, como ele. Foi assim que ele secretamente conseguiu ser secretamente indicado para chefiar um departamento de cuja criação não participou e que não tinha condições de supervisionar. Os maquiavélicos desconfiam de todos, mas só têm o poder de executar vingança contra aqueles abaixo deles. Ken Blanchard tem uma possível explicação.

Nos discursos de Ken, ele às vezes descreve modificação de comportamento em animais como Shamu, a baleia assassina do Sea World, em San Diego. Ele fala sobre como os treinadores do Sea World começam todas as sessões com os animais simplesmente pulando e nadando com eles. Ele aponta que as pessoas são freqüentemente como os animais e precisam ser asseguradas constantemente de que não serão feridas, antes de confiarem e abandonarem a atitude defensiva. Embora você possa conquistar a confiança de muitas pessoas por meio de um comportamento consistentemente não ameaçador ao longo do tempo, algumas pessoas nunca confiarão em você. Se seus motivos não são puros, é provável que elas nunca acreditem inteiramente na pureza de motivos de outros indivíduos.

Mesmo que a competência não seja uma ameaça aberta, ela causará desconforto a alguns incompetentes. Um I-Chefe não precisa saber o que é náusea para perceber que está nauseado. O truque consiste em embrulhar sua competência de forma a usá-la em seu benefício e sem ameaçar seu chefe.

É um mundo cruel, mas uma vida muito boa

Gostaria de acreditar que a competência no local de trabalho é rotineiramente recompensada. Mas minha experiência e as observações têm apontado no sentido oposto. Se você foi recompensado no trabalho por seu talento e competência, considere-se abençoado por uma liderança esclarecida. Agradeça e apóie com entusiasmo qualquer cultura que reconheça e recompense a excelência. Por outro lado, não há nada a ganhar em permanecer frustrado e bater com a cabeça contra a parede toda vez que a competência for punida. A punição para o comportamento competente nem sempre é parte da conspiração. Às vezes, os chefes simplesmente não sabem o que estão fazendo.

A competência é mais ignorada do que abertamente punida. Como não têm nenhuma competência, muitos I-Chefes não podem reconhecê-la em seus empregados. No final do dia, a competência não o leva a lugar algum com os I-Chefes, exceto, talvez, à exclusão de seu círculo mais imediato por causar a eles grande desconforto. Esta é a raiz da punição ou negligência baseada na competência: o fato de ela causar desconforto para certas pessoas.

Competência, criatividade e mudança

A verdadeira competência é normalmente acompanhada pela criatividade. Competência e criatividade são conceitos estranhos para muitos idiotas. Para os I-Chefes, há maneiras fixas e rígidas de fazer as coisas tendo por base apenas o jeito como eles aprenderam a fazê-las. Quando não se tem segurança em si mesmo, pode haver conforto na rigidez.

Mudança e incerteza são como criptonita para os idiotas. Pessoas rígidas evitam mudanças porque não as entendem. A verdadeira competência leva à mudança e resiste à rigidez. Muitas pessoas buscam a rigidez em suas vidas como uma substituta para a competência. Dê a elas uma moldura dentro da qual operar, um conjunto de regras rígidas, e elas operarão com confiança. Na próxima vez que seu I-Chefe explicar alguma coisa dizendo: "Porque é assim que fazemos as coisas por aqui", você saberá que ele não está sendo autoritário. Ele gosta mesmo de ter políticas e procedimentos rígidos onde se apoiar, mesmo que não façam sentido.

A segurança que emana da estrutura é uma fase do desenvolvimento infantil. Você se lembra de quando sua mãe costumava dizer: "Porque eu estou mandando", e isso era o suficiente. Você se virava e usava o mesmo procedimento com os irmãos mais novos dizendo: "Porque mamãe está mandando", e esperava que isso fosse o bastante. Como se sentiu na primeira vez em que viu sua mãe ou seu pai fazendo alguma coisa totalmente incoerente com o comportamento que aprendeu a esperar deles? Aposto que isso abalou seu mundo.

Os I-Chefes ficaram retidos nessa fase do desenvolvimento infantil onde as coisas são feitas como são feitas porque é assim que são feitas. Eles encontram segurança, não na competência que não têm, mas no livro de regras. A verdadeira competência e a criatividade podem ser recompensas em si mesmas. Para pessoas criativas e competentes, a mudança é um desafio bem-vindo e sempre estimulante.

Criando calos

Assim como Shamu, fazemos intencionalmente coisas para garantir o nosso conforto e evitamos intencionalmente coisas que nos fazem sentir desconforto. Daí os anéis concêntricos em torno da incompetência. Enquanto essas camadas protetoras isolam chefes incompetentes de potencial desconforto, elas também empurram a competência para mais longe do epicentro de decisões nas organizações.

Às vezes os anéis concêntricos de incompetência são formados intencionalmente, às vezes sem nenhuma intenção. A cada novo I-Chefe e o pessoal de isolamento que ele reúne à sua volta, outro anel se forma. Foi um momento doloroso em minha vida profissional quando descobri que eu era uma das pessoas das quais meu chefe se estava isolando.

Um chefe que precisava isolar-se de mim era Bill, meu sócio em um negócio de publicações eletrônicas com o qual me envolvi depois de deixar a Disney. Ele era um poderoso empresário que conheci antes de me demitir do cargo e quando me deparei com a oportunidade de entrar para a produtora independente de áudio e vídeo. Telefonei para ele pedindo conselhos.

Quanto mais falávamos sobre a oportunidade, mas ele via cifras e dólares, até que se convidou para integrar o grupo. Não recuei diante da demonstração de entusiasmo. Primeiro, porque ele tinha o capital necessário para ajudar a financiar as minhas aspirações para o negócio. Era bem-sucedido no campo da engenharia civil, e imaginei que poderia aprender algumas coisas com ele, o que realmente aconteceu.

Eu havia notado que a Waldenbooks começara a vender livros gravados em fitas. Anteriormente um produto para deficientes visuais, agora as gravações eram comercializadas no mercado aberto e para o público em geral. Nós nos tornamos a segunda companhia no país a publicar o que então era conhecido como Waldentapes. Bill foi o melhor e o pior dos mentores. Aprendi mais sobre negócios com ele do que com qualquer outra pessoa em minha vida. Aprendi princípios importantes para a operação bem-sucedida de um empreendimento. Aprendi que se algo custa X para ser manufaturado, você deve cobrar no mínimo três vezes X para cobrir os custos ocultos e obter lucro. Também aprendi como torturar as pessoas.

Big Bill acreditava na administração pela intimidação. Eu o chamo Big, ou Grande, não por ele ser grande e alto, como Steve e Doug na Disney, mas por ele ter uma presença ampla. Logo ficou claro como havia conquistado sua fortuna no ramo da construção. Quando um grupo de empreiteiros se reúne em um canteiro de obras (no caso de Big Bill são arranha-céus, grandes hotéis, hospitais e prédios de universidades), decisões devem ser tomadas quanto às alterações necessárias no projeto original, como proceder com as variáveis e de quem é a culpa. As disputas e conflitos inevitáveis devem ser resolvidos rapidamente. No ramo da construção, as negociações no local de trabalho não são conduzidas como processos judiciais ou sessões de meditação. São conduzidas mais como uma briga de rua.

Bill podia vencer a briga com todos eles. Imagine alguém beligerante o bastante para fazer empreiteiros de obras, aqueles sujeitos enormes que dirigem as grandes caminhonetes e os caminhões gigantescos, erguerem as mãos e se afastarem dizendo: "Faça como quiser". Vi isso acontecer muitas vezes, e depois dessas ocasiões ele gostava de beber e falar sobre sua vitória. Para alguém como eu, que odeio confronto, o relacionamento com Big Bill foi conflituoso desde o início.

O ambiente no ramo das publicações literárias é bem diferente daquele encontrado no da construção. Há uma gentileza em publicar que Bill nunca procurou entender ou honrar. Felizmente, os mais delicados na área logo o repudiaram, e ele ficou fora da parte do nosso negócio que envolvia negociação de propriedades intelectuais e qualquer outra coisa que pudesse manchar sua reputação de empresário de vontade férrea. Ele deixou toda essa questão sob minha responsabilidade.

Como sócio majoritário, ele tinha um escritório em nossas instalações, mas operava basicamente dos escritórios de sua firma de engenharia e do interior de seu Mercedes. Aparecia na empresa várias vezes por semana a fim de nos ver ou de se divertir. Nunca sabíamos com que humor ele apareceria. Bill flutuava entre a intimidação aberta e a encoberta.

Ele podia entrar, notar que havia uma caixa de lenço de papel sobre cada mesa e começar a reclamar sobre os custos, recusando-se a pagar para que todos limpassem o nariz. Em outros dias, entrava sorrindo e cumprimentava todos os funcionários. "Ei, dinheiro fácil", ele dizia ao nosso artista gráfico. "Quando vai começar a trabalhar e parar de roubar meu dinheiro?" E ria dos rapazes que suavam no depósito de material. Ele tinha um grande senso de humor.

Embora nunca tenham sido convidados a votar, tenho certeza de que nossa equipe preferia a abordagem da gaivota. A administração gaivota, como Ken Blanchard a descreve, ocorre quando um supervisor entra em um escritório, sobrevoa a área, abre as asas com grande comoção, defeca na cabeça de todos e depois vai embora. Em vez de sentir o ardor do humor encoberto de Big Bill, cujo objetivo era lembrar quem trabalhava para quem, sei que gostaria mais se alguém se aproximasse de mim exibindo claramente sua real atitude.

Lembrar os membros da equipe constantemente sobre quem trabalha para quem, mesmo que seja com um sorriso, é manipulação de poder. A mensagem inconfundível é: "Eu sou o cachorro grande, você é o cachorro pequeno. Eu sou forte. Você é fraco. Eu sou importante. Você não é. Eu sou insubstituível. Você pode ser substituído com facilidade". Você poderia dizer que, tecnicamente, todas essas afirmações são verdadeiras. Mas elas são reais apenas no contexto das relações hierárquicas. Por mais que gente como Big Bill pense que essa atitude renderá muito dinheiro, eles não percebem ou não aceitam que os que praticam uma abordagem mais igualitária e apreciativa das pessoas em seu trabalho ganharão muito mais dinheiro.

Por todo o bem que Big Bill me fez, por todas as portas que ele abriu para mim, por todas as oportunidades que tornou disponíveis, ele ainda me deixou empalado nos chifres de um dilema. Quando deixei a Disney, eu era um discípulo de Danny Cox e do princípio que prega que os membros de uma equipe se entendem melhor depois de o líder fazê-lo. Meu lema era: lidere como quer ser liderado. Quaisquer que fossem as características que eu desejasse encontrar nos meus subordinados, fosse esforço no trabalho, energia, inovação, criatividade, lealdade, eficiência ou desempenho elevado, cabia a mim exibir o comportamento modelo antes de poder esperá-lo de fato dos outros.

Controle de danos

Minha filosofia de administração era o oposto absoluto da de Big Bill, e ele se sentiu compelido a me colocar sob suas asas e a me ensinar como tratar os empregados. Eles nunca eram leais, em sua opinião. Eram eficientes por causa da punição por ineficiência, sempre severa, como no incidente com os lenços. Trabalhavam duro porque eram pagos para isso. Bill estava convencido de que, apesar de seus salários, as pessoas só trabalhavam duro quando ele as estava observando.

Não consegui convencê-lo do contrário. Quando apontei que nossa equipe naquele momento era do mesmo tamanho da equipe que eu supervisionava no início, e eles produziam quatro vezes mais do que antes, ele atribuiu o aumento na produtividade a suas visitas inesperadas e ao estilo autocrático de administrar. Nossa equipe gerava rendimentos de quase duzentos e cinqüenta mil dólares por pessoa. Para mim, esse desempenho elevado acontecia apesar de sua influência, não por causa dela.

Passei muito tempo depois de cada vôo da gaivota encorajando vários subordinados e estimulando a retomada de seus esforços. Tínhamos um desenho organizacional molecular, e todos os postos de trabalho ficavam em volta do centro da administração. Cada pessoa era líder em sua própria área. Sim, éramos uma companhia pequena, mas os princípios de autonomia funcionavam bem, e nosso pessoal respondia e executava de acordo com as previsões dos especialistas em comportamento organizacional em relação àqueles que têm um certo sentimento de propriedade e autonomia.

Eu supervisionava as pessoas acima e abaixo de mim, certificando-me de manter Big Bill satisfeito e nossos subordinados felizes e produtivos. Isso implicava em abandonar tudo que eu estivesse fazendo quando ele chegava. Depois de fazer sua turnê cumprimentando e insultando nossos funcionários, ele me dizia que era hora de irmos tomar café do outro lado da rua. Podíamos sentar, conversar e tomar café na minha sala ou na dele, mas isso contrariava as regras de Bill.

Bill acreditava em deixar o local de trabalho para discutir assuntos da companhia. De acordo com sua filosofia, os empregados tentam ouvir conversas e acabam se apoderando de informações que não devem conhecer (99 por cento dessas informações não interessavam mesmo a ninguém) se as discussões são conduzidas dentro do escritório. Pensando bem, as coisas que conversávamos fora do edifício da companhia eram basicamente informações fornecidas pelos próprios subordinados.

Bill era adepto da guerra psicológica. Outro motivo pelo qual ele saía do escritório para tomar café era para criar a ilusão de que estávamos discutindo sobre nossos empregados fora do alcance do ouvido deles. Isto devia servir para fazê-los temer por seus empregos e, portanto, trabalhar com mais afinco.

Big Bill era O *Cara*, e eu me conformei com a posição de bom soldado que assumia o comando quando era comandado para tal. No ramo das publicações, ele nem sabia para que lado deveria apontar os canhões. Nós alcançamos o sucesso, apesar dele. E quando falo em sucesso, quero dizer que crescemos rapidamente e desenvolvemos uma fabulosa reputação em nosso campo. Quando vendemos a companhia quarenta meses depois de Bill e eu a termos comprado, seu pedaço no bolo correspondia a mais de cinco vezes o valor de seu investimento total.

Subir a colina sob seu comando normalmente implicava fazer alguma coisa com pouco ou nenhum impacto para os nossos objetivos organizacionais. Felizmente, ele não gostava de perder tempo com planejamento estratégico. Eu teria me visto soterrado em planos de médio prazo. Durante todo o tempo senti que ele devia ter sido mais apreciativo com os esforços que fiz por nós dois. E me queixei com amigos, familiares e todos que quisessem me ouvir. Muitas pessoas podem se identificar com o tremendo ressentimento que senti por Bill.

Meu papel em minha própria infelicidade

Eu tive a mãe de todas as revelações graças aos esforços desconectados de Bill e a uma amiga do campo da saúde mental. Eu estava conquistando meu primeiro diploma de mestrado, aquele em Terapia de Casal e Família, e uma de minhas supervisoras se cansou de me ouvir reclamar sobre meu sócio nos negócios. Um dia, enquanto falava pela centésima vez sobre as vicissitudes de trabalhar com ele, minha amiga disse:

— Quando vai deixar de se preocupar com ele e começar a cuidar do seu papel nessa dificuldade de relacionamento?

— Meu papel?

— Ele sabe de seu ressentimento e isso o faz sentir-se incomodado quando está perto de você.

— Tudo bem. Admito que estou ressentido. Ele não aprecia nada do que faço, apesar de me esforçar muito pelo sucesso do nosso negócio. Estou ganhando muito dinheiro para ele.

— Mesmo assim, ele se sente incomodado.

— Pois que fique incomodado — disparei.

Ela não precisou dizer nada. Apenas esperou pacientemente que eu cozinhasse no caldo da minha estupidez por alguns momentos.

— Tudo bem — resmunguei. — E você quer dizer...

— Não se pode esconder o ressentimento. Por mais que tente, ele se derrama sobre tudo que você diz e faz.

— Ele comenta sempre sobre o meu sarcasmo — confessei.

— Você é sarcástico?

— O tempo todo.

Ela me atingiu no motor. Não podia negar que tinha um enorme ressentimento por Big Bill, como também tive por meu chefe maquiavélico na Disney. Não é de espantar que nenhum deles tenha se sentido confortável comigo. Não é de espantar que tenham interpretado tudo que eu fazia como um ataque e todos os meus comentários como insultos velados. Se agiam com justiça ou injustiça, com competência ou incompetência, de maneira apropriada ou imprópria, a culpa era tão minha quanto deles pela tensão existente. Sempre que eu estava perto deles, não fazia diferença que palavras saíssem de minha boca. Eu estava sempre na posição de adversário.

Ponha o limite onde ele deve estar

Apesar de tudo isso ser verdade, eu não queria ouvir. Nos anos seguintes, aprendi que meus clientes também não querem ouvir essas coisas. É uma pílula difícil de engolir. E a sua situação? Examinando de perto, você está sendo punido por seu talento e sua competência, ou está envenenando a atmosfera que o cerca como eu fiz? Deve ser uma combinação dos dois fatores, e só você tem controle sobre sua parte nela.

Se outras pessoas o fazem ferver, sua atitude pode estar ajudando a aumentar a chama em seus maçaricos. Sinto-me um pouco bobo ao formular a questão retórica: não podemos simplesmente nos dar bem com todos? Sim, podemos, mas nem sempre dentro dos nossos termos. Entender-se bem com chefes e colegas de trabalho raramente está associado a viver de acordo apenas com os nossos termos. Trace a linha onde precisa proteger a si mesmo e aos seus interesses, mas quando a linha é traçada para proteger seu ego e provar que você está certo, é hora de redefinir o traço.

Podemos nos dar bem com todos se aceitarmos que a vida e o trabalho nunca são perfeitos e há momentos e lugares em que temos de nos contentar com menos, o que vai nos render maior lucro a longo prazo. Também há momentos em que não devemos ceder. Decidir qual é qual, cabe apenas a você. Até que ponto você pode ser sereno, apesar de seu I-Chefe, é algo que cabe a você decidir. Quanto vai permitir que a inevitável estupidez desse chefe roube seu valioso tempo e sua energia também, é sua decisão. Você pode não estar no controle do que seu I-Chefe diz ou faz, mas está no controle da atitude que adota.

Decidir admitir seu papel no caos e no desconforto causados por seu I-Chefe é um começo. Quando percebi e aceitei que eu contribuía para a atitude negativa de Bill, a tensão entre nós foi imediatamente reduzida. Quando minha atitude melhorou, o mesmo aconteceu com a dele. Você e eu temos um tremendo poder de alterar o clima no qual trabalhamos, apesar da incompetência de nosso I-Chefe ou do medo que ele tem da nossa competência.

Podemos e devemos realizar um bom trabalho. Podemos e devemos nos orgulhar do que fazemos. Isso nos faz manter o foco na realização, em vez de prestarmos mais atenção na carga que alguém coloca sobre nós. E podemos apresentar nosso bom trabalho ao I-Chefe não como uma ameaça, mas como nossa contribuição para os esforços da equipe.

Se você quer ter uma vida mais feliz e gratificante siga a máxima: "Você deve olhar para as coisas boas e ruins da vida e dizer, bem, então tudo bem, para todas elas."

Nunca ouvi nada melhor. Olhe para as coisas boas e ruins no trabalho e faça as pazes com todas elas. Como diz o provérbio chinês que mencionei anteriormente, a vida será o que é, quer você a entenda ou não. Por isso nós, idiotas em recuperação, oramos pela serenidade de aceitar o que não podemos mudar, pela coragem de mudar o que pode ser alterado e pela sabedoria necessária para reconhecer a diferença.

Você não tem controle sobre seu I-Chefe. Seu controle se limita a como você pensa e ao que diz e faz. A boa notícia é que o que você pensa, diz e faz pode melhorar a maneira como seu I-Chefe o trata. Na medida em que se tornar menos ameaçador para seu I-Chefe, o respeito dele por seu talento e sua competência aumentará. Quem precisa de controle quando um pouco de influência pode causar melhoras muito mais amplas em como os outros olham para você?

6

Sucesso apesar da estupidez

O sexto passo:

*"Estou completamente pronto para
ter minha estupidez removida."*

Sucesso e estupidez não se misturam. A estupidez de seu chefe é apenas metade do seu problema. Sua própria estupidez pode facilmente completar o desastre. Com a ajuda do meu Poder Superior, estou contando com meu processo de recuperação para ter uma chance de corresponder aos meus próprios desafios intelectuais. Embora os defeitos mentais de meu I-Chefe estejam ainda além do meu controle, posso antecipar seu pensamento e comportamento e proceder de acordo.

Ao longo de minha carreira, fiz coisas que não devia ter feito, não fiz coisas que devia ter feito, disse coisas que não devia ter dito e não disse coisas que poderiam ter tornado as coisas mais fáceis. Devo escolher todos os dias não desperdiçar tempo e energia preciosos lidando com erros que cometi no passado, desejando poder voltar atrás e tentar novamente.

Isso seria tolice. O que está feito, está feito. Mas deletar o passado da minha memória e cometer os mesmos enganos outra vez seria uma tolice ainda maior.

Os problemas que um dia mais me aborreceram, como um I-Chefe ou um empregado idiota, foram minha própria culpa. Todo o tempo, a chave para a felicidade e para a serenidade esteve no meu bolso. A chave para sua felicidade e sua serenidade está em seu bolso nesse momento. Resisti durante todo esse tempo porque não queria desistir de minhas noções antiquadas sobre como a vida deveria ser. Não que essa minha noção seja totalmente errada. Foi a crença de que, de alguma forma, eu poderia aplicá-la com perfeição que me fez perder muito tempo e energia.

Pare de perseguir a perfeição

O crescimento profissional, assim como o pessoal, é um processo de refinamento. Como dizem nas reuniões de recuperação, a questão é o processo... não a perfeição. Honrar o processo é mais importante que atingir a perfeição. Mesmo que você alcance a perfeição, outros em sua organização (começando por seu chefe) porão as mãos no seu trabalho, farão modificações prejudiciais, e você vai acabar agravado, agitado e alienado novamente. Abrir mão da idéia de que você pode de alguma maneira atingir a perfeição será uma das experiências mais libertadoras de sua vida.

A primeira função de uma chave para a serenidade é destrancar as pernas de aço denominadas "busca da perfeição". A segunda coisa que ela faz é incentivar seu processo criativo. Assim que suas velhas idéias sobre como alcançar a perfeição em si mesmo e nos outros são descartadas, você precisa substituí-las por outras. Senão, você irá simplesmente cair em sua próxima pior idéia. Se não se reinventar, pelo menos recauchute seus pneus.

Uma forma de substituir a estupidez de esperar a perfeição por algo melhor é observar o jeito de outras pessoas fazerem as coisas. Observando o comportamento alheio, você pode plagiar comportamentos que parecem funcionar bem para os outros, evitando aqueles que os fazem parecer estúpidos. Recomendo a adoção de processos de pensamento de pessoas bem-sucedidas, embora seja muito mais difícil observar pensamentos do que ações.

Estar certo é estúpido

Minha obsessão por justiça e perfeição lançou-me em uma missão fracassada de provar que eu estava certo em tudo. Em minha estupidez, nunca parei para pensar se perder aquilo pelo que estava trabalhando ostensivamente era um sacrifício válido para ouvir alguém dizer que eu estava certo. Lutei com unhas e dentes para estar certo. Fazer a coisa certa era uma preocupação secundária, e fazer as coisas corretamente tinha pouca importância em minha cruzada para estar certo.

Todo mundo quer pensar que está certo, o que significa que nem todos que pensam estar certos podem realmente estar certos. Recue e reflita sobre seu plano a longo prazo. Qual é seu cenário ideal? O que é mais importante, alcançar seus objetivos em longo prazo ou estar certo? Quando você deixar de insistir em estar certo e deixar essa honra para outra pessoa, barreiras começarão a cair, você se sentirá revigorado e o vento encherá suas velas.

Enquanto estiver engajado nesse cabo-de-guerra com outra pessoa para decidir quem está certo, seu foco e sua energia não poderão ser aplicados à realização de objetivos, a menos que seu único objetivo seja estar certo. Na próxima vez em que enroscar os chifres com outra pessoa por algo que não vai alterar o curso do universo, experimente. Concorde com o cabeça-dura e diga: "Você está certo, as licenças remuneradas não afetam o moral". É claro que afetam. Mas, se forem inevitáveis e estiverem além do seu controle, de que adianta discuti-las?

Uma maneira de utilizar melhor seu tempo e sua energia é fazer planos sobre como lidar com a desmoralização que a tomada de posição pode criar. Poupe-se e poupe também os outros. Todos vocês estarão trabalhando muito mais duro. Manter um ambiente de trabalho produtivo e, espera-se, compensador será um desafio ainda maior do que antes. Não perca tempo discutindo sobre o óbvio, especialmente com pessoas estúpidas demais para enxergarem o óbvio. Você tem peixes mais importantes para fritar.

Se for seu chefe ou alguém mais importante no organograma, o que você espera ganhar convencendo-os de que estão errados? Se agravar intencionalmente alguém com influência sobre suas condições de trabalho, segurança no emprego e perspectivas de futuro é sua fórmula para o sucesso, não quero ler o livro que você pretende escrever em suas horas de lazer. Fazer os outros se sentirem bem é tão fácil, que é ridículo não fazê-lo. Diga apenas "Você tem razão, os furacões giram no sentido horário no hemisfério norte".

Quem se importa? Permitir que outro esteja certo não faz de você o errado. Abdicar do trono de "certo" em favor de alguém imaturo o bastante para pensar que isso vai ter importância nos próximos dez minutos, dez anos ou dez séculos é a grande atitude a tomar. É um gesto especialmente grandioso quando você tem prova imutável de que a outra pessoa está errada.

Desde que deixei de brigar pelo rótulo de certo, passei a apreciar a sensação de deixar pessoas que estão erradas sobre alguma coisa pensarem que estão certas. Faço uma pequena festa privada. Melhor de tudo, não estou mais tropeçando em mim mesmo a caminho da linha de chegada. Eu me sento, vejo o vencedor se cobrir com a glória de estar certo, e penso: "Eu também parecia tão imbecil quando insistia em estar certo?"

Como o inteligente (e sortudo) chega ao sucesso

Os maiores sucessos em minha vida não foram resultados de uma estratégia bem planejada. Apesar da exatidão dos planos, o sucesso parece estar no adequado alinhamento dos planetas no universo, também conhecido como sorte. Você e eu não temos o poder de alinhar planetas muito menos de prever quando isso irá acontecer. Tudo que podemos fazer é manter nossos patos enfileirados para quando o universo decidir que chegou nossa vez. Não podemos criar a sorte, mas podemos nos preparar para tirar vantagem dela quando recebermos sua visita.

Você não vai querer ser pego agindo como um estúpido quando os planetas se alinharem. Uma das maiores tragédias da vida é não estar preparado quando seu número é sorteado. Você não pode ganhar na loteria se não tiver um bilhete. Livros de motivação e auto-ajuda são bons para auxiliar a preparar-se para esse momento.

Livros escritos por pessoas bem-sucedidas ou que revelam seu pensamento contêm porções de verdade. Mas a verdade se aplica às circunstâncias únicas do autor, que normalmente incluem um encontro com a sorte. Creio que livros prometendo caminhos infalíveis para a riqueza são apenas relatos autopromocionais a respeito de como as pessoas ricas querem que o mundo pense que elas enriqueceram. E elas querem que o mundo acredite que fizeram tudo sozinhas.

Por exemplo, meu jogo de golfe. Sou um péssimo jogador, apesar de todos os livros que li sobre o assunto. Naquela rara ocasião em que acerto uma tacada de mestre, mas não consigo colocar a bola no buraco, mantenho a compostura, inclino-me tranqüilamente sobre o taco, e espero que os outros terminem por mim. É embaraçoso pular numa celebração juvenil por causa de uma simples tacada, só para alguém concluir meu feito.

Se ninguém faz nada melhor, posso agir com calma e confiança, como se a sorte não tivesse nada a ver com isso. Se outros acreditam em sua mentira de que as realizações resultam puramente de talento natural ou inteligência inspirada, seu legado está garantido. Mantenha o trabalho mitológico voltado apenas para pessoas que não o conhecem bem, ou, em meu caso, que não saibam que eu sou um péssimo jogador de golfe.

Felizmente, as chances de sucesso são mais freqüentes do que o sorteio de seus números da loteria. Mesmo que sua estupidez arruíne uma oportunidade, existem boas chances de que outras surgirão. Mas quantas? Nunca me acuse de recomendar que você se retire para as laterais do campo só por ter perdido uma ou duas oportunidades. O megassucesso acontece por um número de razões. Reunir uma grande fortuna é mais fácil quando você já começa com uma pequena, como no caso de Donald Trump ou Howard Hughes. O melhor que podemos esperar é começar de onde estamos e melhorar nossas bênçãos.

Reunir uma grande fortuna também pode ser uma questão de fazer alguma coisa inteligente quando estava no lugar certo na hora certa, como no caso de Bill Gates. Ele não foi a primeira pessoa que a IBM procurou para desenvolver um sistema operacional. Ele foi o primeiro a entregar o que eles queriam. O que Bill estaria fazendo agora se o primeiro procurado houvesse obtido sucesso? Embora Bill Gates tenha respondido à IBM com suficiente tática e esforço para satisfazer suas necessidades, ele não tinha controle sobre o que faria a primeira pessoa abordada. Gates não alinhou os planetas. Mas ele arregaçou as mangas e abriu a porta quando a oportunidade bateu.

O melhor que podemos fazer é mantermo-nos em estado de prontidão para oportunidades antecipadas e inesperadas. Depois vamos nos dar um descanso. Você e eu não podemos fazer milagres. Só porque seu I-Chefe tropeçou na própria sorte, isso não significa que a mesma oportunidade vai cair no seu colo. Mesmo assim, pensamento positivo pode ajudar. Pensar de maneira positiva não vai alinhar os planetas. Mas ajuda a alinhar você aos planetas.

Benjamin Franklin disse: "Dormir e acordar cedo faz uma pessoa saudável, rica e sábia", ou algo parecido. Eu digo, a sorte vai tirá-lo do terceiro lugar sem se preocupar com os dois primeiros. Mas você não pode contar com a sorte. Assim, deite-se com o sol e levante-se com as galinhas. Isso é tudo que você pode controlar.

Continuo recomendando o estudo das vidas de pessoas bem-sucedidas, mesmo que suas afirmações de sucesso auto-realizado sejam, algumas vezes, exageradas. Dar atenção especial às coisas que eles faziam quando se encaminhavam para o grande momento da realização servirá para expor informações valiosas. Há mais a aprender em como eles se posicionaram intencionalmente ou inadvertidamente para o alinhamento planetário do que naquilo que finalmente ocorreu.

Sr. Celofane ou o executivo invisível

Em alguns casos, a melhor maneira de encontrar o sucesso, apesar de seu I-Chefe, é esconder-se. Como ele pode levá-lo à distração se nem sabe onde você está? Se acha que estou brincando, ficaria surpreso como muitos presidentes acabaram assumindo o posto máximo simplesmente por terem sido os últimos a se levantarem.

— Nosso presidente acaba de ser preso! — exclama ansioso um membro da diretoria. — Quem podemos escolher para substituí-lo?

— Que tal Wilson? — sugere outro diretor.

— Está sob denúncia — veta um conselheiro.

— Temos Harold.

Os outros diretores se voltam para a origem daquela voz calma.

— Ele está na companhia há trinta anos — continua o diretor de RH.

— Algum registro criminal? — indaga o presidente.

— Nenhum — confirma o conselheiro.

— Então, vamos acabar com isso de uma vez — decreta o presidente com confiança renovada. — Chame o pessoal de Relações Públicas e ordene que divulguem uma nota para a imprensa. Chame o alfaiate do Barney's aqui. Ele vai ter de tirar as medidas do Harold para confeccionar ternos novos.

Qual é o segredo da indescritível subida de Harold ao andar dos executivos? Ele permaneceu invisível por três décadas. Em organizações onde a competência é ignorada ou até punida, a maneira mais rápida de ser demitido é ser bom em alguma coisa. Seguindo esse pensamento até sua conclusão ilógica, uma maneira de aumentar a longevidade na corporação é chamar o mínimo de atenção possível.

Fazer coisas importantes e dignas de reconhecimento normalmente atrai atenção para você e pode ameaçar os outros. Pequenos peixes que ameaçam os peixes grandes são rapidamente engolidos, ou pelo menos mordidos ao meio. Escolas de pequenos peixes resistentes à mudança podem engolir os grandes peixes que ameaçam paradigmas culturais muito antigos. Criar ondas não promove a longevidade corporativa. Se a segurança no trabalho é seu objetivo em longo prazo, nadar sob as ondas é a única maneira de alcançá-lo.

Fazer coisas ruins ou dar demonstrações visíveis de sua incompetência não vai ajudar sua causa mais do que fazer coisas boas, embora as coisas estúpidas não ameacem ninguém. Mas cometer burrices altamente divulgadas vai pôr seu nome na lista dos "próximos sacrificados", e nesse caso você não vai ter de esperar muito para limpar sua mesa.

O *verdadeiro Harold*

Conheci um Harold da vida real que trabalhava para uma empresa em Nova York. Embora nunca tivesse chegado a ser um presidente, ele era um mestre da invisibilidade para tudo, menos para a folha de pagamento, condição que manteve durante mais de trinta anos. Ele pegava o trem para sua casa às cinco e quinze, todas as tardes, quaisquer que fossem as circunstâncias. Havia uma enorme reunião acontecendo e prazos definitivos pairavam no horizonte, mas, às cinco em ponto, a cadeira de Harold estava vazia. Muitas pessoas não teriam coragem para se levantar e sair desse jeito, mas ninguém sabia por que ele estava na reunião, então... Ninguém nem percebia quando ele partia.

Manter uma conversa com Harold era difícil. Depois de um ou dois minutos, eu acabava me distraindo com a cor das paredes do escritório ou as condições das plantas. Só soube que ele havia se aposentado no dia em que visitei aquela área do escritório e encontrei uma sala de xerox onde antes havia ficado a sala dele.

Forjando sua própria demissão

A existência celofane de Harold me intrigava, porque passei minha vida tentando ser tão visível quanto possível, o que explica muitos dos problemas que tive. Se houvesse tentado preservar meu anonimato, especialmente em trágicos entroncamentos profissionais, eu teria sido menos bombardeado. Se manter-se escondido é a tática de longevidade de sua escolha, as seguintes técnicas de encobrimento o ajudarão a sobreviver em ambientes hostis:

• Tenha consciência de que você pode ser motivo de conversa, mesmo não estando presente. Se você faz coisas boas, as pessoas falarão de você. Se faz coisas ruins, as pessoas falarão ainda mais. Se você se torna uma dama em um jogo de xadrez, será comentado. Se for rei ou rainha, será ainda mais comentado. Se alinhar-se à facção azul do escritório, seus aliados terão consciência de sua presença ou ausência. Se se aliar à facção verde, os integrantes da facção azul ainda estarão monitorando suas idas e vindas a fim de calcular uma solução de ataque.

• Se quer permanecer invisível, não se alie a nenhuma facção. E, se não se aliar a nenhuma facção e ainda assim continuar visível, você será o alvo de todos os outros. Nunca incentive ninguém a pensar duas vezes em você em sua presença, muito menos em sua ausência. Não se torne vital para ninguém. Não se torne fator importante para ninguém, exceto talvez para a eqüidade dos acionistas.

• Gerar papelada fará com que você seja notado. Nunca gerar papelada é uma maneira de voar abaixo do radar do escritório. Na era cibernética, o mesmo se aplica aos e-mails. Se você nunca manda um e-mail, nunca colocará sobre ninguém a obrigação de responder. Se nunca responde aos e-mails que recebe, provavelmente será esquecido. Para permanecer invisível, delete seu nome de tantas listas quanto for possível. Não é necessário dizer que, quanto menos seu nome aparecer em qualquer lugar, menor será sua visibilidade.

• Se tem de comparecer a reuniões, não fale. Não peça para ninguém passar os biscoitos. Se for solicitado a dizer alguma coisa, nunca ofereça uma nova idéia nem argumente contra idéias alheias. Idéias geradas pelo chefe são particularmente sagradas. Um simples comentário contra a santidade de seu raciocínio incoerente pode ameaçar a segurança no trabalho.

- Se as pessoas espiam para dentro da sua sala e perguntam o que você está fazendo, diga que está gerando relatórios. Ninguém quer ler relatórios, e isso os fará deixá-lo em paz e nunca mais voltarem. Ninguém quer ajudar a escrever relatórios, também, e isso os fará evitá-lo como uma praga.

Os que pensam que essas não são sugestões sérias ou observações acuradas, nunca trabalharam em uma grande burocracia no setor público ou privado. Quantas vezes você foi frustrado por alguém atrás do balcão de uma companhia aérea, num serviço de atendimento ao cliente, na companhia de seguros, cartão de crédito, telefone ou tevê a cabo que se recusava a agir com ousadia e resolver seu problema de forma decidida? Quanto se sente grato nas raras oportunidades em que um representante desses serviços é mais assertivo?

Não digo que os atendentes tímidos são necessariamente negligentes ou maus. Eles estão apenas mantendo a cabeça baixa. Lembra-se de quando o presidente Ronald Regan foi atingido por um tiro? Quando o levavam para a sala de cirurgia, ele olhou para Nancy e disse: "Querida, eu me esqueci de abaixar". Profissionais tímidos, subjugados pelo salário, estão em constante estado de "abaixamento", mesmo quando ninguém atira neles.

Existe muita gente que está literalmente somando tempo até poderem se aposentar com o valor máximo, encontrar um emprego de verdade e comprar ações. Muitos desses indivíduos não se incomodam por se ocuparem com os negócios da companhia, desde que não tenham de suar por ela. Para burocratas de carreira, procurar trabalho é procurar encrenca. Num ambiente burocrático, se alguém souber que você é minimamente agressivo em aceitar e concluir tarefas, um dia qualquer você retornará do banheiro e encontrará outra pessoa ocupando sua mesa. Não estou aqui para criticar essas pessoas. Se tornar-se uma não-entidade e preservar seu anonimato é como você escolhe sobreviver no ambiente de trabalho, agora você já sabe como!

Considere suas opções

Seja realista quando considerar o que você deseja concluir em seus dias de trabalho. Muitos leitores deste livro são doadores por natureza e se sentirão frustrados por chefes que impedem o progresso e a realização. Antes de se arrastar para baixo da mesa e fugir dessa corrida, responda a algumas questões básicas:

- Você quer ser ativo ou preguiçoso?
- Se quer ser ativo, quer apenas manter-se ocupado ou fazer algo de significativo?
- Significativo quer dizer avançar na carreira e desenvolver potencial, ou catalogar cogumelos raros?
- Se você quer ganhar mais e estar mais envolvido, está disposto a se tornar um pequeno ponto móvel na tela do radar corporativo?

Pontos móveis despreparados estão continuamente frustrados e desapontados porque na tela do radar organizacional costumam se tornar alvos. Você pode ser simplesmente um alvo para aqueles que desejam escapar de suas responsabilidades e despejá-las sobre a primeira pessoa que as aceite. Tornar-se um alvo também pode significar servir de bode expiatório para a falta de desempenho de outro indivíduo. Se você quer se tornar mais ativo e visível no local de trabalho, tome conhecimento e prepare-se para o potencial lado negativo da visibilidade.

Muitas pessoas são altamente habilidosas para o planejamento interno e externo de suas organizações, mas raramente aplicam essa mesma habilidade para planejar as próprias carreiras e as condições de trabalho. A sobrevivência aos I-Chefes pode ser implementada por meio do planejamento para desempenhar atividades mais gratificantes. Não é difícil se manter na frente de I-Chefes, e se você não está interessado em ficar escondido no armário de limpeza até poder se aposentar, ponha sua habilidade de planejamento para trabalhar a seu favor.

- Considere com o que deseja estar envolvido. Olhe para frente e ouça a divulgação da propaganda da companhia sobre atividades e iniciativas que o departamento pretende pôr em prática no futuro próximo. Identifique aquelas com as quais quer se envolver e se ofereça para realizar a pesquisa e o trabalho preliminares.

- Considere quem estará provavelmente envolvido nas novas iniciativas e decida se essas são as pessoas com quem você quer dividir espaço. Olhe para quem será o provável líder da equipe e considere quanto a estrela dessa pessoa é brilhante dentro da organização. Alguém de quem você gosta muito pessoalmente pode não ser popular na organização, e nesse caso você vai ter de tomar uma decisão: desfrutar de conforto imediato, ou manter abertas as opções para o futuro.

- Considere a importância das novas atividades e iniciativas no contexto dos objetivos da organização em longo prazo. Pode ser divertido refazer o traçado do campo de futebol da organização, mas esse processo de reforma vai provocar uma exposição mais lucrativa para você?

- Considere aquilo em que é melhor. Não tente assumir o comando de um projeto de engenharia aeroespacial se sua formação é em publicidade ou relações públicas. É sempre mais interessante alinhar responsabilidades profissionais que coincidam com seus talentos e suas competências naturais.

- Considere como os outros o enxergam. Embora seus talentos e suas competências possam ser apropriados para um projeto ou uma iniciativa corporativa, os outros o reconhecem como líder? Você pode manobrar seu I-Chefe para responsabilizá-lo por um projeto, o que, tecnicamente, legitima seu poder. Mas se seus semelhantes não o percebem como um líder competente, eles sabotarão e subverterão seus esforços, despertando em você o arrependimento por não ter se mantido sob a mesa.

- Considere quanto tempo e esforço está disposto a dedicar à superação dos obstáculos em seu caminho, que quantidade de abuso está disposto a absorver de seus detratores, e se as recompensas potenciais equivalem ao sacrifício. Eu subestimei ligeiramente a questão quando disse que teria sofrido um menor bombardeio mantendo-me mais encolhido em minha carreira. O problema não é sofrer o bombardeio. O problema é não ser apropriadamente treinado para operações de combate.

Sobrevivendo à sua avaliação de desempenho

A invisibilidade tem suas recompensas. A transparência no local de trabalho pode levar à segurança no emprego, como fez por Harold celofane, ou até à promoção. Mesmo assim, muitas pessoas preferem um desafio estimulante e a oportunidade de crescerem. Acredito que indivíduos profissionais têm uma inclinação natural para o bom desempenho. Por que, então, a avaliação de desempenho é uma experiência tão temida? Teoricamente, a supervisão deveria se dispor a examinar regularmente a população organizacional e rever seu desempenho no sentido de determinar quem está contribuindo. No entanto, você ficaria espantado com o vigor com que alguns supervisores evitam as avaliações. Chefes bons esperam ansiosamente pela avaliação de desempenho para elogiarem e encorajarem o crescimento. Os sádicos gostam de avaliar o desempenho pelas razões opostas e, portanto, as tornam inúteis para o propósito pretendido.

Ostensivamente, a avaliação de desempenho serve para determinar se um indivíduo deve ou não ser indicado para uma promoção ou um aumento de salário. Na verdade, muitas organizações realizam o procedimento de avaliação de desempenho pelo menos uma vez por ano após muita pressão, insistência e até ameaça de litígio do departamento de Recursos Humanos, que só está tentando proteger a companhia no caso de um agravo ou de um processo com decisão desfavorável. Como regra geral, as avaliações de desempenho são situações onde não se pode vencer. No vácuo de liderança comum a muitas organizações, eu preferiria servir como escudo humano a recomendar a realização de avaliações de desempenho.

Para dar um aumento a um funcionário, muitos tipos de chefia têm de negar dinheiro a outro indivíduo. A companhia alegará na justiça que um sistema completamente objetivo e efetivo é utilizado para determinar quem recebe e não recebe aumentos de salário. Na verdade, os aumentos são distribuídos entre os favoritos do chefe. É difícil provar, embora as pessoas às vezes recebam belas compensações. Se você quer pôr as mãos no dinheiro mais cedo e economizar os honorários dos advogados, torne-se um dos favoritos do chefe usando as técnicas relacionadas para os diversos tipos de chefe.

Por definição, a avaliação de desempenho requer que um superior se sente no trono do julgamento. Eu não me candidatei ao cargo de Salomão e não o quero. Se um supervisor faz uma avaliação honesta, os membros da equipe podem se sentir diminuídos ou até mesmo atacados. Se o supervisor infla uma avaliação para proteger o frágil ego dos membros de sua equipe, o chefe pode se sentir culpado por subverter o sistema, transformando-o em algo inútil e sem sentido. Com a possível exceção do masoquista, todos nós gostamos de pensar que somos mais importantes do que realmente somos. (Ainda não trabalhei para uma companhia que não possa sobreviver à minha partida.) Quando os chefes cumprem as etapas de uma avaliação de desempenho, aquilo que consideram ser um bom empregado e o que realmente é um bom empregado geralmente são duas coisas diferentes.

Se os altos executivos estão realmente preocupados com a produtividade organizacional e o desempenho, devem providenciar para que os membros de uma equipe avaliem o desempenho de seus chefes. Para as organizações que já adotam esse procedimento, meus sinceros parabéns. Para as outras, sugiro que acordem. Maus chefes têm um potencial mil vezes mais destrutivo do que subordinados ineficientes. Se você não tem coragem para determinar que os membros da equipe avaliem o desempenho de seus chefes, pelo menos use um *feedback* de 360 graus para as avaliações de desempenho. É mais válido, confiável e objetivo do que a avaliação de desempenho gerada pelo supervisor.

Horror de avaliação de desempenho

O desempenho é avaliado todos os dias em organizações em que a comunicação aberta é encorajada e a informação flui livremente entre todos os integrantes da equipe. Minha pior avaliação de desempenho veio de um supervisor especialmente cruel. Lembro-me de ter pensado enquanto ele delirava ao fundo: "Estamos falando sobre a mesma pessoa? Todo esse tempo eu pensei estar fazendo um bom trabalho. Ele acha que trabalho até tarde por não ter nada melhor para fazer. Se sou tão ruim, por que ele não disse antes?" Ele escreveu que eu precisava melhorar a quantidade de trabalho, a qualidade do trabalho, os hábitos de trabalho, e especialmente a comunicação... depois exigiu que eu assinasse aquilo. Com base nessa avaliação de desempenho, é surpreendente que a segurança não tenha me tirado do prédio algemado.

Não permita que avaliações de desempenho negativas atinjam seu ego. Elas são mais um indicador da disposição e da habilidade de seu chefe para lidar com questões pessoais do que reflexões precisas sobre seu desempenho. Se seu chefe discute objetivos, propósitos, hábitos e comportamentos no dia da avaliação, e em nenhum outro dia, a avaliação de desempenho certamente carece de qualquer tipo de credibilidade na minha opinião.

Para aqueles que ainda sofrem sob o jugo opressor da avaliação de desempenho de seus chefes, o mínimo que posso fazer é oferecer alguns indicadores. Avaliação de desempenho é algo diferente para diferentes tipos de chefe. Dependendo do tipo do seu chefe, você pode escapar ileso ou emergir de sua avaliação sangrando e ferido. Qualquer que seja o desafio que o espera, é melhor enfrentá-lo de olhos abertos.

De acordo com dados recentes do escritório de desenvolvimento de carreira da Faculdade de St. Catherine, profissionais com mais de 35 anos de idade mudam de emprego, em média, a cada três anos, enquanto os que estão abaixo dessa idade mudam, em média, a cada dezoito meses. Pensando bem, são muitos I-Chefes para se enfrentar. Mudar de emprego com essa freqüência significa que você tem maior probabilidade de lidar com outros tipos de chefe, também.

Você precisa estar preparado para todos eles. Reflita sobre o que eu já disse aqui dos diversos tipos de chefes, seus gostos e desgostos e seus paradigmas de sustentação de carreira. Você deve apresentar-se da melhor maneira possível aos olhos de seu chefe durante os doze meses do ano, não apenas trinta dias antes da avaliação de desempenho. Viole o protocolo particular de divergentes personalidades de chefes por sua conta e risco. Uma avaliação de desempenho negativa vai destruir sua serenidade. Mesmo que você consiga preservar uma aparência de felicidade e satisfação no local de trabalho depois de uma péssima avaliação de desempenho, sua satisfação no emprego estará abalada em longo prazo.

A avaliação do chefe deus

O chefe deus aprecia a avaliação de desempenho porque ela dá a ele a oportunidade de informá-lo sobre quanto você o agradou ou desagradou durante o ano anterior. Para um chefe deus, um bom empregado se ajoelha. Se o membro da equipe que está sendo avaliado passa tempo suficiente ajoelhado, idolatrando o chefe deus, e oferece sacrifícios e oferendas adequadas, a avaliação será positiva, independentemente do que foi produzido por ele no departamento.

Para preparar-se para uma avaliação de desempenho com o chefe deus, escolha seu vestuário com cuidado. Sua vestimenta deve refletir humildade e submissão. Chefes deuses se levam muito a sério. Quanto mais cerimônia você tiver, melhor. Mas tome cuidado. Preste atenção e determine o que será uma demonstração adequada de sua devoção sem exagerar. Chefes deuses não apreciam deboche.

Para aumentar ao máximo suas chances de obter um aumento com um chefe deus, use termos como "sua grandeza", "sua majestade" e "sua senhoria" durante todo o ano. Tudo soa como uma blasfêmia porque é, mas você quer um aumento ou não? E não se preocupe com a possibilidade de o verdadeiro Deus se sentir zombado. A imagem de toda essa cena já deve tê-Lo jogado no chão de rir. Por mais que você interprete seu chefe deus literalmente, refira-se sempre a suas realizações, suas glórias e seu sagrado poder quando estiver falando de trabalho ou de golfe. Não o contrarie: qualquer um que pensa ser Deus pode ser perigoso. O que quer que ele diga ou faça, demonstre sempre gratidão.

Prepare-se durante todo o ano para um chefe deus assim:

- Manifestando o quanto aprecia a oportunidade de servir em seu departamento em e-mails e outras correspondências apropriadas.
- Agradecendo a ele pela ajuda e orientação em projetos.
- Oferecendo-se para prestar favores e pequenos serviços.
- Oferecendo pequenos presentes, mesmo que sejam apenas bobagens bem-humoradas e pequenas lembranças.
- Mencionando a seus colegas como as realizações dele propiciaram o progresso do departamento.
- Reconhecendo sua liderança em relatórios escritos e avaliações de projetos.

Antes de rotular essas sugestões como frívolas, considere colocá-las em prática, dentro do razoável, durante doze meses. Se seu diagnóstico está correto e seu chefe pensa ser Deus, que tipo de avaliação de desempenho você espera receber?

Não se preocupe com a verdadeira produtividade. Você produz para sua própria satisfação e para conquistar o respeito de seus pares. Um chefe deus vai avaliar e qualificá-lo para promoções e aumentos levando em conta o discípulo fiel que você é ou não. Garanto que, se ele o perceber como detrator ou ingrato, nenhuma produtividade real, eficiência ou economia de custo o colocará em suas boas graças no momento da avaliação de desempenho.

A avaliação do chefe maquiavélico

Para chefes maquiavélicos, os membros da equipe que se afastam quando ele passa no corredor, viram-se e caminham em direção oposta quando ele os encara e colocam rotineiramente seu nome em todo trabalho de qualidade realizado pela equipe receberão marcas elevadas na avaliação de desempenho. Uma marca elevada na avaliação de desempenho de um chefe maquiavélico é um C+, porque ele não quer que ninguém além de seus domínios identifique elevadas médias de desempenho e venha procurar gente para promover. Se os membros da equipe produziram ou não alguma coisa que possa influenciar na aquisição dos objetivos do departamento, promover as ambições de carreira de um maquiavélico se traduz em segurança no emprego.

Prepare-se para sua avaliação com um chefe maquiavélico revendo tudo que você fez pela companhia e certificando-se de que não recebeu nenhum crédito por isso. Se recebeu algum crédito, vá para a avaliação de desempenho e imediatamente peça desculpas pelo engano, prometendo que ele não se repetirá. Aja como se não soubesse explicar como seu nome foi relacionado a algo pelo qual o chefe maquiavélico é obviamente responsável. Se foi mencionado no jornal interno por alguma realização, exija uma retratação na próxima edição.

Os homens devem manter vários ternos e gravatas no escritório para assegurar a coordenação de cores com o maquiavélico. As mulheres devem se vestir de forma a cumprimentar e nunca competir com a maquiavélica. Se ela comentar sobre a semelhança de seus guarda-roupas, responda que ela cria moda e enfatize como você a observa em busca de orientação. Além disso, comente que o que ela usa, dirige, come ou lê devia ser requisitado para toda a população organizacional.

Entenda que tudo que o maquiavélico diz com relação ao seu desempenho é distorcido pelas lentes de como isso vai promover ou impedir sua carreira. Assinta e concorde com tudo. Não entre numa quebra-de-braço do tipo "eu estou certo e você está errado" com um maquiavélico, a menos que queira ir para casa sem um braço.

Só existe um objetivo no departamento chefiado por um maquiavélico, e ele é o progresso profissional do chefe Maquiavélico. Certifique-se de que tudo que você diz e faz reflita esse propósito. É quase impossível arrancar um aumento de um Maquiavélico, a menos que você o tenha realmente convencido de que seu propósito de vida é ajudá-lo a alcançar o lugar no topo para o qual ele foi predestinado.

Prepare-se durante todo o ano para a avaliação de desempenho de um chefe maquiavélico assim:

- Expressando como o trabalho dele merece maior aclamação dos superiores usando e-mails e outras correspondências apropriadas.
- Agradecendo a ele por permitir que você trabalhe a seu serviço.
- Oferecendo-se para assumir projetos especiais que promovam o propósito dele e melhorem sua imagem.
- Escolhendo as roupas e a decoração do ambiente de trabalho dele de forma a sugerir lealdade.
- Mencionando para seus pares como as realizações dele promoveram o progresso do departamento.
- Reconhecendo a superioridade da liderança dele em relatórios escritos e avaliações de projetos.

Considere fazer essas coisas, dentro do razoável, por um período de doze meses. Se seu diagnóstico estiver correto e seu chefe for realmente um maquiavélico, você receberá as melhores marcas possíveis em sua avaliação de desempenho.

Preocupe-se com sua produtividade como forma de realizar alguma coisa pela qual você possa dar crédito a ele. Você ainda pode ser produtivo como forma de obter auto-satisfação e para conquistar o respeito de seus pares. No entanto, um chefe maquiavélico vai avaliar e qualificá-lo para promoção e aumento com base em quanto ele está convencido de que você o apóia e não compete com ele. Garanto, se ele o perceber como ameaça ou competidor, nenhuma produtividade real, eficiência ou economia de custos poderá colocá-lo em suas boas graças no momento da avaliação de desempenho.

A avaliação do chefe masoquista

Os masoquistas usam a avaliação de desempenho para provar que são fracassos miseráveis. Se fossem melhores chefes, eles argumentam, você seria um melhor empregado. Os masoquistas pensam que tudo o que tocam se transforma em porcaria, e eles não param para pensar em como isso pode insultá-lo. Não interprete como um insulto pessoal. Você não teve nenhuma participação no surgimento da condição do masoquista, e não há nada que ele possa fazer ou dizer para transformá-lo em fertilizante.

Vestir algo sem graça pode ajudar, porque não vai atrair atenção para o vestuário. Se você usar alguma coisa colorida e brilhante, ele provavelmente perceberá e mergulhará numa espiral descendente a respeito de como se veste mal. Ele se veste mal de verdade, mas você quer mesmo sentar e ouvir tudo isso? Prefiro que ele me diga que preciso melhorar a quantidade e a qualidade do meu trabalho, meus hábitos de trabalho e a comunicação.

Não leve objetos pontiagudos para a sala de um masoquista. Café quente não é aconselhável. Nunca se sabe quando ele terá o impulso de pular, arrancar a xícara da sua mão e despejá-la sobre o próprio colo. Sente-se com os olhos baixos e mova a cabeça em sentido afirmativo quando ele descrever a futilidade da própria vida. Não diga nada. Não ofereça soluções. Suporte o máximo que puder. Você pode pensar em pedir para alguém chamá-lo vinte minutos depois de ter entrado na sala do masoquista alegando uma emergência familiar, o que proporcionará a justificativa adequada para sua saída.

Talvez você consiga um aumento de um chefe masoquista se puder convencê-lo de que esse valor vai arruinar seu orçamento e provocar uma reprimenda de seus superiores. Se ele não chegar a essa conclusão sozinho, cabe a você mencioná-la. Enquanto sai correndo para visitar seu irmão na UTI, pare na porta da sala, vire-se e diga: "Suponho que um aumento esteja fora de questão, porque isso atrairia realmente a ira de seu chefe sobre você..." Depois corra. O aumento deverá estar aprovado quando você voltar.

Prepare-se durante todo o ano para uma avaliação de desempenho com um chefe masoquista da seguinte maneira:

- Expressando como ele se debate sob uma excessiva carga de trabalho que nenhum ser humano devia suportar; use uma linguagem corporal e expressões que imitem sutilmente os ombros encurvados e a aparência impotente em seu rosto.
- Aponte em e-mails e conversas frente a frente razões pelas quais projetos e iniciativas impostos ao departamento do chefe masoquista já nascem destinados ao fracasso. Deixe-o saber como você lamenta que ele tenha sido posto em situação tão insustentável.
- Ofereça-se para assumir projetos especiais e trabalho extra para, de vez em quando, ter a oportunidade de produzir algum trabalho de valor. No entanto, não entre no escritório do chefe se rejubilando de suas realizações.
- Esteja preparado para celebrar secretamente com seus pares. Quando e se seu chefe masoquista reconhecer o sucesso de sua realização, mantenha-se solene, suspire e diga: "Sim, chefe, nós realmente tivemos sorte dessa vez. Não seria bom se tivéssemos sempre essa mesma sorte?"
- Escolha suas roupas e a decoração do local de trabalho de maneira a evitar a exibição de um contraste dramático entre sua auto-imagem e a de seu chefe masoquista. Ele não deve se sentir diminuído só por estar perto de você.
- Evite consolo aberto ao seu chefe masoquista; quando as coisas saírem muito erradas, não diga que a culpa não foi dele. Diga, em vez disso, que poderia ter acontecido com qualquer um, ou que qualquer um poderia ter cometido engano, erro de cálculo ou mal-entendido semelhante.

Considere realizar essas coisas, dentro do razoável, por um período de doze meses. Se seu diagnóstico estiver correto, e seu chefe for realmente um masoquista, você receberá as melhores marcas possíveis em sua avaliação de desempenho. Como todos os chefes, os masoquistas vão avaliar e qualificá-lo para promoção e aumentos baseados em quanto você conseguiu convencê-los de que os entende e se solidariza com seus dilemas. Não evite completamente a produtividade: você e seus pares ainda querem alcançar um sentimento de realização. Só não a celebre como uma recompensa pelo trabalho bem-feito diante de seu chefe masoquista. Em todos os momentos, mantenha seus interesses em mente. Apesar da habilidade com que lida com seu chefe masoquista, você não vai querer ser um mártir individual trabalhando para um indivíduo martirizado.

A avaliação do chefe sádico

A avaliação de desempenho é o sonho de um chefe sádico. Uma sessão de tortura anual legalizada, sancionada e até exigida é, quase, bom demais para ser verdade. O chefe sádico mal pode se conter enquanto seus empregados absorvem o castigo psicológico, gemem atormentados, contorcem-se de dor, arrancam os cabelos e são forçados a retornar pelo menos uma vez por ano para uma nova dose. Chefes sádicos alegam que as surras e o sofrimento psicológico que causam relacionam-se à aquisição dos objetivos de desempenho e dos objetivos organizacionais. No entanto, ninguém sabe melhor do que os empregados sofredores que ele é sempre absolvido pela imensa dor que causa a alvos disponíveis e vulneráveis.

Se você quer conseguir um aumento de um chefe sádico, afirme que todo e qualquer aumento de salário vai acarretar a você dolorosas conseqüências na forma de elevação das taxas de impostos. Enfatize a palavra *dolorosas*. O dinheiro não é dele, mesmo, e para causar sofrimento vale a pena desequilibrar o orçamento.

Preparar seu chefe sádico para uma boa avaliação de desempenho ao longo de todo o ano requer alguma ação de sua parte. Aprenda a gemer de maneira convincente. Você deve deixar escapar um ou outro grito de angústia e um choro de súplica de vez em quando. Esses sons podem ser gravados e executados no sistema de som de sua estação de trabalho. Enquanto seu chefe sádico acreditar que os ruídos provenientes de sua sala são resultado da carga excessiva posta sobre seus ombros, ele vai gostar de tê-lo por perto.

Vista-se como se dormisse com as roupas que vai trabalhar. Se ele fizer algum comentário, diga que não dorme desde que recebeu a missão de refazer o plano de médio prazo. Use roupas bem largas, porque assim ele vai pensar que você não tem tempo para comer. Se for um bom maquiador, dê a seu rosto uma aparência mais pálida, crie bolsas sob os olhos e afunde as maçãs do rosto. Preencha sua sala com pilhas de papéis do chão até o teto. Deixe espaço suficiente para apenas uma pessoa entrar e sair. Se ele pensar que você está sendo escravizado ali dentro (não se esqueça dos gemidos e do choro), o deixará em paz e irá atrás de alguém que pareça descansado e bem alimentado.

Prepare-se durante todo o ano para a avaliação de desempenho de um sádico assim:

- Expressando em todas as oportunidades como você se debate sob uma carga excessiva de trabalho; nunca ultrapasse o limite e demonstre fúria por seu chefe sádico por causa desse excesso de trabalho. Em vez disso, aja como se estivesse derrotado e esgotado. Não sei sobre você, mas eu me atiro naturalmente numa ladainha sobre quanto trabalho há sobre minha mesa quando alguém me pergunta: "Como vai?"
- Usando a linguagem e expressões corporais que sustentem as descrições sombrias que você oferece sobre suas circunstâncias, o que também é natural para mim. Sinto-me tão sobrepujado por minhas muitas e variadas tarefas em qualquer momento, que não preciso fingir uma aparência sobrecarregada e mal-remunerada. Não sei por que exatamente minha sobrecarga faz um chefe sádico se sentir bem, mas sei o suficiente para dar a ele os créditos por meus sacrifícios, mesmo que ele não seja o responsável. Atribua um cálculo renal às suas exigências no trabalho. É possível que haja uma semente de verdade nisso, mas pouco provável. No entanto, saber que você está se debatendo sob uma montanha de trabalho enquanto suporta o sofrimento de uma pedra no rim vai aumentar a satisfação dele.

- Em e-mails e conversas diretas, aponte razões pelas quais projetos e iniciativas impostos por seu chefe sádico são tremendas cargas, mesmo que isso não seja verdade. Trata-se de uma espécie de dança que você executa com um sádico. Ele está feliz com a possibilidade de seu poder ser suficiente para causar-lhe desconforto, e você não se importa em dar essa impressão se ela, de fato, facilita as coisas para você no mundo real.
- Nunca se ofereça para assumir projetos especiais e carga extraordinária de trabalho; isso é o mesmo que tirar dele o poder de controlá-lo e submetê-lo a abuso. Você deve manter a ilusão, seja ou não uma ilusão, de que todas as ordens que ele lhe dá podem ser a palha que vai quebrar suas costas. Esteja preparado para celebrar secretamente com seus pares. Quando e se seu chefe sádico tomar conhecimento do sucesso de sua realização, mantenha-se solene, suspire e diga: "Sim, chefe, aquele projeto tomou tanto tempo que estamos atrasados em todos os outros". Se ele acreditar em você, talvez não o soterre imediatamente em mais trabalho extra.
- Faça escolhas de roupas e decoração do local de trabalho de forma a evitar a exibição de uma existência alegre e despreocupada. Sua área de trabalho deve estar sempre entupida de coisas acumuladas, mesmo que elas não tenham nenhuma relação com seu atual projeto. Uma inspiração para o seu guarda-roupa? Em uma palavra: salinas.

Considere fazer essas coisas, dentro do razoável, por doze meses. Se seu diagnóstico estiver correto e seu chefe for um sádico, você receberá as melhores marcas possíveis em sua avaliação de desempenho. Como antes, não evite completamente a produtividade; você e seus pares ainda querem atingir um senso de realização. Só não espere que um trabalho bem-feito seja recebido com alegria e uma oferta de algum tempo livre para recuperar o fôlego. A linha prateada na nuvem escura do sádico é o fato de ele precisar da ilusão do poder tanto quanto precisa do poder de fato. Chefes sádicos geralmente não precisam causar dor e sofrimento reais. Se você desempenha seu papel de forma a convencê-lo, um chefe sádico vai aceitar seu desempenho estelar como pagamento.

A avaliação do chefe paranóico

Seu chefe paranóico vai lhe dar uma avaliação de desempenho mediana marcando sempre o índice três nas escalas de um a cinco. Ele vai olhar para você em silêncio quando o vir entrar e se sentar. Segurando sua avaliação de desempenho entre as mãos, ele fechará a porta, cerrará as cortinas, ligará o rádio e sussurrará, uma precaução no caso de haver microfones escondidos na sala. Alguns chefes paranóicos podem até revistá-lo em busca de escutas.

Ele vai lhe dizer que o processo de avaliação é apenas uma tentativa velada de enganá-lo. Mas ele é esperto demais para cair nesse truque. Ele dirá que conferiu a você todas as marcas medianas de forma a não levantar suspeitas no RH, mas ele sabe o que você e seus cúmplices de tramóia estão tentando fazer.

É melhor não ir totalmente vestido de preto para a sua avaliação de desempenho ou para qualquer encontro com seu chefe paranóico. Não sussurre no escritório nem cubra a boca ao falar. Nem leve seu telefone celular para a avaliação de desempenho. Se ele tocar, o chefe se esconderá sob a mesa.

Se você quer um aumento de um chefe paranóico, respire fundo, examine o teto em busca de câmeras escondidas, incline-se para perto dele e diga que ele está certo. Todos querem pegá-lo e você sabe quem, onde, o que, e quando. Se ele lhe der um aumento para "cobrir as despesas", prometa criar um relatório completo expondo a conspiração e os conspiradores. Para sua segurança, faça-o concordar com sua transferência do departamento uma semana antes da entrega do relatório. Uma vez fora, pode esquecer o relatório. Como ele explicaria um pedido de cancelamento da transferência e do aumento?

Prepare-se o ano todo para uma avaliação de desempenho com um chefe paranóico assim:

- Mantendo tudo que você faz tão visível quanto for possível; aproveite todas as oportunidades para manter todas as atividades bem visíveis para seu chefe paranóico. Até onde for capaz, arranje seu espaço de trabalho de forma que ele possa observá-lo de sua sala ou pelos caminhos por onde passa regularmente.

- Usando linguagem corporal que inclui gestos amplos, braços abertos e outros motivos que sugiram franqueza, de forma a garantir que nem você, nem nenhuma outra pessoa no departamento, tem nada a esconder.

- Em e-mails e conversas diretas, descreva como você e seus colegas de equipe chegaram às suas conclusões e quais atividades levaram aos resultados; quanto mais você puder pintar um quadro para o chefe paranóico, menos ele terá de contar com a própria imaginação. É nela que existe a conspiração, em sua imaginação fértil.

- Assuma projetos especiais como se estivesse trabalhando na principal vitrina da loja mais famosa da cidade; ofereça a todos os envolvidos, direta ou indiretamente, um breve resumo das origens do projeto antes de seguir para o relatório sobre seus progressos. A moldura contextual na qual você coloca as informações pode levar a comentários não solicitados que chegarão até seu chefe paranóico, indicando uma atmosfera aberta. Uma atmosfera aberta é menos ameaçadora do que a possibilidade de operações secretas em corredores escuros.

- Celebre o sucesso abertamente com seus pares, incluindo seu chefe paranóico em todas as oportunidades. Celebre no escritório tanto quanto for possível de forma que ele não possa deixar de ver o que está acontecendo ou fingir que foi excluído. Mesmo que ele não participe das festividades, sua mensagem é clara. Você não está escondendo nada.

- Escolha suas roupas e a decoração do espaço de trabalho de forma a proporcionar acesso e exposições máximos, com o mínimo de paredes e divisórias. Quando se reunir com os colegas de trabalho, faça-o em local aberto onde o chefe possa vê-los. E escolha um lugar onde ele também possa escutá-los, se possível. Acene para o chefe paranóico durante essas reuniões improvisadas e convide-o a integrar o grupo. Sua área de trabalho deve estar repleta de coisas acumuladas, mesmo que isso não tenha nada a ver com seu atual projeto.

Considere fazer essas coisas, dentro do razoável, durante doze meses. Se seu diagnóstico estiver correto e seu chefe for mesmo paranóico, você receberá as melhores marcas possíveis em sua avaliação de desempenho. Se você o mantém informado diariamente, com breves e "espontâneos" relatórios mesmo quando não há nada a relatar, ele não poderá deixar de se sentir menos ameaçado.

Se você sucumbe ao impulso natural de evitar o sofrimento no canto do escritório e mantém para você seu trabalho, seus relacionamentos profissionais e seus movimentos de idas e vindas, só vai arrumar encrenca com um chefe paranóico. Como sempre, sobreviver e prosperar no local de trabalho, especialmente sob uma pessoa paranóica, coloca sobre seus ombros a responsabilidade por soluções proativas. Sim, não é justo. Mas você já deve ter percebido que pouco na vida é justo e virtualmente nada no trabalho é justo. Você não está escondendo nada. Então, por que se esforçar para provar o contrário ao estúpido do seu chefe? Porque justo é o que você faz ser. Por isso.

A avaliação do chefe camarada

Seu chefe camarada dá muito valor ao tempo que passa com você. Quando ele sugerir reuniões mensais, em vez de anuais, sorria e pergunte se você teria um aumento mensal. Ele pode ficar tão feliz com a possibilidade de passar algum tempo em sua companhia que não se negará a assegurar o ganho extra. Isso seria mau? Seu chefe camarada deseja interagir com você constantemente. Não deveria haver nada de novo a ser discutido em uma avaliação de desempenho depois de ter passado um ano com seu chefe colado em você.

Para lançar seu chefe camarada num surto de euforia, use roupas semelhantes às dele e aja com entusiasmo quanto comentar sobre o quanto vocês combinam. Que surpresa! Que maravilhosa coincidência! Ela deve significar que vocês serão amigos para sempre. Quando a situação ficar muito difícil, saia para respirar. Não tente aquele telefonema sobre o irmão na UTI. Um chefe camarada chegaria antes de você no hospital. Apenas aja como se estivesse encantado com tudo que seu chefe diz e faz e, no momento em que estiver longe do alcance de seus olhos, faça o que quiser.

Prepare-se durante todo o ano para a avaliação de desempenho com seu chefe camarada assim:

- Mantendo tudo que você faz tão amistoso quanto for possível; aproveite todas as oportunidades para fazer todas as atividades parecerem tão socialmente direcionadas quanto for possível, sem embaraçar-se diante dos cínicos da companhia. Arranje seu espaço de trabalho de forma que ele possa observá-lo de sua sala ou dos caminhos que habitualmente percorre. Quanto maior sua visibilidade, maior será a chance de acenar. Isso mesmo, acene. Você pode mantê-lo fora do seu espaço de trabalho acenando através do escritório. Esse contato será suficiente para ele, se sua única necessidade for uma demonstração de reconhecimento.
- Usando uma linguagem corporal que traduza amizade e gestos de acolhimento que digam "É tão bom vê-lo", assegure a ele que você está tendo pensamentos agradáveis. Quanto maior o tempo que ele passar sem seu conforto, mais será atormentado pela dúvida. Não importa que você tenha sido amistoso, até mesmo afetuoso, em todos os encontros durante os últimos quinze anos; se ele não recebeu nenhum conforto nos últimos quinze minutos, é bom você acenar. Diga que estará pensando nele (ou pelo menos em seu projeto) sempre que deixar o escritório e certifique-se de oferecer uma garantia verbal ou visual de que tudo está muito bem cada vez que retornar.
- Usando correio de voz e e-mails para assegurar que ele está em seus pensamentos; assim como o chefe sádico, o chefe camarada não precisa da total medida de seu remédio tanto quanto da aparência regular. Um fragmento de segundo salvará horas. Um e-mail breve e

um correio de voz preventivo podem manter seu chefe longe da sua sala por horas, tempo suficiente para você realizar algum trabalho produtivo.

- Dizendo diretamente que projetos especiais parecem ser divertidos e lhe darão mais chances de reportar-se regularmente; como sempre, você estará usando projetos especiais para carimbar seu passaporte para os locais mais distantes possíveis de uma sobrecarga de trabalho. Você também pode usá-los para criar interações sociais que vão agradar ao seu chefe camarada. Isso significa pegar dois pássaros com uma só rede.

- Celebrando o sucesso abertamente com seus pares e seu chefe camarada; não há nada que ele aprecie mais do que uma chance de festejar. Celebre no escritório tanto quanto for possível para reduzir a possibilidade de ele acabar indo parar em sua casa. Ele vai comparecer a todas as festividades disponíveis. Cabe a você decidir em quais você pode satisfazer seu interminável anseio por aceitação social e ainda ter uma vida própria. Como com todos os outros chefes, você vai estar lidando com ele na medida da sua influência. Se não pretende manter-se um passo à frente, conforme-se em aceitar o que seu chefe propuser e viver de acordo com suas vontades.

- Faça escolhas de vestuário e decoração no local de trabalho de forma a indicar o máximo de afeto por seu chefe camarada, coisas como dar o nome dele aos times de futebol e boliche e ainda bordá-lo nas camisetas. As fotos nas paredes e os boletins informativos do departamento no quadro de aviso e na área do café devem exibir seu chefe camarada a seu lado e incluir todos os outros membros da equipe que puderem ser enquadrados. Como com as mensagens de e-mail e correio de voz, essas imagens são garantias visuais de que seu chefe camarada está constantemente nos corações e nos pensamentos de seus empregados/melhores amigos.

Considere fazer essas coisas, dentro do razoável, por doze meses. Se seu diagnóstico estiver correto e seu chefe for tão emocionalmente carente quanto o dia é longo, você receberá as melhores marcas possíveis em sua avaliação de desempenho. Se você o incluiu fisicamente, via palavra escrita e falada, bem como por referências visuais, ele não poderá deixar de se sentir incluído. E por que você não iria querer que seu ambiente de trabalho fosse tão amistoso quanto possível? Cabe a você realizar qualquer coisa de valor. E onde está a novidade?

A avaliação do chefe idiota

Se a amostra de avaliação de desempenho do manual de RH parece idêntica àquela que seu chefe apresenta a você, é porque ele a copiou. Infelizmente, a amostra de avaliação exibe médias que variam pelo gráfico. I-Chefes não entendem o conceito por trás de uma avaliação de desempenho, da mesma forma que não entendem o funcionamento de pneus infláveis. Chefes fazem avaliações de desempenho, pessoas enchem seus pneus e idiotas não entendem a necessidade de nenhum dos dois.

Eles sabem que é melhor ter ar em seus pneus do que encontrá-los vazios. Imaginam que é melhor ter avaliações de desempenho a não tê-las. E avaliações de desempenho são uma quebra na rotina tediosa do escritório. Mesmo que as avaliações de desempenho sejam discutidas apenas uma vez por ano durante trinta minutos, os I-Chefes apreciam a diversão. Se tivessem de inventar suas próprias diversões, ao certo, eles criariam trabalhos redundantes que resultariam em uma terra de zumbis.

Você pode convencer seu chefe a melhorar suas médias na avaliação de desempenho se transformá-la em um jogo. Aponte como ele pode lhe dar um aumento maior elevando suas marcas. Diga como ele pode obter um aumento sugerindo a mesma coisa ao chefe dele. Quando ele o fizer e for chamado de tolo, ficará embaraçado demais para admitir que deu a você um aumento nessas mesmas circunstâncias. Nunca mais mencione o infeliz incidente nem comente o rubor em seu rosto. Se ele tentar abordar o assunto, desenvolva amnésia instantânea. Ele o abandonará rapidamente.

Ao longo do ano, tenha sempre por perto o mais recente projeto ridículo de seu I-Chefe, caso ele surja de maneira inesperada. Coloque os papéis sobre o verdadeiro trabalho que está desenvolvendo, e que pode ser algo valioso ou uma aposta de futebol, teça um comentário preventivo para impedir a sugestão de qualquer outro projeto que ele tenha imaginado a fim de divertir-se, fale alguma coisa sobre como foi terrível a idéia de refazer o plano de médio prazo do ano anterior, e você estará livre dele por um ou dois meses.

Prepare-se o ano todo para a avaliação de desempenho com seu I-Chefe da seguinte maneira:

- Mantendo tudo que você faz tão exagerado quanto for possível; aproveite todas as oportunidades para fazer todas as atividades parecerem guiadas por sua lealdade à filosofia da empresa, como ele a entende. Sem embaraçar-se diante de seus colegas, arranje seu espaço de trabalho de forma a refletir o tipo de império corporativo que o idiota imagina comandar.

- Usando linguagem corporal que reflita o tipo de seguidor que seu I-Chefe imagina atrair com seu estilo de liderança. Se ele acredita que reengenharia significa tratar todo mundo como varas de pistão, caminhe e fale como uma vara de pistão. O que se espera é que ele conclua ser um líder de indivíduos realizados, criativos e entusiásticos. Assim você pode ser você mesmo, com exceção da parte em que deveria verbalizar suas idéias absurdas.

- Usando correio de voz e e-mails para assegurar que suas visões estão sendo implementadas; como o chefe maquiavélico, seu I-Chefe provavelmente considera seu papel no universo algo diferente de como o universo o vê. Ele não precisa da total medida de seu remédio tanto quanto da aparência de que sua imaginação corresponde à realidade.

- Explique repetidamente como projetos especiais são uma forma de acelerar seus propósitos (e dar à sua carga de trabalho um volume mais semelhante àquele que você quer). Como sempre, você pode criar projetos especiais ou reformular seus projetos atuais para dar a impressão de que sua agenda é abrangente e importante.

- Celebre o sucesso abertamente com seus pares e seu I-Chefe; o segredo é divulgar ruidosamente que o que você realizou é o que ele imagina ser importante. O que você produz pode (e deve) ser importante e consistente com os objetivos da organização. Você vai desejar inclusive certificar-se de que as pessoas que realmente importam sejam informadas sobre o que você fez. No entanto, o que seu chefe pensa ter sido realizado deve ser adequado à sua visão de mundo de forma a impedir que ele o solicite a fazer a mesma coisa novamente.

- Faça escolhas de vestuário e decoração do espaço de trabalho tendo por base os costumes culturais do império que seu I-Chefe imagina, como dar ao time de futebol e à equipe de boliche nomes como "Os Mutantes do Queijo", "Os Amoladores de Serra", ou "O Grupo dos Fora da Caixa". O que você tem a perder? É mesmo tão bom assim em futebol e boliche?

Considere fazer essas coisas, dentro do razoável, por doze meses. Se seu diagnóstico estiver correto e seu chefe for mesmo um idiota, você receberá as melhores marcas possíveis em sua avaliação de desempenho. Se criou de maneira convincente a ilusão de que seu império imaginário existe e funciona, ele não poderá deixar de se sentir importante. Embora seja verdade que ele não é importante, qualquer dúvida que ele tenha sobre a própria importância acabará se transformando em sobrecarga desnecessária e em trabalho ridículo, inclusive empilhado sobre sua mesa. A prevenção é a chave para aplicar todas essas técnicas a todos esses tipos de chefes.

A avaliação do chefe bom

Um chefe bom o terá engajado todos os dias ao longo do ano nos objetivos da organização e em seu papel na realização deles. Vocês não terão nada de novo a discutir na sua avaliação de desempenho, exceto como ele planeja obter um aumento de salário e melhores condições de trabalho para você. Se ele foi realmente um chefe bom, terá orquestrado uma abordagem de equipe eficiente e bem equilibrada para a realização dos objetivos organizacionais.

Muitas organizações determinam uma quantia fixa de fundos a ser distribuída em aumentos para cada departamento. Isso é feito de maneira independente do processo de avaliação de desempenho. A avaliação de desempenho é simplesmente um meio de repartir a torta. Gosto pessoalmente da abordagem de 360 graus, e um chefe bom tentará reunir e considerar a opinião dos pares para equilibrar e validar a dele, mesmo que essa não seja a abordagem adotada oficialmente pelo RH.

Seu chefe bom sabe que lealdade e produtividade estão ligadas a um sentimento de propriedade, e esse sentimento cresce proporcionalmente com a participação. Se os membros da equipe podem realmente influenciar como os aumentos de salário e comissão são distribuídos, eles se sentirão fortalecidos. O elo entre os chefes bons e seus subordinados é o mais forte que pode existir. É sinal de que o chefe conquistou a confiança dos membros de sua equipe dividindo o poder.

Embora os chefes bons compartilhem o poder, eles permanecem responsáveis a ponto de sofrerem as conseqüências diretas quando os membros da equipe cometem erros graves. Como diz o autor e palestrante Danny Cox: "Se o time marca um ponto, o verdadeiro líder aponta para eles e diz 'Eles marcaram o ponto'. Se o projeto sai dos trilhos, o verdadeiro líder diz 'Eu sou o responsável'". Se você tem um chefe bom, alegre-se, agradeça a seu Poder Superior, seja grato e divulgue a notícia. Uma avaliação de desempenho com um chefe bom é provavelmente a única que você vai assinar sentindo-se realmente bem.

A semelhança aprecia o semelhante

Sejamos nós certos ou errados, trabalhadores ou preguiçosos, inteligentes ou intelectualmente prejudicados, o fato é que um chefe não vai dar um aumento para alguém de quem ele não goste. É da natureza humana, e não aconselho ninguém a apostar contra isso. Observe e determine para que tipo de chefe você está trabalhando e comece a desenvolver seu plano a partir daí.

Mostre a seu chefe aquilo que o faz feliz. Invista sua energia fazendo-o sentir-se confortável. Tire proveito máximo do que tem nas mãos e só então pense em ir além. Você pode ignorar a natureza da besta, trabalhar de maneira diligente com um sentimento de integridade, apesar de seu chefe, e esperar que ele o reconheça e recompense. Fiz essa tentativa durante boa parte da minha vida profissional, com poucos retornos. O fato de ter continuado frustrando a mim mesmo por muito tempo, quando já devia ter compreendido meu erro, significa que me agarrei a pelo menos parte da minha estupidez mesmo depois de ter pedido a Deus para removê-la.

Seja real

Raramente tenho dificuldades para trabalhar ou me relacionar com alguém depois de ter inventariado honestamente a mim mesmo, minhas motivações e o que posso levar intencionalmente ou não para o grupo. Treinar, dar consultoria, aconselhar e mediar me ensinaram que noventa por cento do tempo é usado para mediar conflitos. Quando o conflito se baseia em presunções e informações limitadas, esse mesmo conflito evaporará no momento em que a verdade for levada à luz do dia e exposta para que todos a vejam. De maneira contrária, quando as questões que dividem as pessoas são articuladas com clareza, isso não as leva necessariamente para mais perto da concordância. Mas todos podem ver o que deve ser superado e concentrar suas energias em atingir um nível mais alto de compromisso, em vez de estarem apenas certos.

O conflito raramente é unilateral. Em um relacionamento pessoal ou profissional conflituoso, mesmo que o indivíduo A seja um monstro completamente destituído de qualquer virtude, o indivíduo B está pelo menos contribuindo para o problema permanecendo no relacionamento. Normalmente, o indivíduo B pretende mais, conscientemente ou não, do que se dispõe a admitir. Considere o que acontece quando o indivíduo B sai da situação pessoal ou profissional problemática. O problema volta a ser do indivíduo A. Isto é certo até a pessoa B ligar-se pessoalmente ou profissionalmente ao indivíduo C, que é muito parecido com o indivíduo A.

Imagine a surpresa do terapeuta quando B entrar reclamando que C é um monstro diabólico, pior ainda do que A, e ele (B) não tem nenhuma culpa na situação.

A situação termina em você e em mim

Muitas pessoas têm dificuldades para ouvir o programa de terapia da dra. Laura porque ela passa imediatamente para o papel e a responsabilidade do ouvinte no problema apresentado. Não é isso que a maioria das pessoas quer ouvir e discutir. É muito mais divertido falar sobre como alguém está tornando nossas vidas miseráveis. Mas se queremos mesmo exorcizar nossa estupidez, devemos antes admiti-la. Xingar meu chefe, por mais que os adjetivos sejam apropriados, não me exime da responsabilidade de ser um empregado competente; competente em trabalhar com meus chefes.

Cuidado com os idiotas

Membros de equipe ambiciosos, criativos, inovadores e entusiasmados ainda podem atrair suficiente atenção para serem executados ou demitidos por defensores do *status quo*. Muitas pessoas fazem um bom trabalho e oferecem imensas contribuições para a realização dos objetivos da organização, só para verem essas contribuições e essas realizações diminuídas, marginalizadas e criticadas. Tais pessoas freqüentemente acreditam no mito de que podem levar seu trabalho duro e seu entusiasmo para outra organização onde serão mais apreciados.

Isso raramente acontece. Na maior parte do tempo, eles não encontram grama mais verde no novo pasto, e tudo que conseguem é recuar com relação à posição anterior. Existem maus chefes em todos os lugares. Você pode dominar a arte de trabalhar com eles sem sair de onde está. Depois de algumas tentativas frustradas de encontrar pastos mais verdes, algumas pessoas antes entusiasmadas tornam-se entorpecidas, silenciosas, perdidas no cenário, e conseguem cruzar a linha de chegada para a aposentadoria sem que ninguém mais as perceba. Não era assim que elas queriam que acontecesse, mas o sistema as deixou nocauteadas, e foi assim que aconteceu.

A síndrome do "pasto mais verde" sempre funcionou em favor daqueles que ficam na companhia. Quando planejar sua estratégia pessoal e profissional, faça uma avaliação realista do papel e da influência que os idiotas podem desempenhar em seu sucesso e tente não ser o maior idiota de todos.

7

Pensamento idiota:
o grande disfarce

O sétimo passo:

"Por favor, por favor, Deus, remova minha estupidez."

Às vezes as distinções entre os 12 passos para idiotas em recuperação são sutis. No Capítulo 6, eu me preparei para ter minha estupidez removida. Agora, me pergunto por que Deus está demorando tanto. Formulo numerosos planos para substituir a estupidez por alguma coisa útil, o que é a essência da preparação para a extração da estupidez. Devia ser óbvio que, uma vez removida a estupidez, o vácuo resultante vai sugar algo para dentro. Devemos preencher o vácuo onde a estupidez um dia esteve com algo selecionado de maneira premeditada e consciente, a fim de evitar que outra idéia, noção ou comportamento ainda mais profundamente estúpidos sejam sugados.

O plano que sugiro neste capítulo é o velho truque da "falsa identidade". Se você não pode vencê-los, junte-se a eles. Ou dê a impressão de que está se juntando a eles. Às vezes é simplesmente inútil lutar contra o sistema. Queime seu combustível pessoal em coisas sobre as quais você tem controle e das quais gosta. Se está preso em uma cultura de idiotas sem nenhuma possibilidade de melhoria nesta vida, é melhor misturar-se ao grupo. Por que se esgotar? Esse método de sobrevivência no emprego é diferente do truque de invisibilidade descrito no Capítulo 6. Adotando a aparência de um idiota, você pode progredir na organização sem ameaçar ninguém.

Mudar de identidade não é uma manobra astuta para fazer seu I-Chefe gostar de você. Este seria um plano difícil de sustentar por muito tempo. Como disse Lincoln, "Você pode enganar algumas pessoas o tempo todo e todas as pessoas por algum tempo, mas você não pode enganar todas as pessoas o tempo todo".

No local de trabalho, é possível enganar algumas pessoas o tempo todo. Você pode fingir gostar de seu I-Chefe o suficiente para deixá-lo confortável perto de você. Pode até ser capaz de convencer todo mundo que se dá bem com ele. Mas algumas pessoas o classificarão na mesma categoria que seu I-Chefe e nunca confiarão ou cooperarão com você novamente.

Tentar enganar todas as pessoas o tempo todo requer que você opere contra sua natureza essencial. Operar contra sua natureza essencial é como lutar contra a lei da gravidade. É melhor ser verdadeiro e encontrar maneiras de usar sua natureza essencial em vantagem própria. Fingir que gosta de seu I-Chefe, quando "desprezar" é o termo mais preciso, é como segurar uma bola sob a água de uma piscina.

No início é fácil e pode até ser divertido por algum tempo. Depois isso se torna tedioso. Você começa a se perguntar por que é tão importante segurar a bola embaixo da água. "Oh, sim", você lembra, "estou enganando todo mundo mantendo meus sentimentos sob a superfície". Com o passar do tempo, isso se torna cada vez mais difícil. O que de início parecia ser um pequeno gasto de energia começa a crescer. De vez em quando, a bola começa a escapar. Você a pega a tempo de empurrá-la novamente para baixo da água. "Uau", você pensa, "foi por pouco". Você quase deixou o gato sair da sacola, por assim dizer.

Pesadelos com bolas

Enquanto você lê, há mais pessoas do que possa imaginar vagando pelo escritório e segurando enormes bolas sob a água. São aqueles com expressões engraçadas nos rostos. Você sabe de que expressões estou falando, aquele olhar de constipação. Eles parecem prender a respiração. A verdade é que vivem com medo de que a bola salte para a superfície e seus verdadeiros sentimentos pelo I-Chefe sejam expostos.

Os que têm mais sorte estão realmente constipados. A única coisa que os separa do alívio é um laxante eficiente. Não existem laxantes disponíveis para a malícia mal resolvida com relação a um I-Chefe. Você deve encontrar um jeito de ser verdadeiro e, ao mesmo tempo, coexistir pacificamente com ele. Alimentar o conflito não vai lhe trazer alívio. O medo constante da exposição o faz passar noites em claro, eleva a pressão sangüínea e pode causar úlcera. Eu sempre acordava assustado e suando frio depois de sonhar que minha bola havia saltado para a superfície no meio de uma reunião. Para piorar a situação, a privação de sono dificulta ainda mais a tarefa de concentrar-se e manter a bola dentro da água.

Você sabe que está encrencado se seu I-Chefe, ou mesmo um colega de trabalho, entra na sua sala de repente e o pega desprevenido.

— O que está fazendo aí? — seu I-Chefe pergunta. Pego de surpresa, você tenta encontrar algum sinal de sua bola e, instintivamente, contra-ataca com uma resposta que aprendeu na infância.

— Nada — diz com toda a energia e inocência de que é capaz de demonstrar.

— Ah, vamos lá — seu I-Chefe insiste. — Está aprontando alguma coisa. Você se assustou quando me viu espiando.

— Estava me espiando? — A indignação surpresa pode devolver a culpa ao seu I-Chefe. Se ele tentou surpreendê-lo em algum comportamento subversivo ou insubordinado, você pode ser capaz de invocar a defesa contra armadilhas. A defesa contra armadilhas é uma forma brilhante de alegar que fazer algo ruim não é ruim se alguém o pegar fazendo tal coisa. Advogados a utilizam o tempo todo para defender criminosos contra policiais fraudulentos e conspiradores. Para esses advogados não existem criminosos, apenas vítimas de policiais fraudulentos e conspiradores. Para utilizar esse mesmo raciocínio com os empregados, não existe comportamento subversivo ou insubordinado, apenas I-Chefes.

Você sempre acreditou estar acima de todo e qualquer abuso repreensível, amoral e deletério do processo legal, até seu I-Chefe o espiar e surpreendê-lo. No mesmo instante, sua prioridade número um passa a ser escapar da incômoda situação a qualquer preço e por quaisquer meios disponíveis, sejam eles éticos ou não, antes mesmo que você saiba que está em uma situação incômoda. A mente humana é surpreendente quando culpada. Assim que consegue determinar que não há nenhuma arma de fogo em lugares que seu chefe possa ver, você se esgueira facilmente para fora da incômoda situação.

Não aposte na ausência de noção

I-Chefes raramente fazem comentários transparentes, exceto na ficção que escrevi. Mas eles são capazes de enxergar uma bola de praia, caso ela salte para a superfície bem na frente de seu nariz. Eles podem não reconhecer a bola como um símbolo de seu ressentimento e ódio, pelo menos não de imediato. Mas se surgirem muitas bolas saltando pelo escritório, acabarão desconfiados.

I-Chefes não entendem o conceito de sentimentos ocultos da mesma maneira como compreendem o fato de você esconder chocolate na gaveta enquanto, supostamente, faz dieta. Essa é uma grande novidade para eles. Os sentimentos que você pode estar guardando não têm tanta importância para um I-Chefe. Mas o fato de você esconder algo é suficiente para ligar seus sensores. Se você insistir em segurar a bola sob a superfície ou mantiver seus sentimentos ocultos, tenha sempre um chocolate na gaveta para o caso de seu I-Chefe surgir do nada e o acusar de estar escondendo algo.

Pensamento idiota

O fato de quase todos no escritório segurarem bolas embaixo da água explica parcialmente o fenômeno chamado pensamento idiota. Trata-se de algo muito semelhante ao pensamento coletivo. Na verdade eu apenas tomei emprestada a idéia de Irving Janis, autor de *Pensamento coletivo*, e dei a ela uma nova camada de tinta. O fato de você talvez não ter estudado formalmente o pensamento coletivo não significa que não tenha sido exposto ao vírus. Ou seja, muitas pessoas participam do pensamento idiota sem se dar conta.

O pensamento idiota ocorre porque ninguém quer ser um otário. W. C. Fields coloca da seguinte maneira: "Se você está numa partida de pôquer há trinta minutos e ainda não conseguiu identificar quem é o otário, você é o otário". O pensamento coletivo ocorre quando membros de um grupo disfarçam o anonimato como unanimidade em detrimento da qualidade. O pensamento idiota ocorre quando ninguém quer levantar a cabeça e correr o risco de ser criticado ou isolado.

Um grupo de co-dependentes pode levá-lo à loucura enquanto tentam tomar uma decisão. Ninguém quer ofender os outros ou dar motivo para antipatia. Ao mesmo tempo, todos estão tentando controlar o desfecho. O resultado pode ser perturbador para as outras pessoas.

Há segurança na unanimidade, por isso ela é tão popular. Com uma decisão em grupo a culpa é dividida entre muitas pessoas no caso de algo não dar certo. Ninguém quer causar comoção mesmo que apenas imaginária. Você já sabe que prefiro evitar confronto. Mas dê-me uma questão importante e farei o que for necessário.

Para evitar confronto, se alguma coisa acontece comigo, encolho os ombros e digo a mim mesmo para não me preocupar com pouco. Mas, se alguma outra pessoa está encrencada, não consigo me conter. Se um membro da equipe é intimidado por um executivo da empresa para a qual estou prestando consultoria, é possível que eu perca o trabalho defendendo essa pessoa. Caso identifique mentiras ou uma fraude qualquer, atiro-me como cobertura sobre o sorvete. Sou um defensor por natureza, desde que o assunto seja suficientemente grande ou importante.

Indignação justa significa emprego breve

Relaxe e entregue a Deus. Não deixe que suas expectativas de justiça e igualdade social custem o que você realmente deseja. Já perdi contratos de consultoria por não ter ficado calado ao descobrir coisas que não deveriam acontecer. Um caso serve de exemplo: uma organização sem fins lucrativos havia empossado um vigarista em sua presidência. O presidente vigarista contratou velhos comparsas, e, antes que alguém percebesse, um grupo de executivos vigaristas estava circulando em carros caríssimos alugados pela entidade com dinheiro de caridade, tomando porções cada vez maiores da renda na forma de salários depois de terem convencido o conselho de que mereciam ser pagos como executivos de empresas comuns.

Aconselhei a diretoria a demitir imediatamente os vigaristas e até me ofereci para facilitar os desligamentos. Eles simplesmente recusaram meu conselho. Hoje acredito que a relutância era uma forma de pensamento idiota. Eles não queriam admitir que cometeram um terrível engano por medo da opinião dos doadores da entidade.

Em última análise, o conselho legal da organização se opôs veementemente à exclusão dos vigaristas e à possibilidade de enfrentarem problemas legais devastadores. Só quando se protegeu com as provas necessárias, graças à orientação do conselho, a diretoria finalmente se livrou dos executivos desonestos. No final, ficou claro que eles deveriam ter intercedido no momento em que identificaram os ratos, o que teria economizado muito dinheiro.

Isso não é atirar pedras. É só um aviso. Não deixe suas emoções superarem o bom senso. Não estou sugerindo que você incorpore comportamento antiético ou imbecil em seu grande disfarce. Estou apenas prevenindo sobre a política emaranhada que encontrará quando puser em prática seu plano de ser tão verdadeiro quanto possível enquanto desaparece na multidão.

Uma dura lição que aprendi é que cada vez que tento alertar as pessoas para subversão ou roubo em suas organizações, acabo sendo tratado como se eu fosse o mau sujeito. Os pensadores idiotas são assassinos de mensageiros. O mantra deles é: não veja o mal, não ouça o mal, não fale sobre o mal. Eles têm um medo mortal de serem embaraçados, estarem errados ou cometerem enganos.

Já vi altos executivos se envolverem com pessoas que, sabiam, estavam subvertendo sua autoridade e prejudicando a organização. Os executivos não são necessariamente desonestos, mas recusam-se simplesmente a enfrentar o comportamento impróprio. Os altos executivos sabem o que está acontecendo porque eu digo a eles. Não duvido que acreditem nos relatórios, mas relutam em admitir um erro ou confrontar o causador do mal. Essa fraqueza dá aos conspiradores motivos para rirem e se divertirem quando o alto executivo não está por perto.

Vi algumas confusões colossais causadas por pensamento idiota. Considere o relato irônico que circulou na Internet sobre o presidente de uma companhia demitido pela diretoria depois de nove meses no cargo. O motivo alegado para a destituição foi "falta de liderança inteligente". Apesar da permanência breve, ele recebeu um valor pré-negociado em contrato de mais de vinte e cinco milhões de dólares. Eu diria que faltou inteligência àqueles que demonstraram o pensamento idiota.

O grande disfarce ao contrário

Cada vez que o conteúdo deste livro é mencionado, alguém diz: "Tenho uma grande história sobre um I-Chefe". Estou convencido de que trabalhar para I-Chefes é uma das experiências mais freqüentes. Também estou convencido de que o pensamento idiota é a segunda experiência mais comum. Em todos os lugares vejo atos individuais de estupidez serem eclipsados por comportamentos de estupidez grupal.

Não ter contato com o pulso de uma organização é característico de um I-Chefe. Um executivo que desconhece o estado de uma organização e finge o contrário é outra coisa. Depois de deixar a Disney, vender a companhia de publicações e tornar-me autor e consultor, me vi dentro de outro carrossel, provando, mais uma vez, que, apesar de todo o esforço para aumentar a distância entre você e sua estupidez, ela nunca está tão distante.

Fui contratado para facilitar o afastamento de um conselho que se tornou muito estranho diante de meus olhos. Quando pensava já ter visto de tudo, de repente comecei a piscar, boquiaberto, surpreso diante de algo que nunca imaginei ser possível. Eu estava fornecendo treinamento executivo para o presidente de outra organização sem fins lucrativos e, com a permissão dele, entrevistei chefes de departamentos e outros funcionários para desenvolver um relatório completo sobre o "estado da organização". O que descobri foi muito diferente das previsões do presidente. Não vou dizer que ele foi um completo idiota, mas ele, aparentemente, julgou a situação muito mais cor-de-rosa do que realmente era.

Esse presidente era um homem que ninguém jamais poderia acusar de nada. Quando a própria equipe tentou falar com ele sobre problemas na organização, ele enterrou a cabeça na areia. Como presidente, estava fora de suas aptidões, e sabia disso. Mas ele gostava do estilo de vida e, dentro da organização, não havia ninguém disponível para o cargo. Então, por que não deixar as coisas se acertarem sozinhas?

Em vez de pedir ajuda, tentou nadar nas águas turbulentas com a esperança de que os problemas simplesmente desaparecessem sem deixar rastro. O que aconteceu foi que muitos problemas aparentemente desapareceram, mas deixaram rastros. Problemas não resolvidos de uma maneira pró-ativa deixam um gosto amargo na boca das pessoas e um odor azedo pairando no escritório. Esse presidente preferia deixar tudo como estava. Primeiro deixou os cães dormirem e, depois, morrerem. Em seguida deixou os corpos em decomposição atraindo moscas e outros insetos. Ele esperava que, com o passar do tempo, os cadáveres se transformassem em pó, o que realmente acontece. Mas, antes disso, toda a empresa sucumbiu vítima de infecção.

Os empregados se sentiram abandonados e traídos, como se seus problemas não tivessem importância para ele. Tais problemas podiam ter sufocado esse executivo. Ele não tentou solucioná-los; tampouco identificou e recompensou as iniciativas positivas realizadas na organização.

Ele praticou a máxima "nenhuma boa ação passa sem punição" ao não considerar prioridade a identificação e recompensa de esforço e desempenho superior.

Não promovo o reconhecimento baseado apenas no esforço. As verdadeiras recompensas devem ser reservadas para resultados concretos. Em um mundo perfeito qualquer coisa digna de ser feita é digna de ser bem-feita. Mas o mundo em que vivemos não é perfeito. Via de regra, qualquer coisa digna de ser feita é digna de ser malfeita; isso quando nos damos ao trabalho de levantar nossos traseiros para fazer algo. Eu poderia descarregar clichês como "quem não arrisca, não petisca". Eles são basicamente verdadeiros. No final do dia é melhor ter tentado, fracassado e tentado novamente, a nunca ter feito uma tentativa.

Qualquer consultor de liderança vai lhe dizer que, em muitos casos, executivos organizacionais contratam consultores não para desenvolver a liderança, mas para, em um passe de mágica, desenvolver a capacidade de arrebanhar seguidores. Você pode argumentar que buscar meus conselhos é um sinal de que o presidente fraco e sem iniciativa deseja crescer como líder. Normalmente os clientes só querem uma bala de prata. O que ofereci continuamente a eles foi uma chance de serem treinados pelo difícil método de arregaçar as mangas e abordar as questões cujas soluções as pessoas necessitam.

Resistência é um termo familiar para muitos terapeutas e consultores. O presidente, constantemente, direcionava a conversa para o que alegava ser uma pressão absurda da diretoria. Diversas vezes tentei fazê-lo concentrar-se em seu papel de apoiar sua equipe. Ele continuava choramingando sobre as exigências absurdas da diretoria. Não devia ter me surpreendido quando ele me pediu para facilitar o afastamento desse grupo.

Entrando na questão

Fiz o que normalmente faço quando facilito um afastamento. Enviei um questionário a todos os participantes a fim de adiantar uma pesquisa e priorizar suas questões mais urgentes. Dessa forma não perdemos a primeira metade do primeiro dia determinando quais eram os sentimentos e as preocupações do grupo. Fiz o mesmo com a equipe e o presidente. Quando analisei os dados, descobri que a equipe, a diretoria e o presidente tinham visões distintas a respeito das questões mais importantes da organização.

Logo tornou-se claro que o presidente queria que eu facilitasse o afastamento para poder defendê-lo diante da diretoria. Os diretores passaram imediatamente a suspeitar das minhas perguntas. Eles sentiam que poderia haver algo escondido em tudo aquilo. Algo que os deixava compelidos a ignorar, não discutir, não confrontar. Enquanto isso, os membros da equipe esperavam que eu pudesse dar voz a suas preocupações pela primeira vez diante da diretoria.

A discussão que facilitei revelou rapidamente uma divisão na diretoria. Alguns apoiavam o presidente abertamente enquanto outros perguntavam-se por que os membros da equipe teriam feito comentários como os dos questionários. Eu me abstive de confirmar ou criticar o que ele estava fazendo. Queria que as soluções sugeridas e os problemas da organização emergissem do diálogo.

Para minha surpresa, quanto mais alguns membros da diretoria "entendiam" e começavam a falar em termos de desafios e oportunidades para mudança positiva, mais os outros se negavam a reconhecer os problemas. Chegamos a um tipo de estagnação. Na manhã do último dia eu sabia que a janela para a oportunidade de resultados estava se fechando. Em vez de pensar em continuar recebendo meu pagamento daquele cliente, fiquei impaciente e permiti que minha obsessão maníaca por justiça e verdade prejudicasse meu julgamento.

Foi um movimento economicamente ruim. Teria sido mais fácil ler a mensagem escrita na parede, anunciar que o diálogo tinha sido inconclusivo e continuar treinando e facilitando a operação daquela companhia indefinidamente. Mas não. O cavalo estava em pé na beira do riacho, e eu me senti impelido a empurrar seu focinho para a água. Sem mencionar nomes, entrei diretamente na questão e anunciei que alguns integrantes importantes daquela diretoria estavam procurando emprego. Tentei fazer o anúncio da maneira mais delicada possível, o que equivale a derrubar uma bola de boliche no pé da maneira mais delicada possível. Esperava que minha quebra parcial de sigilo arrancasse alguns diretores de seu estado de negação. Em outras palavras, esperava que o fim justificasse os meios. Nunca deixei de me espantar com o quanto posso estar enganado. Os membros da diretoria leais ao presidente — aqueles que o contrataram e protegeram — ficaram ultrajados com minha atitude, considerada uma "facada nas costas", de anunciar que todos os executivos no topo da organização estavam enviando seus nomes ou currículos para um site de recolocação profissional.

Foi um pensamento idiota elevado à décima potência mobilizado por um consultor idiota. Gostaria de ter gravado tudo aquilo para utilizar em seminários e ilustrar como pessoas bem-intencionadas podem destruir a efetividade de uma organização. Não bastasse a chaga que abri na diretoria, as coisas ficaram ainda piores. O presidente rompeu em lágrimas.

O homem começou a chorar no meio da reunião. Uma mulher colocou-se entre nós dois, como se quisesse protegê-lo de um ataque violento. O veneno em seu olhar ainda me assombra. "Perdi todo o respeito por você", ela disparou. Quando eu estrago tudo, estrago de verdade.

Os membros mais razoáveis da diretoria, que de início desejavam considerar de maneira legítima as opiniões da equipe, de repente se puseram em fileiras atrás do presidente. Antes que eu soubesse o que havia acontecido, todas as pessoas da sala me observavam num silêncio mortal, com exceção do presidente, que soluçava. Metade da diretoria cercava o presidente, que permanecia sentado com a cabeça enterrada entre as mãos. A outra metade formava um semicírculo mais amplo em torno dos outros esperando sua vez de prestar apoio.

No meio daquela cena bizarra, o presidente entreabriu os dedos e me olhou de um jeito que denotava claramente seu triunfo. Com os olhos vermelhos e inchados me enviou o velho olhar N.I.G.Y.S.O.B. N.I.G.Y.S.O.B. é o momento fatídico, conhecido por todos os terapeutas de casais, quando um cônjuge surpreende o outro — normalmente é a esposa que surpreende o marido — numa posição indefensável. Traduzido de maneira liberal, N.I.G.Y.S.O.B. significa "Now I've got you, you son of a beaver", ou "Agora peguei você, seu filho de uma puta". Enquanto caminhava silenciosamente em direção à porta e pegava um táxi para o aeroporto, agradecia a Deus por ter me dado a lucidez necessária para sair dali vivo.

Dei uma tacada forte, motivada pelo desespero, esperando acertar o alvo. O que atingi foi uma muralha de defensores. O resultado do afastamento da diretoria foi um contrato assegurando aumento de salário para o presidente. Os membros da equipe foram totalmente enfraquecidos, e o dr. John perdeu outro cliente. Meus asseclas naquela empresa mantiveram-me informado sobre o êxodo contínuo ocorrido durante o ano seguinte. O presidente permaneceu intato e inalterado, e os membros mais talentosos daquela equipe foram partindo um a um e dois a dois. O desempenho e os problemas financeiros da companhia foram piorando publicamente. A diretoria promovia sessões de emergência, sempre expressando confiança no presidente. Só Deus sabe o que eles avaliavam ser os problemas da companhia.

As melhores intenções, os piores resultados

Esses e outros episódios semelhantes são recordações dolorosas de que o pensamento idiota vai aparecer e atacar justamente quando pensar que tudo foi providenciado e as pessoas estão realmente comprometidas com a mudança positiva e produtiva. Trata-se de um problema insidioso e penetrante. Quando um grupo de pessoas bem-intencionadas tenta realizar alguma coisa, sua primeira ordem de serviço deve ser verificar a própria estupidez. A negação em grupo, como vista no caso do afastamento da diretoria, é um problema difícil de ser superado.

Problemas de comunicação podem ser reparados como pontes derrubadas. No entanto, as pessoas têm fortes motivos para negar a realidade. Superar a negação pode ser praticamente impossível. Ajudar alguém a admitir que está negando alguma coisa é como alcançar a primeira base de acampamento do Monte Everest. Possível, mas só uma em cada dez ou vinte milhões de pessoas tenta. Deve haver mais chances de ganhar na loteria. Dentre os que alcançam a base de acampamento, menos ainda chegam ao topo.

Misture-se ao grupo sem perder de vista seus objetivos

Se cada pessoa sem nenhum bom motivo para segurar uma bola de praia debaixo da água soltá-la, bolas de praia começarão a aparecer em todos os lugares. O escritório ficaria parecido com o playground do McDonald's. Você pode se livrar de sua bola de praia murchando-a e jogando-a fora. Ninguém precisa saber, exceto você. O fato de estar se misturando ao grupo não significa que perdeu de vista seus objetivos.

A negação é um dos mecanismos de defesa mais poderosos conhecidos pela raça humana, porque ele nos protege de encarar a realidade. As pessoas evitam o estabelecimento de objetivos por razões semelhantes. Estabelecer objetivos é fazer uma exigência sobre o desempenho. Se você quer evitar a pressão sobre o desempenho, não estabeleça objetivos. Se o desafio de solucionar problemas o assusta, negue a existência de quaisquer problemas. No entanto, o estabelecimento de objetivos pode ser uma questão privada, e você pode adotar formas saudáveis de manter-se responsável sem se tornar excessivamente punitivo. Comece reformulando o foco da energia, desviando-a do desprezo por seu I-Chefe para o crescimento e a satisfação pessoais.

Todos nós podemos tornar nossas vidas mais fáceis purgando o ressentimento e a hostilidade por nossos I-Chefes tanto quanto possível e substituindo-os por alternativas saudáveis. A sugestão soa típica do famoso personagem Poliana, mas é verdadeira. O fato de você não estar mais em negação quanto aos seus sentimentos não significa que encontrou formas mais produtivas de relacionar-se com seu I-Chefe. Nunca é cedo demais para começar, e até mesmo as pequenas tentativas de sintonizar a freqüência de seu I-Chefe podem ser recompensadas.

Comece encarando alguns fatos:

- Seu I-Chefe tem mais poder que você no escritório.
- Você tem mais poder que seu I-Chefe fora do escritório.
- Presumindo que você trabalha 60 horas por semana e dorme oito horas por noite, você ainda tem um ganho acumulado de duas horas semanais em tempo livre. Sinta o poder.
- Você gosta de receber o pagamento, embora ele pudesse ser melhor.
- Você gosta do seu I-Chefe, não gosta do seu I-Chefe, ou ele lhe é indiferente.
- O I-Chefe não pode controlar seus pensamentos ou emoções. O que você pensa e sente é problema seu.
- Você tem a opção de ficar ou partir e pode criar o cenário emocional para fazer a opção de ficar mais atraente possível.

Seu guarda-roupa do grande disfarce

Algumas das próximas idéias malucas funcionaram bem para as pessoas. Tente se vestir fora dos padrões ditados pelos guias de moda. I-Chefes são criaturas sem noção. Isso sempre se reflete nas escolhas de vestuário feitas por idiotas machos. Existem ocasiões em que I-Chefes fêmeas se vestem de maneiras chocantes e impróprias, mas são raras.

Você sempre sabe quando um I-Chefe esteve fazendo compras. I-Chefes machos podem aparecer para trabalhar com vestimentas bem coordenadas no dia seguinte ao das compras, quando os vendedores escolheram por eles. Mas espere alguns dias até que eles misturem as peças novas com o restante do guarda-roupa, e a coordenação passa a fazer parte do passado. Sua janela para a oportunidade de elogiar o I-Chefe por sua escolha de um conjunto de peças coordenadas é muito estreita.

Não tenha medo de vestir-se como um idiota. A menos que o I-Chefe tenha uma esposa ou namorada que formule a questão retórica "Você não vai usar essa gravata com essa camisa, vai?", ele as usará. Gravatas bizarras normalmente divertem I-Chefes e mostram ao resto do mundo que você é um pilar de autoconfiança. Seja ousado.

É difícil para pessoas de bom gosto adotar um estilo reprovável. Normalmente, isso exige intenso planejamento, tanto no sentido do preparo emocional quanto na escolha das roupas. Busque sugestões observando os hábitos de vestuário de seu I-Chefe ao longo do tempo. Você deve conseguir catalogar tudo que ele é capaz de vestir em uma ou duas semanas. Depois, tente refletir essas escolhas da maneira mais exata possível. Ele provavelmente não vai perceber o que você está fazendo, mas se sentirá estranhamente mais à vontade em sua companhia. Vestir-se de maneira a refletir as horrendas visões de moda de seu I-Chefe o torna mais receptivo a suas idéias e sugestões.

Se um I-Chefe macho usa uma meia azul no pé esquerdo e outra preta no pé direito e identifica um membro de sua equipe com uma meia preta no pé esquerdo e outra azul no pé direito, é bem provável que ele elogie esse indivíduo por sua aparência diferenciada e única. Se seu I-Chefe adota um protetor plástico de bolso da camisa de mangas, adivinhe o que você deveria estar usando? Se você não acredita ser capaz de ir tão longe, pelo menos o elogie por o protetor de bolso ser prático e cheio de estilo. A condição de seus sapatos também afeta o nível de conforto de seu I-Chefe. Se ele usa mocassins surrados, mantenha um par semelhante na gaveta do seu arquivo.

Estou falando sobre homens, aqui. Mulheres não devem tentar imitar as escolhas de vestuário de seus I-Chefes machos. No caso raro de uma I-Chefe vestir-se de forma estranha, as integrantes da equipe devem caminhar com cuidado sobre a linha tênue que divide a demonstração de uma atitude similar quanto à moda e realmente imitar as roupas adotadas pela I-Chefe. Mulheres subordinadas a um I-Chefe homem devem se vestir com o máximo de profissionalismo possível. O I-Chefe macho pode não ter a menor idéia de como ele aparece no cenário geral, mas já viu comerciais da IBM em quantidade suficiente para saber qual deve ser a aparência da mulher verticalmente móvel. Este é um comentário potencialmente machista, mas o machismo pode ser o menor de seus problemas com um I-Chefe.

Tudo bem, admito que estou exagerando para alcançar o efeito desejado. Mas quem precisa se sentir confortável aqui? Se você quer ser um exemplo de moda para implementar sua vida afetiva ou simplesmente afagar o próprio ego, a escolha é sua. Mas, se está fazendo seu I-Chefe parecer ainda mais idiota comparado a você, calcule quanto está ganhando ou perdendo no resultado geral.

Tudo isso só é importante se você deseja que seu I-Chefe se sinta mais confortável em sua presença. Nem todos os deselegantes são I-Chefes e nem todo I-Chefe se veste mal. Algumas pessoas extremamente inteligentes e talentosas vestem-se como palhaços, enquanto idiotas sem noção alguma se vestem como George Clooney. Chefes maquiavélicos, muitos chefes sádicos e chefes deuses são tipicamente elegantes na maneira de vestir. De fato, quanto mais desprezível ou mais insano é o chefe, maior a probabilidade de ele ou ela parecer um manequim.

Alguns chefes deuses, muitos chefes camaradas, paranóicos, masoquistas e, é claro, Idiotas, são notórios pela falta de elegância no vestir. Vestir-se mal intencionalmente para conviver com um chefe bom não será necessário. Um chefe bom vê a pessoa, não as roupas, e apreciará sua aparência mesmo que seu traje esteja aquém do ideal. Bons chefes não usam necessariamente roupas mal coordenadas tanto quanto fora de moda. Chefes bons não sentem a urgência de se vestir para o sucesso. Para eles, o sucesso é uma questão interior.

Chefes camaradas podem preferir que você se vista bem de forma que eles tenham um amigo legal. Chefes paranóicos vão pensar que seu guarda-roupa impecável é uma afirmação crítica a respeito deles e uma denúncia de seu gosto. É difícil vencer com um chefe paranóico. Um chefe masoquista vai transformar tudo que você fizer em fonte de sofrimento e angústia, mesmo que nunca note o que você está vestindo. Você pode aparecer nu no escritório, e o masoquista provavelmente estará ocupado demais prendendo os próprios dedos na gaveta para notar.

Se seu I-Chefe aparece vestido de acordo com os rigores da moda, você pode ter um problema. Tente descobrir de que maneira ele é influenciado pelo guarda-roupa de seu superior. Você vai ter de descobrir se deixa seu chefe mais confortável imitando-o ou seguindo os passos do chefe dele. Você vai desejar impressionar o chefe dele, e nunca é demais elogiar aqueles que estão acima de nós na cadeia alimentar — digo, organograma —, desde que você não perca de vista a noção de como suas escolhas de roupa e estilo vão afetar seus relacionamentos mais imediatos. Pode ser uma tarefa árdua.

Cabelos e humor

O guarda-roupa não é a única questão de moda a tratar com um I-Chefe. Muitos I-Chefes não viram o memorando do RH informando a equipe de que os cortes militares saíram de moda no governo Nixon. Talvez você queira considerar a possibilidade de cortar seu cabelo com um aparador de grama. É interessante. Hoje em dia muita gente gasta pequenas fortunas para dar a impressão de que tiveram seus cabelos cortados por um aparador de grama.

Você pode fazer I-Chefes se sentirem mais confortáveis em sua presença contando piadas insípidas e histórias sobre o tempo em que seu cachorro vomitava no jornal matinal do vizinho. Eu escolho esse assunto porque muitos I-Chefes que conheci são especialmente sensíveis a piadas sobre vômito. Lembre-se de começar a rir ao atingir cerca de setenta e cinco por cento do relato. I-Chefes sempre riem das próprias piadas. Embora a pesquisa longitudinal sobre esse assunto seja mínima, I-Chefes não parecem se preocupar com o que outros pensam sobre suas piadas e histórias. Eles presumem que todos vão achá-las engraçadas.

É mais provável que os I-Chefes riam das próprias piadas por estarem contando essas histórias e anedotas basicamente para o próprio divertimento. Isso é coerente com minha teoria previamente estabelecida sobre os I-Chefes estarem quase sempre aborrecidos. Você também pode entrar em sintonia com a disposição de seu I-Chefe parecendo estar sempre de bom humor. I-Chefes raramente são afetados pelas emoções de outras pessoas. Embora sejam capazes de exibir uma ampla gama de emoções, eles não captam indicadores emocionais alheios, como choramingos, gritos, atirar a mobília contra a parede ou outros atos demonstrativos, provavelmente instigados pelo comportamento do idiota.

Desfraldar bandeiras e bater tambores

Quanto mais bizarra e incrivelmente estúpida puder ser a idéia de um superior, maior deverá ser seu apoio. Quando seu I-Chefe sugerir que a solução para o pedido de falência de sua firma é revisar todos os extintores de incêndio, jogue a caneta sobre a mesa e diga: "Brilhante! Por que não pensei nisso?" É uma boa frase para ter na ponta da língua sempre que estiver perto de seu I-Chefe.

Legitime

Uma das primeiras maneiras pelas quais você saberá que Deus removeu sua estupidez será aceitando sua impotência com relação à estupidez de seu chefe. Então você será capaz de abandonar a luta inútil para controlar o incontrolável. Nesse momento você pode começar a mudar as coisas em si mesmo que o mantiveram por tanto tempo nesse carrossel de loucura.

Se engolir o orgulho para progredir rumo aos seus objetivos enquanto lida com um I-Chefe é muito difícil, adote a abordagem legítima. Disfarçar-se como um dos idiotas pode não ser tão ruim, especialmente quando você descobrir quanto têm em comum. Você e seu I-Chefe podem concordar mais do que você imagina. Está em suas mãos realizar a pesquisa e o inquérito, mas os resultados podem ser positivos.

Uma pequena antropologia de escritório de sua parte pode revelar que seu I-Chefe gosta de jogar golfe, mas nunca tem tempo para isso. Você pode adorar jogar golfe, mas não tem tempo para isso. Cabe a você tomar a iniciativa e organizar as partidas de golfe do pessoal do escritório. Várias coisas boas podem acontecer. Você pode começar a jogar golfe no horário de trabalho e à custa da companhia. Você pode ao menos conse-guir autorização para organizar essas atividades em nome dos integrantes da equipe. Se você tem em comum com seu I-Chefe o golfe, já abriu uma nova linguagem e um contexto de comunicação que são realmente agra-dáveis para você. Se você não joga golfe e odeia falar sobre esse assunto, talvez queira pelo menos tirar seu I-Chefe do escritório por meio dia por semana encorajando e facilitando sua recreação.

Qualquer atividade pela qual vocês dois se interessem pode ter um efeito positivo e conter potencial para atividades ou conversação; o amor pelo cinema, pela literatura, fotografia, comida requintada, doces, vi-nhos caros, vinhos baratos, animais, caminhada, motocicletas, esportes de qualquer tipo, você escolhe. Mesmo que sua iniciativa de organizar os interesses no escritório não inclua nada especificamente interessante para seu I-Chefe, o fato de estar contribuindo para um ambiente de trabalho agradável e relaxado provavelmente o elevará aos olhos dele.

I-Chefes, ao contrário de suas contrapartes maquiavélicas, sádicas, ma-soquistas e paranóicas, apreciam quando todos parecem estar se dando bem e convivendo em harmonia. Contribuir para que isso ocorra não é falsidade ou truque, mesmo que tenha começado assim para você. Ajudar a trazer à tona os verdadeiros interesses e as paixões de seu I-Chefe e de seus colegas de equipe, e depois exercer alguma liderança para estabele-cer as vias nas quais será possível compartilhar o prazer, trará dividendos para todos e, mais importante, para você.

Vestir o grande disfarce pode parecer um truque baixo de manipu-lação no início. Mas pode ser um jeito de testar as águas e verificar se você não seria realmente mais feliz e mais contente no trabalho usando alguma imaginação para expandir seus horizontes. Usar sua energia para organizar atividades ofensivas ou desagradar ao seu I-Chefe é contrapro-ducente. O principal propósito do grande disfarce é fincar os pés num caminho para a ressonância no local de trabalho, mesmo se a direção não for aquela inicialmente apontada por seus instintos.

Relaxe. Recue seus limites. Seja ousado. Vista o disfarce e faça seu local de trabalho mais amistoso para si mesmo. O que você tem a perder, além de algumas noites longas de cochilos torturados e ranger de dentes, enquanto seu I-Chefe dorme como uma pedra? Você pode sempre retornar ao estado atual, se ser mais feliz e menos ressentido é algo que não desperta seu interesse. A propósito, com o que está planejando substituir sua estupidez?

8

Uma parceria estratégica

Como deter o poder do idiota

É importante entender as artimanhas de alto nível das organizações porque elas engendram a atmosfera organizacional na qual você trabalha. As bobagens que acontecem na sala da chefia se espalham por todo o resto da população organizacional, às vezes lentamente, em outras vezes como uma inundação. Muito de seu sucesso em identificar o poder de seu I-Chefe vai depender de quanto você será capaz de dominar as regras de comprometimento não-escritas, não-verbalizadas e repudiadas que, na verdade, governam a vida organizacional.

Vamos começar com algumas questões de alto nível e descer gradualmente. Altos executivos não-idiotas que se descobrem atrelados a idiotas em posições de chefia abaixo deles na cadeia alimentar se vêem diante de um problema complexo. Como fazer a companhia funcionar, apesar dessas pessoas? Essa não era uma questão difícil quando todos se conheciam. Nos tempos de meu pai, você entrava em uma empresa assim que concluía a faculdade e ficava lá até se aposentar. Entre outras coisas, isso significava que você conhecia as pessoas. Elas progrediam juntas. Se certas pessoas eram idiotas, você dispunha de quarenta anos para descobrir o que fazer com elas, quinze anos, se fossem contratados recentes.

Hoje, cada vez menos executivos em posições elevadas nas organizações progrediram dentro da própria empresa. Atualmente, empresas recrutam externamente boa parte de seus altos escalões. E boa parte do médio escalão, também. A carreira de emprego único que nossos pais conheceram hoje é história.

Na paisagem corporativa instável e mutante dos tempos atuais, altos executivos devem lidar com como organizar, motivar e liderar os idiotas em suas forças de trabalho de forma a manter um ambiente de trabalho produtivo para os não-idiotas. A natureza dinâmica da administração superior apresenta uma série de novos problemas, e nenhum deles é o que acontece quando o executivo recém-recrutado é um idiota.

Recrutar e contratar altos executivos é uma questão de sorte. Se você parar para pensar nisso, por que executivos tão bem-sucedidos em suas atuais situações pensariam em levantar acampamento e mudar de emprego? Por que líderes eficientes que resolveram problemas, transformaram perdas em lucros, sintonizaram suas atuais organizações até todos os cilindros funcionarem perfeitamente e construíram confiança e moral do mais elevado nível, iriam desejar abandonar todas essas realizações para atuarem em uma organização deficitária?

Todos ouvimos as histórias lendárias sobre como construtores de impérios que ficaram entediados depois da imensa realização desejaram arregaçar as mangas e, encontrando argila bruta, construíram um novo império partindo do nada. Isso acontece mais nos filmes do que na vida real. É mais comum encontrarmos executivos mudando de emprego por não encontrarem nenhuma realização, apesar dos altos salários, dos bônus e dos benefícios incluídos no pacote de remuneração. Por que a ansiedade em partir? Por que suas diretorias não se esforçam mais para detê-los?

Se um alto executivo faz por uma companhia o que Jack Welch fez pela General Electric, ele se aposentará pela General Electric, como Welch. Se um executivo faz por uma companhia o que Michael Eisner fez pela Disney, você não verá outra empresa de entretenimento levando-o para seus quadros. Executivos saltam de uma companhia para outra quando estão verticalmente bloqueados e os saltos reabrem o teto. Na minha opinião, um executivo de malas prontas que está infeliz em sua atual posição, não está fazendo um bom trabalho e é esperto o bastante para sair enquanto as propostas ainda são boas.

No último exemplo, passa a fazer sentido o desinteresse do atual empregador em mantê-lo. Então, o que estará obtendo o novo empregador? Alguém com todas as credenciais esperadas, certamente. Alguém capaz de falar e agir como se houvesse sido criado para aquele posto. O que mais? A nova empresa pode estar contratando os problemas do antigo empregador? É possível que a desavisada nova companhia tenha levado um idiota para integrar seus quadros? Como executivo, tenho descarregado idiotas sobre empregadores desatentos e tive idiotas descarregados sobre mim. Verdade seja dita, todo mundo pode economizar dinheiro se as companhias construírem transportadores de pessoas para lançar os idiotas de um edifício para o outro.

Pessoas felizes se mudam?

Esses executivos estão satisfeitos em suas atuais posições? Aparentemente, não. São pessoas que recebem lealdade e vivem relacionamentos saudáveis e duradouros com seus colaboradores? Definitivamente, não. Estão dispostos a dar adeus aos subordinados e dizer: "Tenham uma boa vida, porque eu acabei de receber uma proposta salarial mais vantajosa?" É o que parece.

Em muitos casos, o novo e renomado executivo estava disponível e ansioso para realizar a mudança porque fracassou na tentativa de fazer progredir sua antiga organização. Estava preocupado com a possibilidade iminente de suas técnicas de contabilidade pouco ortodoxas utilizadas para maquiar os números serem desmascaradas, e porque sabia que era só uma questão de tempo até alguém apontar que a empresa estava quebrada.

Conheço um sujeito que está em sua quinta ou sexta presidência corporativa, sendo que cada uma delas durou aproximadamente dois anos antes de ser encerrada. Ele fica desempregado depois de cada mandato, ocasiões em que se mostra absolutamente incompetente. No entanto, há sempre outra companhia disposta a entregar a ele as chaves da presidência.

Ao primeiro sinal de que essa nova companhia está atenta a seus passos e que suas racionalizações não se sustentarão por muito mais tempo, ele convoca os *headhunters*, informa que está novamente no mercado e consegue passar de uma presidência a outra sem nunca sofrer as conseqüências diretas de sua incompetência. Duvido seriamente que os *headhunters* perguntem: "A propósito, por que está no mercado novamente tão depressa?" Não ouça o mal, não veja o mal, não fale no mal.

Poder

Muitas companhias produzem declarações de missões, manifestos e mantras eloqüentes. Você acreditaria se eu dissesse que muitas delas não operam de acordo com esses princípios? Poucos sistemas de valor organizacional voltam-se primeiramente para o serviço ao consumidor, a comunidade ou a população corporativa. A questão primária não é nem mesmo o dinheiro. Os ocupantes do poder estão preocupados mesmo é com o poder. Poder é mais do que dinheiro, é a habilidade de tomar ou influenciar grandes decisões que constroem ou destroem carreiras, fortunas e governos. Em Las Vegas, a suíte executiva seria chamada de sala das altas apostas.

Existem várias razões pelas quais os corretores de poder se transformam em corretores de poder. Por corretores de poder refiro-me aos membros da equipe ou qualquer um com autoridade para negociar posições de alto nível e comprometer porções significativas do erário da organização, não deles mesmos. O comportamento dos membros da diretoria na situação de afastamento do presidente chorão foi decididamente exagerado. Mas membros de diretoria em todas as partes são notórios por agirem com essa mesma estupidez, mesmo que não sejam tão melodramáticos.

É da natureza humana desejar que outros consertem as coisas. Sulistas ricos colocam essa situação mais ou menos assim: "Se você não quer fazer com as próprias mãos, contrate-o pronto". Membros de diretoria fazem o mesmo com a liderança da organização que eles governam. Contratam pronto. Não há nada de errado em contratar algo pronto até eles abdicarem de seus papéis de líderes do líder. Mas isso também é da natureza humana.

Quando crianças, sempre que nos machucávamos, queríamos que a mamãe desse um beijinho para fazer sarar. Adultos, quando temos uma dor ou um incômodo, queremos que o médico os faça desaparecer. Quando nossos automóveis deixam de funcionar perfeitamente, queremos que os mecânicos os façam funcionar bem novamente.

Quando crianças, não pagávamos nossas mães por seus zelos. Nossas lágrimas eram motivação suficiente para ela. Na idade adulta, com exceção do presidente da organização não-lucrativa que consegui levar às lágrimas, chorar não nos ajuda muito. Temos de pagar as pessoas que, esperamos, farão nossos problemas desaparecerem.

Encanadores e poder

Os encanadores sabem que o têm entre a cruz e a espada quando a torneira de sua cozinha começa a vazar. Embora disfarcem bem, os encanadores devem rir intimamente de orelha a orelha quando entram em sua casa e se deparam com um vaso sanitário transbordando. Eles sabem que você está fora do seu campo e desesperado. Você pagará qualquer coisa pela solução do problema. Não fosse pela competição capitalista, os encanadores estariam entre as pessoas mais ricas do planeta. Não que já não sejam, mas a existência de outros encanadores nas páginas amarelas ajuda a controlar os preços de seus serviços.

Os encanadores não fazem muitos serviços que a maioria das pessoas não possa fazer sozinha. É o que você aprende quando decide se tornar um faz-tudo em sua própria casa. Em vez de pagar um encanador para consertar seu vaso sanitário entupido, você arregaça as mangas, enfia o braço lá dentro e resolve o problema sozinho. Você aprende até a consertar vazamentos, trocar torneiras e realizar outras atividades de melhoria doméstica que não causam prazer algum além da economia de dinheiro.

Encanadores e executivos de alta remuneração têm mais em comum do que o pagamento generoso. Membros de diretoria e conselhos de organizações defeituosas e pessoas com vasos sanitários entupidos em suas casas também têm muito em comum. Conselheiros e diretores são capazes de tomar decisões sólidas e contratar líderes que ingressarão em suas companhias e levarão a população organizacional a formar equipes altamente eficientes e lucrativas. Mas muitos desses diretores e conselheiros não consideram a população organizacional integrantes de equipes potencialmente geradoras de lucro e eficiência. Eles olham para as organizações de baixo rendimento como se fossem vasos sanitários entupidos.

Como não se sentem preparados para arregaçar as mangas, enfiar o braço lá dentro e remover o que quer que esteja impedindo o fluxo normal de água, esses indivíduos contratam um novo encanador. O novo encanador, sabendo que a diretoria só quer alguém para desentupir a organização, cobra um braço e uma perna, e promete encanamento livre em tempo recorde. Os diretores, que não estão gastando o próprio dinheiro, mantêm as mangas abaixadas e concordam rapidamente com o braço e a perna solicitados.

Os boletins anunciando grandes indicações são redigidos em linguagem contemporânea, positiva, corporativa e orientada para o futuro. Mas o boletim não descreve nada mais sofisticado do que a analogia do encanador. Faça a pesquisa, rastreie as idas e vindas dos executivos, desenhe gráficos de sua compensação e compare todos esses dados ao desempenho de suas companhias. Você vai acabar assentindo e resmungando "encanadores".

O fluxo livre da responsabilidade

Às vezes o novo encanador/executivo é capaz de resolver os problemas, às vezes não. Na maior parte do tempo isso não tem importância. O novo executivo deve ser mais talentoso em fazer parecer que os problemas estão sendo solucionados e as coisas estão mudando, quando nada disso está ocorrendo. Isso é sempre suficiente para satisfazer a diretoria. Meu presidente chorão nem precisou convencer sua diretoria de que era capaz de solucionar problemas. Eles pareciam estar satisfeitos com seu aparente árduo esforço.

Diretores costumeiramente negam a ineficiência de seus novos executivos, o que torna muito mais fácil para os executivos ineficientes falsificarem sua competência. Às vezes os novos executivos permanecem por algum tempo, recebem o dinheiro e depois vão embora, sem terem desentupido o vaso sanitário. Você vai se espantar ao ler que outro conselho em outra empresa contratou aquele mesmo executivo, provavelmente por mais dinheiro do que ele recebia em seu emprego anterior.

Quanta confiança se pode ter realmente em um alto executivo que negocia um pagamento real antes de realizar coisa nenhuma, e recebe esse pagamento real mesmo sem fazer aquilo a que se propôs ou, pior, causar mais problemas? É de se perguntar o que acontece na cabeça desses diretores e conselheiros para que não percebam que o superexecutivo por eles contratado está usando a organização como refém, esperando apenas o pagamento de seu saco de ouro para ir embora e repetir a operação em outro lugar.

Os diretores pensam: "Caramba, será que cometemos um terrível engano?" Duvido. É mais provável que eles digam: "Esse problema é obviamente mais complexo e desafiador do que imaginávamos em princípio. Precisamos contratar uma empresa de recrutamento para nos ajudar a identificar alguém mais adequado para fazer passar nossa dor".

É assim que alguns diretores elevam a outro nível a negação e a evasiva. Eles escalam suas torres de marfim em pensamento e elevam as apostas. Gastam quantias ainda maiores do dinheiro de outras pessoas para localizar um executivo que exigirá ainda mais dinheiro antes mesmo de erguer um dedo, incluindo nesse pacote os bônus negociados pela empresa de recrutamento. Soa insano, mas acontece todos os dias.

Outros fatores

Diretores também são impacientes. Eles procuram basicamente indicadores financeiros de curto prazo para justificar seus movimentos. Servir aos interesses de longo prazo da população organizacional vem bem abaixo na lista. Eles dirão que os acionistas exigem o desempenho financeiro. No entanto, muitos acionistas, bem como empregados detentores de ações da companhia, estão preparados para investir no sentido mais amplo da palavra. Isso significa que as pessoas às quais os diretores afirmam estar satisfazendo preferem o crescimento em longo prazo, não os reparos rápidos, caros e trabalhosos. Historicamente, organizações que investiram acima de tudo no crescimento e no desenvolvimento de seus integrantes têm um melhor resultado financeiro do que aquelas que não se ocupam disso.

Sua cruz e a espada

Você pode olhar para toda a impaciência, a negação, as evasivas e as mentiras que ocorrem nos mais altos níveis de empreendimento americano e tornar-se cínico e ressentido. Ou você pode dizer "Bem, então tudo bem" para tudo isso. Quer você entenda completamente ou não, é assim que acontece. Um sujeito que conheci recentemente descreveu "ressentimento" como beber veneno e depois esperar que outro morra. Não há ressentimento aqui. Não há cinismo também. Só realidade.

Seu desafio consiste em descobrir o que fazer apesar da impaciência, da negação, da evasiva e das mentiras existentes em nossas organizações. Está aí, em algumas companhias mais do que em outras. Mas está aí. E cenários desenvolvidos em andares executivos replicam-se em cenários menores nos escritórios da administração em todos os lugares. Deixar de lutar contra eles e unir-se a eles não significa adotar seus valores. Significa aprender como operar de maneira eficiente em seu ambiente. Enquanto estiver nadando no mesmo aquário, não há como evitar idéias éticas e comportamentos que o cercam.

Beber veneno

Esqueça a justiça. Isto é trabalho de Deus. Fui obcecado por justiça durante boa parte da minha vida, e isso quase me matou. Só depois de me tornar um idiota em recuperação aprendi como minha busca pela justiça era um disfarce para minha insistência em estar certo. Olhando para trás, para minha trajetória profissional em serpentina, posso perceber como minha insistência em estar certo (ou busca pela justiça, se você preferir) causou um desastre após o outro.

Depois de tornar-me independente, recebi um telefonema de um antigo amigo, vendedor de produções e duplicações de vídeos que teve uma oportunidade em uma grande empresa do ramo. Seu cliente potencial queria começar com programas de treinamento em áudio para as equipes de vendas. Meu amigo não tinha nenhuma experiência com programação de áudio, por isso apresentamos seu prospecto com uma variedade dos mais famosos livros em fita que eu havia produzido, e o cliente assinou o contrato imediatamente.

O vendedor me convidou para produzir a programação de áudio e, quando o cliente se interessasse em utilizar também o vídeo, eu ficaria responsável por essa programação, também. Escrever, dirigir e produzir filmes e vídeos voltados para a educação na empresa gerou a maior parte dos meus rendimentos depois de me tornar independente, e eu mantinha uma extensiva lista de clientes nacionais e internacionais. Tudo funcionava bem, e escrevi a primeira produção de vídeo encomendada pelo cliente, além de produzir o áudio-boletim mensal para a equipe de vendas.

Mais ou menos um mês depois, durante uma sessão de gravação de áudio, o cliente mencionou que não estava muito satisfeito com o roteiro de seu novo vídeo. A notícia me pegou de surpresa. Não o fato de ele estar descontente, mas a encomenda de um novo vídeo. Interroguei meu velho "amigo" sobre o assunto e ele me explicou que preferia sempre manter tudo em casa, desde que fosse possível. Depois de ser por mim relembrado sobre nosso acordo (verbal) sobre a conta em questão, ele me respondeu que iria "tentar" me deixar escrever os roteiros de vídeo.

Comentei como minhas produções de áudio haviam sido o fator determinante para que ele conquistasse o contrato daquela empresa e anunciei diretamente que não me havia esforçado daquela maneira em troca de suas tentativas. Esperava que ele cumprisse sua parte no acordo, não que "tentasse" cumpri-la. Ele prometeu cumprir o que havíamos acertado, e parti com a sensação de ter recebido a justiça e obrigado meu "amigo" a reconhecer que eu estava certo.

Várias semanas mais tarde descobri que às dez horas da manhã seguinte ao brilhante confronto, ele havia visitado o cliente, informado que eu estava abandonando o projeto e o convencido a contratar outro produtor de áudio para fornecer serviço ininterrupto, apesar do meu comportamento "pouco profissional".

Se você já esteve em uma disputa na qual seu cliente é o único árbitro, deve saber que esse foi um movimento brilhante da parte dele. Xeque-mate. Quando a poeira baixou, eu havia perdido três ou quatro anos de trabalho bem remunerado. Por ter sido um acordo verbal, eu não tinha muitas chances de sucesso num litígio.

Se fiquei amargurado? Sim. Se foi injusto? Certamente. Se fui manobrado por um jogador superior? Um urso é capaz de enxergar uma cesta de piquenique no parque Yellowstone? Fiquei magoado com a manobra diabólica de um colega de ramo para economizar algum dinheiro à minha custa. Mas fui eu quem entrou atrevidamente em seu escritório buscando por justiça, rasguei minha garganta de orelha a orelha e perdi todo o dinheiro. Bebi o veneno e esperei que ele morresse. Em vez de morrer, ele agiu rapidamente e até mais diabolicamente para assegurar minha morte.

Faça seu movimento... positivamente

Ser obcecado por justiça é algo que diz respeito a você e a seus assuntos de infância mal resolvidos relacionados à justiça. A justiça é grande, maravilhosa, e estar certo é uma delícia. Mas ponha sua máscara de oxigênio antes de ajudar outras pessoas a colocarem as delas. Sua primeira obrigação é posicionar-se de forma a obter máxima eficiência na organização para a qual decidiu trabalhar.

Vamos presumir que um executivo centrado na equipe chegou ao topo em sua companhia, ou que a diretoria conseguiu contratá-lo, apesar deles mesmos. Pode acontecer. O que o novo executivo faz com os idiotas que herdou? É um problema. I-Chefes raramente fazem o suficiente de alguma coisa para se meterem em encrencas com o RH. Eles também não realizam nada de benéfico para a organização como um todo. Mas fazer nada de particularmente bom não é causa suficiente para demissão no mercado de trabalho litigioso de hoje.

Se você utiliza algumas das técnicas de empatia discutidas em capítulos anteriores, o indivíduo no topo pode ficar eternamente grato. O I-Chefe sob a liderança de um executivo eficiente é uma força potencialmente positiva, porque a pessoa no topo quer criar um cenário produtivo em uma cultura de encorajamento. Se você contribui para isso, seus esforços provavelmente serão reconhecidos e recompensados. Você pode ser parte da solução que o chefe deseja e, ao mesmo tempo, fazer a si mesmo alguns favores políticos.

Isso pode ocorrer de várias maneiras. Uma pessoa ambiciosa estuda o que pessoas bem-sucedidas fazem e tenta obter o mesmo resultado a partir de esforços similares. Uma pessoa inteligente estuda o que pessoas bem-sucedidas fazem e depois tenta obter os mesmos resultados a partir de esforço alheio. Seu trabalho é fazer seu I-Chefe parecer inteligente. Aceite contribuir com um bom trabalho pelo qual seu I-Chefe receberá o crédito. Você tem um outro chefe, aquele superior, que é inteligente e centrado nas pessoas. Ele logo reconhecerá que o trabalho produtivo concluído pelo departamento do idiota não está sendo realizado pelo I-Chefe, mas por seus subordinados talentosos e trabalhadores.

Se o chefão não reconhece a verdade imediatamente, dê algumas dicas. Ofereça-as na forma de um elogio. Diga ao chefão: "Eu certamente aprecio como meu chefe me dá apoio e estímulo para completar esses projetos dentro do prazo e do orçamento previstos". Se o chefão tiver metade de um cérebro, ele reconhecerá que seu I-Chefe não teve nenhuma participação nos seus esforços bem-sucedidos e deve ter sido uma pedra amarrada em seu pescoço enquanto você tentava nadar através do canal.

O chefão quer que o departamento funcione bem, por isso apreciará suas contribuições nesse sentido. Se ele não notar tais sutilezas, insista em ser sutil e consistente. Se ele ainda não perceber nada, você pode não ter o aliado bem-intencionado que imaginava ter. Se for esse o caso, e você estiver mantendo as coisas positivas enquadrando seus comentários como elogios ao I-Chefe, você não perdeu nada nem deixou um gosto amargo na boca de alguém.

Emoldurando toda sua propaganda pessoal num contexto positivo, você abre a possibilidade de um chefão realmente inteligente começar a gostar de tê-lo por perto. Isso pode significar uma promoção. Pessoas positivas gostam de estar perto de outras pessoas positivas. No melhor de todos os mundos possíveis, o chefão pode reconhecer que você está sendo estrategicamente positivo e assertivo. Notando sua astúcia política tão avançada, ele pode pensar "Hummm, esse é o tipo de pessoa de que preciso no meu Time A".

Ser positivo nunca faz mal a ninguém, a menos que seu chefe seja um masoquista, sádico ou maquiavélico. Nesses casos, é melhor simplesmente desaparecer, literalmente ou no sentido figurado. Ser negativo também não ajuda com esses tipos, a menos que você esteja atacando os bons. Ser uma constante irritação não vai colocá-lo no Time A de ninguém. Via de regra, você sempre terá chances melhores embarcando em um vagão positivo para a origem do poder organizacional de seu I-Chefe.

Aprenda a linguagem dele

Independente das razões pelas quais os I-Chefes estão no comando, o fato é que eles estão. Você pode usar artes marciais ou seu próprio peso e velocidade como armas contra eles. Ou pode pensar de maneira mais positiva e aprender qual é a melhor posição para estar no confronto com seu I-Chefe. Comece estudando o que seu I-Chefe considera ser positivo. Nunca presuma saber. Isso vai além de simplesmente estudar seus *hobbies* e interesses. É mais profundo, relacionando-se à linguagem falada e não falada.

Observe a rotina e os rituais de seu I-Chefe para descobrir quais são seus comportamentos de autoconforto (e suas fraquezas e vulnerabilidades, portanto). Sobre o que ele gosta de conversar? Que tipo de termos seu I-Chefe utiliza quando está sendo positivo? "Espantoso" é muito comum quando I-Chefes estão tentando superestimar alguma coisa. "Incrível" também é usado, embora se aproxime da máxima capacidade silábica para muitos I-Chefes. Sempre que a palavra "realmente" for empregada para preceder qualquer coisa, seu objetivo é adicionar mais peso ao adjetivo, como em "realmente espantoso".

"Grande", "super", "totalmente" e "inacreditável" são indicadores confiáveis de que o I-Chefe gosta de alguma coisa. Quando ele diz que alguma coisa é "boa", está mentindo. Ninguém diz que algo é "bom" a menos que pense que pode e deve ser melhor. Dizer "estamos fazendo bons progressos" é uma forma delicada de dizer "precisamos fazer mais do que isso ou estamos encrencados". Aprenda esses termos e comece a associá-los estrategicamente com coisas sobre as quais deseja que seu I-Chefe seja mais positivo, como o trabalho que você está fazendo.

Preste atenção aos superiores de seu I-Chefe e estude cuidadosamente como eles:

a) o insultam quando ele não está por perto.
ou
b) o agradam quando ele está por perto.

Subtraindo B de A, você descobrirá quanto ele é útil para seus superiores. Se eles o insultam quer ele esteja ou não por perto, não perca seu tempo tentando resgatá-lo, porque esse é um caso perdido. Se I-Chefes são tratados com respeito por seus superiores, estejam eles presentes ou ausentes, você sabe que seus superiores são indivíduos decentes e prova-

velmente o tratarão com justiça, também. O pior lugar para criticar abertamente seu I-Chefe é na presença daqueles que podem fazer o mesmo,
mas preferem não fazê-lo.

Em seguida, preste atenção a como seus pares:

A) insultam seu I-Chefe quando ele não está por perto.

ou

B) o insultam quando ele está por perto.

Subtraindo B de A você vai descobrir que noção ele tem da realidade.
Muitos I-Chefes não sabem quando são objetos de piadas. Nesses casos,
os sádicos em profusão no escritório terão um prato cheio com os pobres
e desavisados I-Chefes. É sempre uma boa idéia evitar o constrangimento cínico de um I-Chefe, por mais tentador que pareça. Caso o I-Chefe
algum dia esteja em situação de ajudá-lo, é sempre aconselhável manter
uma aparência entusiasmada no relacionamento. Mais que isso, você não
quer ser observado pelos superiores de seu I-Chefe enquanto o constran-
ge. Isso não ajudaria em nada a pôr em prática eventuais planos que eles
possam ter para o futuro.

Quando o chefão não é amigável

Considero antes o cenário mais fácil, aquele em que o alto executivo
é esclarecido, amistoso e apóia o pessoal dedicado e esforçado. Como
você deve ter deduzido a partir da imagem nítida que pintei ao descrever
as práticas de contratação em muitas organizações, é mais provável que
encontre um executivo que o veja como pouco mais do que uma engre-
nagem no grande motor da vida... se ele o vir. Nesses casos, seu I-Chefe
também não receberá muito estímulo ou apoio.

É afundar ou nadar. Empregados demitidos hoje em dia são uma in-
cógnita, e por isso muitos executivos permitem que o fundo da piscina
fique cheio de corpos daqueles que afundaram, contratando novos corpos para substituí-los. Você pode exercer sua prerrogativa de tornar-se

desgostoso, ficar zangado, enfraquecido e ressentir-se contra a nova administração. Ou você pode pôr seus talentos recém-adquiridos em bom uso e explorar a situação em proveito próprio.

Tente engendrar esquemas e planos que estejam em concordância com as ambições do chefão e transmita-as a seu I-Chefe na forma de apresentação. Ele pode não entender o que você quer fazer, e por isso a operação deve ser tratada com delicadeza e cuidado. Se você puder reunir um bom material e certificar-se de colocá-lo na sala de seu I-Chefe, o próximo passo será deixar "vazar" para os seus superiores a informação de que seu I-Chefe tem coisas muito interessantes a caminho.

Conforto, apoio e encorajamento o levarão muito mais longe com seu I-Chefe do que ressentimento e cinismo. Construir um relacionamento com seu I-Chefe requer que você tome a iniciativa e faça todo o trabalho. A pesquisa, a estratégia, o planejamento e a execução paciente de cada passo estão sobre seus ombros. Mas isso é o mais próximo que você vai chegar do controle. Se quer investir em sua carreira, apesar dos idiotas no caminho, você deve seguir essa abordagem.

Encarando a crítica

As pessoas cínicas e negativas de sua área ficarão ressentidas por você não mais se juntar a elas nos ataques ao I-Chefe. Elas podem perder a confiança em você por ter iniciado contato com ele. Tudo bem. Esta é sua oportunidade de apontar como o trabalho que vocês estão fazendo contribui para com o progresso da organização, ou, pelo menos, sua pequena parte nela, de forma valiosa. A alternativa é continuar andando em círculos, o que é característico de um departamento liderado por um I-Chefe, ou, pior, refazer o relatório de médio prazo mais uma vez.

O que você está fazendo é assumir a tarefa de estabelecer o propósito do departamento baseado em parte no que você descobriu sobre os propósitos do chefão. Mais importante, você está formulando essa agenda levando em conta o que acredita ser digno de valor. Você faz tudo isso com boa vontade, é claro, sempre fazendo seu I-Chefe pensar que a idéia é dele. Tudo isso se tornou possível graças a seu recém-desenvolvido conjunto de habilidades de administração.

Se for tratado de maneira apropriada, você pode até se tornar um defensor para os colegas. A menos que estejam terrivelmente desencaminhados, o que é sempre uma possibilidade, eles vão preferir estabelecer a própria agenda de trabalho a saltarem alegremente e agarrarem toda e qualquer proposta mutante do I-Chefe. Se puder forjar uma parceria estratégica com seu I-Chefe na qual seja capaz de influenciar as prioridades do departamento, você será o mais novo melhor amigo de seus colegas de trabalho.

Quem é você realmente?

Onde e quando você se posiciona em sua encruzilhada e grava sua visão de mundo no interior de sua cabeça? Onde tomou as decisões que agora informam suas atitudes sobre justiça e significado no local de trabalho? Muitas pessoas nunca têm saudade dos tempos em que seu contexto pessoal foi emoldurado e sua fundação profissional foi construída. No entanto, é lá que suas atuais atitudes quanto ao trabalho e lazer, dever e destino, e a família *versus* carreira estão ancoradas.

Estagnação no desenvolvimento significa negócios por terminar. Se não completamos com sucesso nossas fases de desenvolvimento, não amadurecemos por completo. Mais especificamente, pessoas que não completam de maneira adequada suas fases de desenvolvimento podem desenvolver maus hábitos enraizados nessas questões por concluir. Esses maus hábitos vão levar os outros à loucura (no sentido não-clínico).

Nunca é tarde demais para terminar o que ficou por concluir, e o mundo será eternamente grato. Portanto, é uma boa idéia olhar ao redor e descobrir o que realmente o faz vibrar. Feito isso, você saberá como se tornar uma aquisição, em vez de ser um prejuízo, um amigo em vez de um estorvo, e um verdadeiro parceiro estratégico para seu I-Chefe. Como com todo o resto, você deve fazer esse exercício, porque ele não o fará.

Sentindo o cheiro do café

A experiência de trabalhar para um idiota pode ter sido sua inspiração para comprar este livro. Espero que você o termine com um forte sentimento de estar realmente trabalhando por si próprio, e que sua satisfação — ou a falta dela — só depende de você. Lembro-me da primeira vez em que me vi na encruzilhada entre a rebeldia adolescente e a maturidade. Digo "a primeira vez", porque minha imaginação arrogante levou-me de volta àquela mesma encruzilhada mil vezes depois disso.

Meu companheiro de quarto em Wartburg College, Hector, estava estudando completamente patrocinado pelo pai. Eu estava lá com meio patrocínio, trabalhando em vários tipos de emprego, com o único objetivo de fazer economia o mês inteiro para esvaziar minha conta bancária com uma única assinatura no dia do pagamento da mensalidade. Mesmo pagando apenas metade dos custos da faculdade, eu me sentia moralmente superior a Hector. Na minha opinião, meu direito de protestar contra a política de administração do campus era comprado e bem pago, e o dele não era, a menos que ele estivesse votando com a procuração dos pais.

De qualquer maneira, Hector era orgulhoso e ruidoso. Já notou como os decepcionados no local de trabalho são os mais ruidosos e parecem menos constrangidos em verbalizar suas queixas? Como muitas das pessoas com as quais trabalhei ao longo dos anos, Hector não fez nenhuma distinção entre o que queria e o que pertencia a outra pessoa. Durante a fase Hector da minha vida ainda era legal fumar, e eu mantinha um maço de cigarros na minha gaveta da cômoda. A gaveta de baixo da cômoda continha latas de refrigerante que eu comprava no supermercado para não pagar mais caro nas máquinas do campus.

Hector se servia de meus cigarros sem pedir minha autorização, mesmo quando eu estava presente. O mínimo que ele podia fazer era esperar que eu saísse, para então abrir minha gaveta e pegar meus cigarros. Mesmo sendo avesso a confrontos, disse a Hector para ir comprar seus próprios cigarros.

Abordar o assunto diretamente, como com os colegas de trabalho, é uma prática saudável. Mas não se surpreenda se reafirmar um limite não for suficiente para detê-los. Para aqueles ainda retidos na rebeldia adolescente, não há mal algum em tirar proveito da iniciativa alheia. Se o acesso é negado aqui, dê a volta e simplesmente entre pelo outro lado.

Fiquei agradavelmente surpreso e fortalecido quando Hector seguiu meu conselho e começou a comprar seus próprios cigarros. Num estratagema muito sagaz para assegurar que eu nunca roubaria seus cigarros, ele comprava Pall Mall sem filtro, algo a que nenhum humano atearia fogo. Ele foi direto ao afirmar que comprava aquela coisa horrível para que ninguém os roubasse. Com que freqüência as pessoas no escritório se recusam a aceitar tratamentos que dispensavam aos outros?

Quando eu estava começando a pensar que havia ajudado Hector a fazer um progresso, notei meu estoque de refrigerantes diminuindo muito mais depressa do que eu os consumia. Satisfeito por ele não estar mais roubando meus cigarros, resisti à idéia de que ele poderia estar bebendo meus refrigerantes. Mas, como o estoque continuava minguando, encarei a opção de confrontá-lo novamente ou simplesmente subsidiar seu consumo de refrigerante. Ainda animado com meu recente sucesso de modificação de comportamento na questão dos cigarros, eu o confrontei e descobri que ele não estava bebendo meus refrigerantes.

Ele os estava vendendo para conseguir o dinheiro com que comprava os cigarros. Em minha tentativa de instilar algum senso de responsabilidade pessoal em Hector, meus melhores planos fracassaram. Eu nem havia terminado de fechar a porta e ele já encontrava uma janela por onde poderia entrar.

Cuidado com seus associados

Você não precisa ser um ativo praticante da rebeldia adolescente para ser tragado por sua correnteza. Já se viu envolvido em uma reunião de reclamações no trabalho, perguntou-se como havia ido parar lá e desejou nunca ter entrado naquela sala? Depois de assistir à cobertura da televisão sobre os radicais do campus atuando em locais como Columbia e Berkeley, reuni-me com o grupo de amigos intelectuais e elitistas de Hector numa determinada noite, para tentarmos conjurar uma forma de levar nosso plácido e pequenino campus ao centro de toda aquela atividade. Eles buscavam ansiosamente algo que pudesse despertar sua indignação ultrajada.

Uma coisa levou à outra, e decidimos enfrentar a administração do campus. Embora a maioria dos alunos do campus não estivesse entre nós naquela noite, decidimos que a faculdade não estava distribuindo bolsas integrais em quantidade suficiente para os estudantes menos privilegiados.

Numa incomum demonstração de carisma, que em retrospecto parece ter sido um caso de sorte e azar, fui apontado como porta-voz do grupo. Aceitei o papel relutante e liderei as três dúzias de estudantes, mais ou menos, numa passeata de um quarteirão até a reitoria às duas da madrugada. Havíamos levado todo esse tempo para decidir contra o que desejávamos protestar.

Cercado por estudantes enfurecidos, eu bati na porta da frente. Uma luz se acendeu lá dentro, a porta se abriu alguns centímetros, e a esposa do reitor espiou pela abertura. Foi quando a luz começou a se tornar mais brilhante no interior da minha cabeça. Ver aquela mulher baixinha com rolos nos cabelos segurando o roupão para proteger-se do ar frio da noite fez-me pensar: "O que está fazendo, John?" Mas era tarde demais. Eu havia atravessado a fronteira. Tinha quase quarenta estudantes mimados de classe média olhando para mim em busca de liderança. Quando você se vê embaraçado por suas ações ou por ter se associado a um movimento popular no trabalho, essa é sua dica para sair. Seus colegas protestantes vão choramingar e reclamar, mas é melhor desistir assim que reconhecer seu constrangimento a mergulhar ainda mais fundo nele.

Enquanto devia estar na cama, com meu relógio despertador programado para disparar a tempo de me fazer estar presente na aula das oito da manhã, eu estava parado diante da porta do reitor anunciando nossa queixa, exigindo que nos fosse permitido falar com a administração. Ele concordou em receber uma delegação de alunos à uma da tarde seguinte na União dos Estudantes. Se fosse mais esperto, teria marcado a reunião para as oito da manhã. Nenhum de nós teria aparecido, e o encontro teria durado sessenta segundos.

No dia seguinte, quando os administradores se sentaram, um grupo de alunos sonolentos e cansados se reuniu naquela sala ocupando todos os lugares no chão, sobre os móveis e encostados nas paredes. Para minha surpresa, o diretor da graduação olhou para mim e convidou-me a ser o moderador. Ele suspeitou corretamente que o diálogo poderia se tornar rapidamente desordenado e improdutivo. Como presidente de classe e líder eleito daquele grupo de rebeldes, ele achava que eu poderia ter alguma medida de influência sobre o grupo.

Antes mesmo de começarmos a sessão, senti uma intensa necessidade de me desculpar. Percebi que garantir mais bolsas de estudo para estudantes poderia ser uma aquisição mais simples se realizada pelos canais competentes, isso se tivéssemos a maturidade, a disciplina e a paixão necessárias para seguir por esse caminho. Daquela forma, éramos apenas estudantes rebeldes agindo por impulso, quando devíamos estar lutando genuinamente por uma causa válida.

Nosso grupo de alunos em Wartburg College não sabia o que significava disciplina paciente na luta por uma causa maior. Não sabíamos sequer soletrar *sacrifício*. Por maiores que fossem os méritos da liberdade e da justiça, o objetivo daqueles jovens era ser tão ruidoso e perturbador quanto possível. Agir por impulso e causar desordem geral é a manifestação adolescente que equivale à birra de uma criança de dois anos de idade. Apesar do meu esforço para manter a ordem, a reunião tornou-se barulhenta e desorganizada. Hector não perdeu a chance de ser ríspido, grosseiro e desrespeitoso com os administradores. Ele saboreou cada minuto da situação, parando apenas durante o tempo necessário para acender outro Pall Mall.

De repente, minha questão inicial emergiu. Senti que, se alguém tinha o direito de causar comoção no campus, essas pessoas eram aquelas que pagavam parte de suas mensalidades em dinheiro ou suor. No entanto, as vozes mais altas e cáusticas eram as de Hector e outros que não realizavam nenhum investimento pessoal na faculdade, exceto o de estarem ali. De acordo com minha experiência no local de trabalho, aqueles que mais têm direito de protestar são, normalmente, os que menos o fazem.

Aquela sessão caótica e furiosa com os administradores do campus foi uma experiência transformadora para mim. Quando ocorreu a sua? Quantas você teve? Admito que não aprendi tanto quanto poderia e deveria de cada experiência transformadora em minha vida. Mas, falando por mim, quanto mais dura a cabeça, maior é o número de batidas necessárias para chamar sua atenção. Quando adotar uma causa, que pode ser defender os princípios que você julga serem importantes no local de trabalho, espero que as pessoas que olharem em seus olhos vejam o motivo real, não a manifestação da birra de um adolescente velho demais.

Antes e agora

É surpreendente a quantidade de Hectors que ainda encontro em organizações por todo o país. Eles existem em todos os níveis. Às vezes são representantes de sindicatos, às vezes são vice-presidentes. Como todos os outros, quanto mais poder eles têm, mais danos podem causar. Apesar de sentir que tinha todo o direito de protestar contra a política de administração da faculdade cuja mensalidade eu ajudava a pagar, tive de recuar e abrir mão do ressentimento. Existem Hectors em todos os lugares, pessoas que não colaboram com o sistema, mas reclamam o direito de protestar contra ele, de fazer exigências.

Se me ressinto contra todos que, na minha opinião, não conquistaram o direito de fazer o que fazem, dizer o que dizem e receber o que recebem, acabo paralisado pela minha raiva e pelo sentimento de injustiça. E quem sofre? Se você conquistou o direito de se expressar pelas enormes contribuições que já fez, eu o aplaudo. Mas sabe de uma coisa? Outros que não fizeram tais contribuições se farão ouvir da mesma maneira, e serão reconhecidos. Acostume-se com isso. Melhor ainda, para sua sanidade, supere isso. Mude seu foco para as formas pelas quais pode contribuir ainda mais. Isto é ser honesto com sua natureza. Culpar seu I-Chefe não é.

Embora muitas pessoas façam pouco para conquistar respeito, ninguém merece ser tratado desrespeitosamente. Como minha técnica cronicamente atrasada na Disney, precisamos ser lembrados de tempos em tempos que contribuímos com a organização porque fazer nossa parte é parte do grande esquema, o esquema que beneficia muitas pessoas. Lidar com I-Chefes pode levá-lo a morder a própria boca, por isso respire fundo, conte até dez e solte o ar lentamente. Mas superar não significa desistir. Não há razão para aceitar seu quinhão sem fazer alguma coisa a respeito de um jeito pró-ativo.

Se você escolhe permanecer passivo, aceitando cegamente o que seu I-Chefe diz e faz para depois se queixar, devo presumir que se queixar acende seu pavio. Dessa forma, você não está se ajudando nem vai ajudar as pessoas que o cercam. Você leu até aqui e tem informação demais para simplesmente aceitar um relacionamento com um I-Chefe baseado apenas nos termos dele. Você não vai se esforçar e agir pelo bem dele, a menos que escolha esse caminho. Está agindo assim por você e por aqueles que o cercam e se mostram dispostos a compartilhar de sua atitude.

O oitavo passo:

"Fazer uma lista de todas as pessoas que posso ter prejudicado com minha estupidez e me preparar para corrigir esses erros com todas elas."

Alguém tem a lista telefônica do Hemisfério Ocidental? À primeira vista, esses passos para a recuperação parecem estar me puxando na direção oposta de minha emergente coexistência com meu I-Chefe. De qualquer forma, à medida que minha compreensão cresce, tudo vai se entrelaçando numa espécie de tapeçaria cósmica. A estupidez que venho descrevendo até aqui não só me feriu, como também dificultou a vida para outras pessoas. Você não gostaria que seu I-Chefe tivesse tal revelação? Você escolheria "Eu pelo meu próprio bem", ou "Eu primeiro, quem quer vir comigo?" Os passos me ajudaram a perceber a diferença.

Eu costumava me debater contra a injustiça das políticas do escritório. Coisas que eu considerava injustas podiam me manter acordado por noites e noites. Aquele absurdo sobre o presidente chorão e seu conselho de diretores me causou uma insônia mais longa do que todas as outras. Antes disso, houve ocasiões em que senti ser minha obrigação moral expor meu I-Chefe como um estúpido. Mas nenhuma de minhas queixas atingiu o I-Chefe. E nenhuma delas me ajudou.

Por mais que me sentisse compelido a expor as coisas pelo que realmente eram e forçar a mão da justiça, aprendi que é mais importante manter a compostura. A discrição é realmente a melhor parte da coragem. Posicionarmo-nos de forma apropriada com relação ao I-Chefe requer um constante radar de posicionamento. Se ficamos entre as luzes de navegação, não só sobreviveremos à vida com um I-Chefe como podemos prosperar.

Por não podermos mudar nosso I-Chefe diretamente, examinar como poderíamos ter impingido prejuízos e inconveniências típicos de I-Chefes a outras pessoas vai nos ajudar a manter a perspectiva e desenvolver uma estratégia para sobreviver e prosperar, apesar da nossa situação. Fazer uma lista de pessoas a quem devemos desculpas e reparações, mesmo que nunca as façamos de fato, é um excelente meio de abrir os olhos. Se você quer mesmo transformar sua atitude com relação ao I-Chefe e desenvolver parceria estratégica (embora discreta) com ele, comece transformando-se no tipo de parceiro que gostaria de ter.

9

Discurso idiota:
como falar com seu I-Chefe

O nono passo:

*"Fazer reparações a todas as pessoas que posso
ter prejudicado com minha estupidez, a não ser que
entrar em contato com elas coloque minha vida em risco."*

Citar uma clássica canção *country*, mesmo para um I-Chefe que pode não saber exatamente o que ela significa, não é um comportamento apropriado para quem quer investir na carreira. Se você quer se livrar do fardo que trabalhar para um idiota pode representar, se quer libertar-se da culpa opressiva de odiar seu I-Chefe, se gostaria de restaurar a energia e o entusiasmo que antes levava para o trabalho, tenho boas e más notícias. A boa notícia é que você pode mudar todo o relacionamento com seu I-Chefe. A má notícia é que você precisa fazer algumas reparações relacionadas a ele.

Não se preocupe: ele provavelmente nunca perceberá o que você está fazendo, a menos que o encare e diga diretamente: "Desculpe, pensei que você fosse um idiota". Aplicar as técnicas que venho mencionando em todos os capítulos vai fazer com que ele se sinta melhor em sua companhia, e, de maneira geral, você se sentirá melhor. Assim, ele passará a tratá-lo melhor depois da execução de sua estratégia.

Fazer reparações a seu I-Chefe, fazer com que ele se sinta melhor, tem muito a ver com a linguagem. Se as palavras que escolhemos usar ou omitir de uma conversa revelam muito sobre quem somos e nossas atitudes e crenças, nossas ações são verdadeiras enciclopédias. Uma pesquisa conduzida pelo professor emérito de psicologia da Universidade da Califórnia, Albert Mehrabian, determinou que as palavras representam 7 por cento de uma mensagem cara a cara. Inflexões verbais representam 38 por cento, e a expressão facial responde por 55 por cento.

A análise do dr. Mehrabian não mencionou os gestos italianos ou os sinais de mãos tão comuns no trânsito na hora do *rush*, circunstâncias em que as palavras são desnecessárias, mas sua teoria foi bem colocada. Não são as palavras que você diz, mas como as diz. Se você franze a testa ao dizer para seu I-Chefe que está prestes a atirar o monitor do seu computador pela janela, ele vai se atirar sob a mesa. Se você diz a mesma coisa sorrindo, ele abrirá a janela para você.

A linguagem corporal raramente induz ao erro. A secretária que se atirava sobre a mesa na Disney fazia uma afirmação clara e concisa com seus movimentos acrobáticos.

Contentamento

Você não pode fazer uma reparação apropriada a menos que entenda os componentes básicos da comunicação. O que você diz ou não diz e o que você faz ou não faz diz tudo. É assim com seu I-Chefe. Você pode fazer seu relacionamento com o I-Chefe funcionar contra ou a seu favor, dependendo de como se comunica com ele e o que escolhe comunicar. Já o aconselhei a ouvir cuidadosamente quando seu I-Chefe fala. Sobre o que ele escolhe falar: trabalho ou futebol?

Se ele gosta de falar sobre futebol, você só vai aborrecê-lo se tentar conduzir a conversa para questões relacionadas ao trabalho. Você pode manobrá-lo com astúcia e contornar o impasse usando metáforas do futebol para descrever situações de trabalho que considera importantes. Fale em "tirar as caneleiras", atingir objetivos organizacionais marcando "gols", colocar os problemas "na marca do pênalti", e criar história na corporação aplicando um "chapéu".

Também não sei o que tudo isso significa. Mas se meu I-Chefe é fã de futebol, pode apostar que vou descobrir o que é um chapéu, e terei revistas de futebol sobre a minha mesa, uma bola encostada no canto da minha sala, e uma foto de uma copa do mundo como proteção de tela no meu monitor.

Se você quer conquistar corações e mentes de outras pessoas no escritório, especialmente seu I-Chefe, ajude-as a realizar suas fantasias... dentro do razoável. Que atividades extracurriculares envolvem seu I-Chefe fora do trabalho ou mesmo dentro dele? Se ele gosta de se vestir de xeque árabe, eu o aconselho a pôr as mãos numa túnica e num par de sandálias e beber chá enquanto se senta de pernas cruzadas sobre um tapete persa. Pessoas muito ricas no oriente Médio fazem exatamente o mesmo todos os dias. E os velhos *hippies* em Portland, Oregon, também. A diferença está basicamente no valor do tapete. Se seu I-Chefe pensa ser Rodolfo Valentino, não apareça vestido como um *hippie* de Portland.

Não irei tão longe a ponto de invocar a analogia de "ensinar um porco a cantar", mas você vai viver uma vida mais feliz, saudável e produtiva se desenvolver métodos e técnicas para visitar o mundo de seu I-Chefe quando for apropriado, em vez de tentar arrancá-lo de lá e levá-lo ao seu mundo. Se seu chefe idiota o frustrou a ponto de distraí-lo, você provavelmente fez o mesmo com ele. Deve ter investido tempo e energia excessivos agindo como age ou, pelo menos, agindo como quer que ele aja. Isso vai esgotar a todos.

Faça uma reparação a seu I-Chefe resolvendo não arrancá-lo de seus interesses e de suas atividades favoritas. Não admita que tentou e falhou. E você vai falhar se tentar seguir por esse caminho. Seu I-Chefe vai deixá-lo maluco o bastante para fugir e se juntar a uma tribo indígena antes de ter alcançado qualquer medida de influência sobre seus interesses ou decisões. Torne uma tarefa pessoal priorizar os interesses dele enquanto trata de se envolver numa arquitetura social no escritório.

Discurso idiota

O discurso idiota é como aprender um novo idioma. A Berlitz ainda não oferece fitas cassete sobre o Discurso Idiota, mas não podem estar muito longe disso. O Discurso Idiota não é difícil de aprender. Por exemplo, Chefes Idiotas gostam de citar trechos do último *best seller* de administração de empresas ou canções populares. "Vamos pôr esse departamento em forma." "Ninguém vai ensinar elefantes a dançar na minha gestão. Sabem quanto come um elefante?" "Quem deixou os cachorros saírem?" E, é claro, "Vamos reformar aqueles sete hábitos".

Forçando a questão

Elogiar o I-Chefe, direta ou indiretamente, como já disse, é um bom caminho para transformar seu ambiente de trabalho. Se você é impaciente demais para deixar o elogio a terceiros seguir seu curso, você pode ser mais direto. Se suspeita que alguém no escritório está desesperado para marcar pontos com o I-Chefe, esse indivíduo vai se tornar seu mensageiro pessoal. Diga coisas positivas sobre seu I-Chefe na presença do adulador, porque ele certamente levará a informação diretamente ao I-Chefe como forma de ganhar acesso ao seu círculo mais próximo de colaboradores. Qualquer um que queira ter acesso ao círculo mais próximo de um I-Chefe por qualquer outro motivo que não seja o mercenário é, provavelmente, um idiota ainda maior.

Se você não tem um adulador disponível e eficiente, talvez deva pegar o touro à unha e ser o mensageiro. Diga a seu I-Chefe que ouviu o chefe dele dizendo coisas positivas a seu respeito. Todos querem pensar que são respeitados e admirados. Você não plantou essa necessidade de aceitação na psique humana. Não precisa se sentir culpado se utilizá-la para obter um desfecho positivo.

A consideração elevada que seu chefe terá por você como resultado desse alargamento da verdade vai facilitar a realização de um trabalho mais produtivo e útil. Onde está o mal nisso? Só usei a palavra "alargamento" porque o relato que você vai fazer ao seu I-Chefe é parcialmente verdadeiro. É bem provável que o chefe de seu I-Chefe diga muitas coisas sobre ele. Transformá-las em mensagens positivas antes de elas atingirem os ouvidos de seu I-Chefe é apenas o seu jeito de ser útil a Deus.

O humor dele é seu humor

Sorria e mova a cabeça em sentido afirmativo sempre que seu chefe rir, mesmo que não esteja prestando atenção à piada. A verdadeira definição de terror é ser pego sonhando acordado enquanto seu I-Chefe está falando, especialmente se ele estiver contando uma piada ou fazendo uma declaração que ele julga ser de importância devastadora. Se você acordar de um sono profundo ouvindo a gargalhada de seu I-Chefe e sua voz indagando se a história foi engraçada, sorria e responda: "Puxa, chefe, não sei como conseguimos produzir alguma coisa com você por perto".

Tome cuidado para não dizer a mesma coisa se seu I-Chefe estiver fazendo uma declaração supostamente importante. Olhe em volta antes de responder e veja se mais alguém está fingindo rir do que o I-Chefe acabou de dizer. Se outros estiverem girando os olhos, seu I-Chefe provavelmente tentou ser engraçado. Se mais alguém estiver sério e olhar para você como se quisesse comunicar um sinal de perigo, então você responde: "Trabalhar sob sua supervisão, chefe, me ajuda a manter a carreira em perspectiva".

Seu I-Chefe vai pensar que você o está elogiando. Ele não notará o sarcasmo nem notará que seus comentários são indicações constantes de como você está desperdiçando sua juventude e sua energia trabalhando para um idiota.

Hoje em dia, quando garantir seu sustento e o de sua família é de importância vital e nem sempre uma tarefa simples, talvez você queira considerar a idéia de deixar de lado o ressentimento e ser mais reconhecido pela oportunidade de emprego que teve e tem, mesmo que para isso tenha de suportar tontos com sorrisos colados no rosto. Em tempos de insegurança econômica, o Discurso Idiota pode ser tão útil quanto um segundo idioma. Aprenda-o. Fale-o. Use-o bem.

Você não pode evitar a fofoca

Nós sabemos que o aconselhável é não acreditar em fofocas muito menos passá-las adiante, mas muitas pessoas adoram fofocar. Fazer fofoca é uma inclinação natural para muitos e uma tremenda tentação para todos os outros, seja esse um comportamento genético ou condicionado.

Se fazemos fofoca é por sadismo ou porque queremos satisfazer uma coceira defeituosa e provocar nos outros o mesmo mal-estar que experimentamos. A fofoca não ajuda ninguém, nem o fofoqueiro nem o alvo dos comentários. O discurso idiota habilidoso não inclui fofoca porque as mensagens mais eficientes são positivas, mesmo que calculadas.

O elogio a uma terceira pessoa, como Danny Cox ensina, não é fofoca. Quando estamos fazendo fofoca dizemos à pessoa A que a pessoa B criticou alguma coisa nela, sempre com a intenção de causar um desentendimento, ferir os sentimentos, criar hostilidade geral ou todas essas alternativas. Um verdadeiro elogio a uma terceira pessoa espalhará vibrações positivas tocando o desejo inerente de apreciação. As pessoas anseiam emprestar seus melhores esforços quando são reconhecidas, respeitadas e apreciadas.

Os indivíduos fazem fofoca por uma série de razões, nenhuma delas positiva ou produtiva. As pessoas recorrem à pequenez por não terem a imaginação ou o estímulo para acreditar que podem jogar num nível mais elevado. Quando alguém acredita estar fadado a uma vida de trabalho duro nas salinas, ela não sente nenhuma relutância em usar a fala para diminuir os outros também. O pensamento de um fofoqueiro é semelhante ao de um condenado com três sentenças de morte e sem nenhuma possibilidade de liberdade condicional. Não há muito mais a perder.

Algumas pessoas lidam com a dor, o desapontamento e a falta de estímulo fazendo tudo que podem para causar dor, desapontamento e falta de estímulo aos outros. Em um ambiente de trabalho, esforço, lealdade e resultados devem contar para alguma coisa. Ninguém sabe melhor do que o fofoqueiro que todas essas qualidades podem ser arruinadas com a injeção de algumas informações falsas na equação. Você deve ter sido vitimado mais de uma vez por falsidades que diminuíram ou eliminaram a boa vontade produzida por seus esforços. Eu fui.

Outros, especialmente sádicos e maquiavélicos, usam a fofoca como instrumentos de amplas possibilidades, desde bisturis para cortar a jugular de seus oponentes e vítimas a armas de destruição em massa. Se a fofoca é usada como forma de diversão, vingança ou injúria premeditada, ela pode ser uma força destrutiva. E pior, é inevitável.

Não há como evitar completamente a fofoca. Você pode tentar caminhar entre os pingos de uma tempestade. Haverá sempre indolentes entediados, egos feridos e os calculistas preocupados em crescer na empresa. Se você se tornar tão acanhado e imperceptível quanto Harold, o executivo invisível, existem boas chances de que ninguém exerça o malefício da fofoca contra você. Enquanto se mantiver como membro produtivo de sua equipe pode esperar por um ataque, mais cedo ou mais tarde.

Para lidar de forma eficiente com fofoqueiros e proteger-se da melhor maneira possível dos efeitos destrutivos da fofoca, você precisa criar um truque antifofoca e inseri-lo em sua propaganda pessoal. Nada garante total proteção contra a fofoca, assim como beber refrigerante *diet* não garante que você vai emagrecer. Mas esconder-se dentro de um armário não vai resolver. A fofoca pode se esgueirar por frestas, passar por baixo das portas, viajar pelo ciberespaço e penetrar através das mais espessas paredes.

A *abordagem capa de chuva*

Dependendo de quanta fofoca você enfrenta no trabalho talvez deva usar um traje protetor. Criar uma barreira para proteger-se contra palavras é algo que se faz melhor com ações. Se você tentar se esconder atrás de um escudo antifofoca (meras palavras) estará à mercê de um inimigo superior. Fofoqueiros são melhores ferreiros de palavras que você. Normalmente reservo a expressão "ferreiro de palavras" para esforços como escrever livros sobre idiotas. Na verdade, fofoqueiros habilidosos esqueceram mais sobre o poder da linguagem do que eu jamais saberei.

Fazer coisas positivas, coisas importantes que seu chefe vai considerar impressionantes, servirá para neutralizar toneladas de palavras negativas... a menos que você mantenha seus bons feitos em segredo. Essa é outra razão pela qual deve manter suas atividades e realizações tão visíveis quanto for possível, e num contexto que seu chefe considere mais agradável. Se um maquiavélico sabe que você realizou algo importante e atrelou seu nome ao feito de forma a fazer avançar sua carreira, ele o valorizará. As pessoas podem dizer o que quiserem sobre você, mas, enquanto o maquiavélico pensar que você o está promovendo, os comentários cairão no vazio.

O mesmo vale para todos os tipos de chefes. Se você fez um bom trabalho ao convencê-lo de que está proporcionando aquilo que ele quer, a fofoca lançada em sua direção passará direito por você. Pelo menos você não será prejudicado com relação ao seu chefe. Se você é um servo fiel para um chefe deus, uma vítima angustiada de um chefe sádico, um facilitador de punição para um chefe masoquista, um informante que confirma a conspiração contra um chefe paranóico, o melhor amigo de um chefe camarada, e um espelho para a auto-imagem inflada de um chefe idiota, você está razoavelmente compensado contra o dano que a fofoca pode causar.

Você deve manter o esforço. Encontrar o caminho para as boas graças de seu chefe usando ações divulgadas apropriadamente e positivamente, é tão bom como sua última ação. A fofoca não é apenas universal como o ar que respiramos, é também incansável. Ela jamais recua e, assim que você participar dela, será atingido. Se você permitir que sua segurança contra fofocas vacile, será tarde demais para fazer valer todos os pontos positivos que reuniu no passado com ações louváveis. Mantenha seu seguro contra fofocas atualizado.

A contrária abordagem da osmose

Em mais uma aplicação do elogio a terceiros, um pouco de inteligência não vai fazer mal algum. Não o tipo de inteligência que se perde ao ser derrubado de cabeça pelo médico que nos traz ao mundo, mas aquela relacionada à espionagem, capa e espada e coisas desse tipo. Você sabe que há fofoca acontecendo por aí, então tente monitorá-la. Isso não significa tornar-se um fofoqueiro. Significa tornar-se um bom ouvinte. Eu me orgulho por ter passado muitos anos sem me envolver na fofoca do escritório e sem dar atenção a ela, até que ela me mordeu no traseiro.

Preste atenção a quem se reúne perto do bebedouro e quem faz gestos sutis durante as reuniões. Quem vai para o estacionamento junto e, acima de tudo, quem almoça junto. Que rede informal de pessoas troca e-mails regulares? Existem grandes rumores atravessando o escritório? Quem está lá quando a fofoca parece mais ativa e quem está ausente quando ela parece diminuir?

Identificando as origens da fofoca no escritório você saberá contra quem deve proteger-se. Mais importante, você saberá quem deve elogiar para seu chefe. Se está elogiando os fofoqueiros regularmente, quando uma fofoca qualquer atingir o ventilador, seu chefe a ouvirá com cautela. Você quer que seu chefe diga: "Como pode ser que fulano e fulano digam coisas tão pejorativas contra meu leal empregado, especialmente quando meu leal empregado está sempre elogiando fulano e fulano? O que há de errado nessa história?" É claro que seu chefe também pode imaginar que você é um idiota inocente. Mas esse é um risco que você vai ter de correr.

O briguento do escritório

Ambientes de trabalho onde se reúnem adultos e executivos são sempre tão suscetíveis aos briguentos quanto os bancos da escola. A fofoca é uma arma efetiva no arsenal dos chefes sádicos ou outros que estão emocionalmente prejudicados. Os sádicos se divertem testemunhando a dor alheia. É como a sede de sangue daqueles que apreciam brigas de cachorros e galos. Eles podem andar por aí esperando ver dois cães se enfrentando ou dois galos se atacando. Mas são impacientes demais. Assim eles criam cães e galos para o combate, depois organizam as brigas.

Se seu chefe utiliza táticas de intimidação você tem de fazer uma escolha. Se for um chefe maquiavélico, deus, sádico ou paranóico, enfrentá-lo só vai causar novos ataques e trazer mais desabamentos sobre sua cabeça. Assim como minha obsessão por justiça e estar certo, seu orgulhoso desafio pode feri-lo mais do que vale a pena. O progresso na carreira relaciona-se mais a quem tem o poder do que a quem está certo. Os briguentos não têm nenhum poder, exceto o que você dá a eles. Os chefes têm autoridade funcional sobre você. Há uma grande diferença.

Se o briguento do escritório é um chefe, encolher os ombros, sorrir e aturar provavelmente servirá melhor aos seus propósitos em longo prazo. Se o briguento for um colega, acerte-o nos joelhos. Não recomendo nada que deixe marcas ou evidências. Mas você precisa fazê-lo saber que não o intimida.

Um bom olhar penetrante, às vezes, é o suficiente. Os briguentos acabam sempre piscando. Se você precisa de artilharia mais pesada, deixe uma cópia de *Como trabalhar para um idiota* sobre a mesa dele, onde seu chefe certamente o encontrará enquanto o briguento está almoçando fora. Assim que o briguento se convencer de que você é mais perigoso do que ele, irá procurar outra vítima que se deixe intimidar.

Nunca se queixe de um briguento. Não vá choramingar para o chefe, seja ele um idiota ou não. Um chefe incapaz de resolver conflitos se limitará a enterrar a cabeça na areia e assim o briguento se sentirá fortalecido. Pior, o chefe o rotulará como um queixoso. Chefes que apreciam esportes sangrentos vão estimular o conflito para diversão própria. Chefes bons são tão sintonizados com os integrantes da equipe que sentirão rapidamente o problema e o trabalharão antes que você acabe lutando uma batalha solitária.

Eu e minha boca grande

Esse é o exemplo definitivo de como podem ser manipuladores e fatais os jogos envolvendo fofoca no local de trabalho. Certa noite a esposa de Big Bill entrou em minha sala na produtora independente de áudio e vídeo. Ela era uma empresária astuta e bem-sucedida e era sócia de Big Bill no negócio de construção. Os dois cuidaram da reforma do espaço onde funcionava a produtora. Ela passava algum tempo no escritório, todas as semanas, cuidando da parte financeira. De vez em quando ela perguntava algo que não estava relacionado às finanças da produtora. Eu ficava feliz por poder usá-la como mensageira para reforçar as questões importantes que eu discutia diretamente com Bill.

Uma das empregadas que herdamos da administração anterior era uma verdadeira mamãe gansa. April cuidava de todos emocionalmente bisbilhotando seus assuntos pessoais. Na antiga cultura, antes de Bill e eu comprarmos a empresa, sua sala era uma eterna sessão de terapia porque ela estava sempre ouvindo os problemas que os colegas levavam de casa ou encontravam no escritório. Ela os amparava e garantia seu bem-estar. Eu pregava e ensinava práticas de administração centradas no ser humano, mas April era a co-dependência elevada à décima potência. Quando Bill e eu assumimos a produtora, ela era mais um salão de chá do que um negócio próspero.

Uma das nossas primeiras missões foi fazer aquela produtora operar como uma empresa nem que fosse apenas para deixar de perder os $250 mil anuais que eles perdiam quando Big Bill e eu tomamos as rédeas. Exceto pelas tiradas de Bill, nós conseguimos preservar a atmosfera amistosa enquanto nos tornávamos rentáveis. Quando demos um novo formato à cultura interna (eu, por meio do treinamento e da educação, Bill, com seu bastão de beisebol), April se sentiu magoada pela redução da necessidade de sua abordagem "venha contar tudo para a mamãe".

Naquele silêncio sepulcral que invade um escritório depois do expediente, a sra. Bill surgiu na minha porta, apoiou-se no batente e perguntou qual era minha opinião sobre April. Ela queria saber como poderíamos reduzir a tensão entre aquela funcionária e Bill. Eu indiquei todas as situações nas quais April era útil, acalmando o ambiente depois de uma das aterrorizantes visitas motivacionais de Bill.

Por outro lado a co-dependência de April era uma âncora para a nossa produtividade. Contei à sra. Bill sobre como estava frustrado com minhas tentativas sem sucesso de aconselhar April a adotar comportamentos e práticas administrativas mais adequadas a uma atmosfera de alto desempenho. Na minha opinião, há muito era evidente que April só estava interessada em ser maternal com as pessoas. Contribuir para o estabelecimento de um negócio produtivo e eficiente estava bem abaixo em sua lista de prioridades, se é que ela se preocupava com isso. A sra. Bill parecia concordar com tudo que eu dizia, o que julguei estranho, levando em consideração seu relacionamento aparentemente amistoso com April.

Depois da partida da sra. Bill eu me levantei, apaguei as luzes do escritório e me dirigi à saída, passando pela sala de April ao lado da minha. Se você já passou por uma porta e colidiu violentamente com alguém a ponto de quase cair inconsciente, deve saber como me senti quando vi April sentada em sua mesa depois de ter ouvido toda a conversa no meu escritório. Eu teria preferido bater a cabeça contra uma porta. Ao vê-la sentada ali, olhando diretamente para frente, com o rosto vermelho como uma beterraba, senti-me imediatamente dominado por uma tempestade de emoções... surpresa misturada ao choque, e raiva misturada ao constrangimento.

Tudo que eu havia acabado de dizer à sra. Bill passou por minha cabeça. Ela esteve na porta da minha sala conduzindo-me numa ladainha de queixas sobre April e seu futuro em nossa companhia, e tudo bem diante dos olhos de April, que ouvia a conversa a menos de três metros dali. Embora me sentisse traído e perturbado, decidi não confrontar a situação e fiz o que qualquer covarde teria feito. Continuei em frente como se nada houvesse acontecido e fui para casa.

Na manhã seguinte entrei no escritório de April e disse lamentar muito que ela tivesse escutado as coisas que ouviu, mas mantinha tudo que havia dito e fiz questão de lembrar que já havíamos discutido esse assunto no passado. Não a interroguei sobre a razão pela qual ela e a sra. Bill montaram o cenário constrangedor da noite anterior. Temia saber. April se demitiu pouco depois disso e foi trabalhar para um dos nossos fornecedores.

Nunca discuti o episódio com Big Bill ou sua esposa. Fiquei tão contrariado com tudo isso que não sabia nem como começar a conversa e não tinha idéia de que proveito poderia tirar dela. De fato, raramente voltei a falar com a sra. Bill depois desse incidente, exceto quando era absolutamente necessário. Ali estava a conseqüência da minha mentalidade porta aberta; eu me senti enlameado. Acho que posso ter sido o único indivíduo no mundo que já teve um elogio a uma terceira pessoa transformado em uma crítica e sem o meu conhecimento. Baixei a guarda e, ao fazê-lo, atirei-me ao pior discurso idiota da história da humanidade.

Lembre-se dessas dicas para evitar fofocas:

- Mantenha seu radar ativo para determinar quem está congregando em eventuais sessões de fofoca.
- Anote mentalmente quem pode tirar proveito de seu status diminuído.
- Quando em dúvida, não fale o que pensa. Use a discrição.
- Não se deixe convencer a criticar outras pessoas, por mais tentador que seja.
- Pergunte delicadamente à pessoa que parece tão interessada em sua opinião sobre outro indivíduo por que a informação é tão importante.
- Se essa pessoa não quiser explicar, mas insistir em obter uma resposta... não diga nada.

- Se ela criticar o outro indivíduo, responda apenas que lamenta que ela se sinta assim.
- Sugira que ela solicite um intermediário do RH para resolver o problema.
- Mantenha seus comentários positivos. Não há nada a lucrar a partir de uma maledicência contra um colega.
- Use o elogio a terceiros. Funciona.

Shamu ou confiança

Seja qual for a maneira escolhida para comunicar-se com o chefe idiota ou qualquer outro em sua equipe, certifique-se de que há um subtexto na sua mensagem que diz: "Sou seu amigo, não vou prejudicá-lo. Se for necessário, darei a vida por você". Você quer que seu I-Chefe e os colegas o considerem leal. O único jeito de convencê-los a confiar em você é pular no tanque, nadar com eles e falar sua língua. Acima de tudo, demonstre de forma consistente sua disponibilidade para admitir seus erros e repará-los. Assim estará enviando a mensagem inconfundível: aqui há uma grande pessoa.

10

Alimentação idiota: usando as refeições para avançar na carreira

Verifique cuidadosamente um restaurante quando entrar. Se encontrar seu I-Chefe comendo em uma mesa com associados, posicione-se de costas para ele, mas tente manter uma distância de onde possa ouvi-lo. Esse é sempre um trunfo, porque a pessoa que tenta envolver seu chefe sabe que você está ouvindo a conversa. É por isso também que você aponta cautelosamente os pontos-chave que seu chefe divulga no escritório. Você pode contar aos seus companheiros de mesa como essas idéias revolucionam o ramo. Proclame, ou seja, fale alto o bastante para ser ouvido por seu I-Chefe. Com você citando capítulo e verso, seu chefe não ouvirá uma só palavra do que as pessoas na mesa dele estão dizendo.

Circule em festas e recepções e comporte-se da mesma maneira. Posicione-se sempre de forma que seu I-Chefe possa ouvi-lo recitando elogios. Elogiar seu I-Chefe em ocasiões sociais é exagero, elogie suas idéias. Diga aos companheiros de coquetel: "Não me lembro de quem disse tal coisa, mas considero a idéia fabulosa". Seu I-Chefe provavelmente pedirá licença ao grupo e irá se juntar a você para receber o crédito pela citação.

Festas e recepções também são boas oportunidades para trabalhar com informantes e aduladores plantando valiosas mensagens em seus cérebros moles para serem levadas ao I-Chefe. Eles podem não ter muitas oportunidades sociais além dessas festas, por isso faça com que eles se sintam bem-vindos, mesmo que a festa não seja sua. Seu I-Chefe vai ficar satisfeito se o observar tratando bem seus informantes.

Não peça caranguejo

Quando estiver em um jantar de negócios com pessoas que podem garantir seu progresso, tente não embaraçar ninguém à mesa. Chefes deuses, maquiavélicos e muitos sádicos têm maneiras avançadas à mesa. Eu tentava aumentar o trabalho de consultoria que fazia há algum tempo para uma rede de televisão quando fui convidado para jantar com um vice-presidente de grande prestígio e reconhecido por seu gosto refinado com relação a refeições e bons vinhos. Ele se orgulhava de possuir toda a etiqueta apropriada. O fato de gastar milhares de dólares todos os meses em refeições exclusivas e gorjetas obscenas o tornava muito popular entre os *maîtres* de grandes cidades no mundo.

Estávamos jantando em um elegante restaurante na região oeste de Los Angeles com vários integrantes de sua equipe de trabalho. Sei sobre etiqueta à mesa o suficiente para começar usando os talheres de fora e ir adotando, prato a prato, os que estão colocados mais próximos do centro, mas não muito mais do que isso. Ainda um pobre iniciante dos restaurantes, não dei muita atenção ao que estava sendo pedido. Com a rede de televisão pagando a conta, pedi o caranguejo.

O vinho custava em média cem dólares a garrafa e, descobri tarde demais, podia embriagar um homem com uma velocidade muito maior do que o tipo de vinte e quatro dólares e noventa e nove cents com que eu estava acostumado. Quando o prato principal finalmente foi servido, eu me sentia feliz e confiante, apesar de minha reduzida capacidade de executar o intrincado procedimento exigido para quebrar a carcaça do caranguejo e extrair dela a carne. Minha língua devia estar presa no canto da boca enquanto eu me esforçava para segurar a enorme pata de caranguejo com o quebra-nozes de prata.

A equipe do VP ouvia atentamente tudo que ele dizia quando eu finalmente consegui quebrar a casca, espalhando um líquido com cor de muco em todas as direções. Felizmente a maior parte do líquido não atingiu seu rosto, manchando apenas seu terno italiano de três mil dólares. O jato não poupou ninguém em torno da mesa. Homens e mulheres gritaram em uníssono. Correspondendo à fama de homem elegante, o VP permaneceu sereno enquanto um exército de garçons tentava limpá-lo com guardanapos de linho branco.

Nunca mais voltei a trabalhar naquela rede de televisão. Jantares de negócio, recepções e festas não são atividades recreativas para uma pessoa ambiciosa que sabe como trabalhar o próprio espaço. São oportunidades privilegiadas para se conduzir reconhecimento, construir alianças — profanas ou não — e posicionar-se estrategicamente para o sucesso. Nunca esqueça que a comida pode ser sua melhor amiga ou sua pior inimiga. Coma devagar, mastigue com cuidado e engula antes de levar outra porção à boca.

O décimo passo:

"Continuar realizando um inventário pessoal e, quando eu estiver errado, admitir prontamente."

Depois do fracasso no jantar com o pessoal da rede de televisão, acrescentei "necessidade de refinar etiqueta à mesa" em meu inventário pessoal. Fico feliz por saber que os doze passos deixam algum espaço para a condução de trabalho reparatório. Se tivesse de acertar tudo na primeira vez, dentro de um prazo rígido, provavelmente seria uma estatística de recaída. Continuar atento ao inventário pessoal é uma boa idéia porque, quanto mais camadas da cebola eu removo, mais eu descubro.

Quanto mais examino minhas questões pessoais idiotas, mais entendo os chefes idiotas e como lidar com eles. O exercício do inventário pessoal é particularmente útil no contexto da minha carreira, porque estou formando uma imagem de como a teimosia nas minhas questões pessoais é refletida na teimosia em meus assuntos profissionais. Chefes idiotas também são idiotas em casa.

Se me mantenho dominado por raiva e ressentimento pelos I-Chefes, continuarei tentando descascar suas cebolas em vez das minhas. Fatiar suas cebolas é uma maneira mais apropriada de colocar a questão. Não, picá-las em pedaços minúsculos com um facão é uma maneira mais honesta de colocar a questão. Mas como concordamos capítulos atrás, esse tipo de amargura e desejo de vingança só estraga o seu dia, não o deles.

Trabalhando a refeição

Uma refeição a dois é uma excelente oportunidade de dizer a seu I-Chefe tudo que ele deseja ouvir sem ser rotulado como um adulador no escritório. Apenas certifique-se de que o garçom não é um ex-funcionário que ainda tem o e-mail de seus associados. Eu poderia, e provavelmente deveria, ter usado meus encontros com Bill no Coco's para envolvê-lo. Mas tinha aquele ressentimento demoníaco devorando minhas entranhas e não tirei proveito das minhas oportunidades. Naquele tempo eu vivia uma situação unidimensional na qual eu era a vítima e tudo que fazia estava certo, enquanto Big Bill estava sempre errado. Nunca parei para considerar que ele era um ser humano, também, tentando resolver a confusão da própria vida enquanto eu fazia o mesmo com a minha, e provavelmente tendo o mesmo sucesso, nem mais nem menos.

Além de ser improdutivo, esse pensamento estreito é tedioso. Fui eu quem perdeu noites de sono tabulando e comparando minhas virtudes aos defeitos dele. Fui infeliz enquanto ele, na maior parte do tempo, parecia feliz. Em seus momentos eruptivos ele explodia com tudo e todos. O pobre homem era incapaz de guardar hostilidade, ressentimento e ódio e deixá-los devorá-lo dia e noite, como eu fazia.

Olhando pelo lado positivo, Big Bill sempre pagou a conta do Coco's. Se você tem recusado os convites de seu I-Chefe para almoçar, tente aceitá-los de vez em quando. Ele pode pagar a conta. A Disney foi meu primeiro emprego real de supervisão, com uma generosa verba de representação. Fiel à minha tradição de perder oportunidades, não entendi como essas contas podem ser usadas como ferramentas de construção de riqueza até que fosse tarde demais. Pouco depois de me tornar um "manda-chuva", circulou um memorando informando que os executivos deviam parar de convidar uns aos outros para almoçar e se revezar no pagamento das despesas. Eu nunca havia pensado em fazer tal coisa.

Meu senso de oportunidade deixa a desejar. Não que eu seja um escoteiro, alguém acima de desfrutar dos privilégios da minha posição dentro do razoável, mas eu realmente não pensei nisso. Quando recebi o memorando, lembro-me de ter pensado: "Puxa, eu podia ter ido almoçar em restaurantes caros de *Orange County* em vez de ficar aqui comendo no refeitório todos os dias?".

Seu I-Chefe pode estar disposto a levá-lo para almoçar e pagar a conta por ser ousado o bastante para fazer uso de sua verba de representação. Os planetas sempre se alinham de forma a beneficiar I-Chefes, tanto que, às vezes, suspeito de que Deus tem um lugar especial para os idiotas no coração. Talvez os Chefes Idiotas sejam mesmo seus queridinhos, e Ele sinta pena deles. Seu I-Chefe pode pagar a conta de almoços com colegas e subordinados e não quer entornar o caldo impondo uma proibição nesse sentido. Talvez ninguém acima dele tenha estabelecido uma política de proibir essa prática ou ninguém se incomode em aplicar as políticas existentes com esse propósito.

Na Disney duvido que os altos executivos, algum dia, tenham deixado de pagar as contas dos almoços uns dos outros. Eles devem ter aplicado a política apenas ao nível médio de supervisão, onde eu me encontrava.

Seu I-Chefe pode estar pagando tantos almoços sem ser incomodado porque alguém na contabilidade está roubando a empresa e usa essas verbas de representação como cortina de fumaça.

Qualquer que seja o motivo, se seu I-Chefe quer pagar o almoço, aproveite e cale a boca. Mesmo que seu I-Chefe insista em ir a um restaurante holandês, podia ser pior. Ele podia ser um engraçadinho e julgar divertido convidá-lo para almoçar para depois fazê-lo pagar a conta. Essa é uma ocorrência mais provável com chefes sádicos ou um chefe deus, que considera o fato de tê-lo escolhido um privilégio mais do que satisfatório.

Big Bill sempre pagava a conta quando saíamos para tomar café ou almoçar. Era outra maneira de ele me fazer compreender que eu estava em débito. Além de me ressentir contra a insinuação, não julgava necessário afastar-me do local de trabalho e dos meus subordinados, porque não tinha nada a esconder deles. Pelo contrário. Era franco demais com relação às informações ligadas à empresa como descobri, naquela noite, quando a sra. Bill e April me emboscaram.

Tirar proveito máximo de refeições de negócios é algo que começa a partir de algumas regras simples:

- Entenda o que uma refeição de negócios significa para seu chefe. Alguns pensam que uma refeição faz parte do expediente, outros consideram uma oportunidade de conversar sobre tudo, menos trabalho. Seja qual for o caso, seu chefe determina a agenda, não você.
- As refeições de negócios são um disfarce para seu chefe beber antes de retornar ao escritório? Nesse caso use uma desculpa qualquer para não acompanhá-lo no drinque. Se o chefe tem problemas com álcool, ele pode estar sob vigilância estrita dos superiores. Você não quer acabar enroscado na rede que pode ter sido lançada para fisgar seu chefe.
- Se seu chefe bebe, o problema é dele. Desde que ele não esteja pondo em risco sua vida ou a dele, relaxe. Você provavelmente não sabe o suficiente para ser considerado perigoso.
- Não discuta quem vai pagar a conta, exceto para impressionar seu chefe e provar que você gosta de atuar em equipe. Mesmo que não

queira se sentir em débito, quem paga a conta não altera as posições. Ele ainda é o chefe. Se seu chefe quer fingir que é grande, que benefício você espera obter arruinando sua satisfação? Poupe seu dinheiro.

- Não recuse os convites de seu chefe para almoçar ou jantar. Alegar que tem muito trabalho para fazer só funciona com sádicos, e eles jamais o convidariam. Esses farão tudo que puderem para impedi-lo de comer. Se seu chefe o convidar para almoçar, vá. Sua companhia é obviamente mais importante para ele do que o trabalho que você está fazendo. Resista ao impulso de colocar suas prioridades acima das dele.

- Tire proveito máximo da oportunidade de expor seus pontos de vista para o chefe enquanto ele é uma audiência cativa, ou use o tempo para ouvir e aprender. Cada vez que os chefes abrem suas bocas, eles estão fornecendo alguma informação valiosa sobre o que os faz vibrar e o que os aborrece. Conhecimento é poder.

Trabalhando durante a refeição

Trabalhei para o vice-presidente de um grupo que nunca parava para almoçar e não aprovava que ninguém fizesse esse intervalo no meio do dia. Felizmente, seu escritório ficava em New York, e eu estava na Califórnia. George era alto e intimidador. Ele fumava cigarros longos e deixava o escritório pontualmente às cinco da tarde para ir beber em um dos mais elegantes restaurantes de Nova York, onde às vezes interrompia a seqüência de doses para jantar. Não me lembro se ele pagou a conta quando eu estava com ele ou se eu arquei com as despesas por estar viajando. Almoçar, no entanto, era uma questão difícil.

George acreditava que parar para almoçar era um desperdício de tempo e energia e era difícil concentrar as pessoas depois de um "almoço de duas horas", como era chamado o intervalo nos escritórios de Nova York. George não tolerava sequer a perturbação de pedir o almoço em sua sala.

Lembro-me de uma reunião em que estavam muitos dos gerentes gerais, e eu era um deles, todos famintos, pálidos e cada vez mais fracos, sofrendo alucinações causadas pela hipoglicemia e com os estômagos roncando num concerto desconfortável.

Finalmente alguém encontrou a coragem de dizer:

— George, acha que podemos parar para almoçar?

Todos esperamos silenciosos enquanto George se reclinava em sua poltrona verde e dava uma longa tragada no cigarro.

— Se acham necessário — ele respondeu com um suspiro — podem ir. Mas eu vou continuar trabalhando.

Foi isso. George estava sendo um chefe generoso permitindo que seus gerentes famintos, fracos e trêmulos fossem comer, "caso julgassem necessário". A única opção de provar que não éramos fracos era permanecermos ali até às cinco da tarde, e depois sairmos devorando uns aos outros como os animais famintos que éramos. Depois de ter trabalhado com Big Bill, fui capaz de funcionar bem com Cigar George.

Pude aplicar a George as lições que aprendi com Big Bill. Não que eu tenha desenvolvido calos me protegendo de homens beligerantes em posições de poder; eu aprendi realmente a simpatizar com eles e a vê-los como seres humanos que eram tão suscetíveis à estupidez quanto eu, mas duros e enrijecidos demais em suas posições para discuti-la. Quando você deixa de se ressentir e desiste de ser a vítima, é surpreendente como comentários, comportamentos e atitudes que antes o teriam levado a buscar esconderijo passam a se dissipar no ar.

Pedidos de férias

Hoje em dia estou muito mais disposto para as ocasiões profissionais fora do local de trabalho. Descobri até que esses encontros têm aplicações práticas, especialmente no trato com I-Chefes. Se seu I-Chefe o atormenta solicitando seu tempo de folga como George fazia conosco durante o almoço, leve-o para fora do escritório.

Durante o almoço juntos conduza seu I-Chefe numa conversa sobre as férias dele. Amoleça-o como for possível. Encoraje-o, suplique para que ele conte todos os detalhes. Preste atenção aos adjetivos que ele usa para descrever a paisagem, o vento, as ondas, o cheiro dos pinheiros na floresta, o que for. Se ele diz que duas semanas não foram suficientes, anote mentalmente. Depois de tê-lo levado a um estado de euforia, diga a ele que deseja sair pelo mesmo período de tempo que ele desfrutou, que quer ir aonde ele foi, e, usando os mesmos adjetivos, ter a mesma experiência que ele teve. Assim que conseguir suas férias, vá para onde bem entender.

A nostalgia dele combinada ao sentimento de satisfação conferido pelo alimento criará o melhor momento possível para o pedido. Nada no escritório pode ser mais propício. Você deverá estar sozinho com ele, mas, se isso não for possível, tente da mesma maneira. Você dará aos presentes uma lição digna do preço a ser pago pela conta. Estar longe do escritório faz as pessoas esquecerem prazos, pressão e problemas de todos os tipos. Faça-o assumir o compromisso antes de terminar a sobremesa.

A comida funciona bem com todos os tipos de chefe. Mesmo os masoquistas e os paranóicos se sentem mais felizes com uma dose extra de açúcar no sangue. Pedir suas férias a um chefe deus durante uma refeição fora do escritório, especialmente se você estiver pagando a conta, aumenta a probabilidade de sucesso. Seu reinado será um pouco menos familiar. Sua onipotência parecerá menos onipotente. No geral, ele estará mais vulnerável. No escritório você terá de se esforçar muito mais para conseguir as datas que quer. Pagar a conta pode ser o suficiente para convencê-lo a ceder.

Chefes maquiavélicos podem ser tratados da mesma maneira que os I-Chefes com relação ao pedido de férias no restaurante. Usando suas descrições, diga como o presidente devia exigir que todos os empregados tirassem férias exatamente como as dele. Prometa dizer a todos em seu destino de férias que seu chefe (fulano) recomendou aquele lugar. Ele se mostrará mais cooperativo se pensar que suas férias poderão ajudá-lo a ampliar sua esfera de influência.

Chefes sádicos representam um desafio complexo com relação a pedidos de férias. No restaurante cutuque a comida, mas não coma. Deixe o garfo sobre o prato e suspire. Quando ele sorrir aquele sorriso de serpente e perguntar qual é o problema, diga a ele que você tem férias a vencer e odeia sair do escritório.

No início ele vai ficar desconfiado, mas mantenha seu plano. Explique que tudo que você faz durante as férias é se preocupar com o trabalho no escritório. Para onde quer que vá, você não consegue esquecer a pilha sobre sua mesa. Descreva como sempre se preocupa com os gastos de uma viagem para um lugar exótico, onde ficará sentado numa praia ensolarada consumido pela infelicidade. Suplique para que ele não o obrigue a sair. Diga que, se for obrigado a sair de férias, você levará o trabalho junto. Ponto garantido.

Diga a seu chefe masoquista que você vai tirar muitas fotos e contar a ele todos os detalhes de como se divertiu assim que retornar. Você pode até telefonar e deixá-lo ouvir o barulho das ondas de vez em quando para ajudá-lo a morrer de inveja. Mencione os catálogos de viagem que ficarão sobre sua mesa durante sua ausência e baixe uma foto ampliada do paraíso como proteção de tela para o seu monitor, assim ele poderá ser infeliz todos os dias durante o período do seu afastamento. Ele pode até prolongar suas férias.

Pedir férias a um chefe camarada é perigoso. Ele atenderá ao pedido de imediato. Mas vai tentar ir junto. Sugira uma festa com as pessoas do departamento para mostrar as fotos quando você voltar. Talvez ele se conforme. Se mesmo assim ele insistir em acompanhá-lo, seja duro. Tente dizer que conheceu alguém em uma dessas salas de bate-papo da Internet, que sua mãe vai junto, ou que há uma epidemia de febre tifóide em seu destino de viagem.

Se nada o dissuadir, talvez você tenha de incluí-lo em seus planos de viagem. Mas nem tudo está perdido. Insista em reservar as passagens e acomodações. Depois do fato consumado ponha toda a culpa no agente de viagem, mas mande-o para outro continente enquanto você se refugia num local secreto.

Um chefe paranóico vai desconfiar de que você usará seu tempo de folga para implementar a conspiração global contra ele. Conquiste sua confiança temporária durante o almoço se oferecendo para provar a comida. Se ele ainda resistir em lhe dar férias por suspeitar de seu envolvimento no plano, convide-o para ir junto. Talvez você tenha de adquirir uma passagem de acompanhante e ofertá-la ao chefe desconfiado. Certifique-se da possibilidade de obter reembolso total caso queira recuperar seu dinheiro quando ele se recusar a ir.

Um almoço a dois com um chefe paranóico é melhor para um pedido de férias pelas mesmas razões de açúcar no sangue citadas para os outros. Sua confiança pode ser elevada o suficiente para que o bilhete da companhia aérea surta efeito. Prometa deixar com ele seu itinerário completo e os números de todos os telefones onde estará hospedado, incluindo o da embaixada local.

Incline-se levemente sobre a mesa e sussurre que você levará um envelope selado contendo os nomes de todos os conspiradores e instruções para que a correspondência seja enviada ao escritório em caso de sua morte. Se você viver até o final das férias e não perder o envelope misteriosamente, você o entregará pessoalmente quando voltar. Esperamos que ele acredite em todas essas bobagens e concorde em permitir que você saia de férias antes de pensar que a única maneira de você saber que a comida não estava envenenada era fazendo parte do complô para envená-lo.

Um bom chefe não vai precisar dessa manipulação. Ele vai incentivá-lo a desfrutar de todo o tempo disponível por se preocupar realmente com seu bem-estar e sua saúde. Quando você voltar, provavelmente, ele o levará para almoçar a fim de ouvir tudo sobre as férias. Não esqueça as fotos.

Laços específicos com o I-Chefe

Conversar durante o café, os drinques e as refeições faz parte da cultura ocidental, especialmente da cultura empresarial. Use essas oportunidades para estabelecer elos com seu I-Chefe de forma que tornem a vida mais fácil para você no escritório. Lembre-se de falar sobre o que o I-Chefe quiser falar. Ria das piadas e histórias engraçadas do I-Chefe, mesmo que esteja ouvindo, pela quinta vez, sobre como o cachorro dele vomitou no jornal do vizinho. Seu I-Chefe quer audiência. Ele deseja ser ouvido. Suas piadas, histórias engraçadas ou grandes idéias a respeito de como o escritório deve ser comandado não fazem parte dos interesses dele. Você precisa responder à imagem que ele vê em seu espelho embaçado. A última coisa que você quer é limpar o espelho. No entanto, as refeições constituem outra oportunidade incrível para você bancar o detetive e estudar a imagem que ele vê nesse espelho embaçado. Depois vista suas idéias e sugestões a fim de fazê-las parecerem igualmente embaçadas. Em outras palavras, faça com que essas idéias e sugestões pareçam ser dele ou que, pelo menos, elas apareçam dessa forma no espelho dele, não no seu.

Sempre que for possível escolha no cardápio o que seu I-Chefe escolheria. Coma no mesmo ritmo de seu I-Chefe de forma a terminar a refeição junto com ele. Com seu I-Chefe falando tanto, você precisa ser paciente. Não encha a boca de comida enquanto ele fala. Espere e coma quando ele comer. Leve o garfo à boca espelhando seus gestos.

Mantenha essa disciplina culinária para fazê-lo sentir que você é uma extensão dele. Quando seu I-Chefe parar para levar a comida à boca, você também fará o mesmo e não se sentirá tentado a acrescentar nada à conversa. Aceite o silêncio. Ele o quebrará em seguida. Enquanto você mastiga sua comida, seu I-Chefe estará falando com a boca cheia. Concentrar-se no contato visual vai ajudá-lo a evitar a náusea.

Chefes idiotas revelam alguns de seus pensamentos mais íntimos quando estão mastigando. Se seu I-Chefe tem comida grudada no rosto ou presa entre os dentes, aponte delicadamente para a área em questão. Se ele entender a mensagem e remover a comida, ótimo. Se não, esqueça. Você fez o que pôde. Quando ele abordar uma série de filosofias de negócios, acompanhe sua linha de pensamento, por mais difícil que seja. Seja um ouvinte ativo. Mantenha o contato visual e repita palavras e frases-chave enquanto move a cabeça em sentido afirmativo.

Tome cuidado para não ofuscar a destreza de seu I-Chefe com os talheres. Se ele come ervilhas com uma faca, coma ervilhas com uma faca. Se ele come salada com a colher, você vai comer salada com a colher. Se ele mexe o café com o cabo da colher de sopa, faça o mesmo, mesmo que não tenha usado a sua colher para comer a salada. Se para isso você tem de segurar o garfo de forma que ele forme uma protuberância na parte final de seu punho, acostume-se. Você quer que seu I-Chefe se sinta confortável e seguro em sua companhia. O sentimento de conforto e familiaridade de que ele desfrutará será lucrativo para você.

Se você for visto por seus colegas no restaurante, cumprimente-os com graciosidade. Você pode sempre dizer que estava lá sob pressão ou que tentava conquistar melhores condições de trabalho para o departamento. Se os colegas se aproximarem de sua mesa e perguntarem como vão as coisas, agarre a oportunidade, sorria e diga: "Nosso chefe estava justamente contando sobre como o cachorro dele vomitou pedaços de comida no *Sunday Times* do vizinho". Expressões horrorizadas surgirão em seus rostos e eles se afastarão lentamente. Seu I-Chefe reconhecerá que você é um bom ouvinte e você terá a piedade de seus colegas para o resto da vida.

Subindo o nível

Quando seu I-Chefe o convidar para almoçar com um cliente importante ou alguém em posição superior na cadeia alimentar corporativa, você deve se dividir. Quando o chefão não estiver olhando para você, mas seu I-Chefe estiver, imite o I-Chefe. Quando for possível imite o chefão. É provável que seu I-Chefe conduza a conversa relatando inclusive a história sobre como o cachorro vomitou no jornal do vizinho. Você ajudou a criar a ilusão, mas ninguém precisa saber disso.

Desapareça no cenário dessas reuniões, observe e aprenda. Um drama se desenrolará diante de seus olhos e revelará por que o chefão tolera o I-Chefe e não será por suas piadas e histórias engraçadas. Enquanto seu

I-Chefe ocupa o posto de anfitrião, você e o *kahuna* podem mastigar a comida. Seu I-Chefe não está mais representando para você.

Isso lhe dá uma oportunidade de elevar o nível de suas maneiras à mesa e igualar-se à pessoa em posição superior na cadeia alimentar. Ria somente quando, e se, o grande *kahuna* ou os clientes rirem. Se o cliente ou o chefão não derem risada do humor de seu I-Chefe, faça contato visual com o I-Chefe e pisque como que para dizer: "Você é realmente engraçado, chefe. O que esse palhaço sabe?"

Salve o bacon do seu I-Chefe

Refeições são eventos sociais. Se há uma oportunidade de demonstrar como você é adepto das graças sociais, o horário das refeições é sua chance de brilhar. Você pode ser um sr. Boas Maneiras graduado, com especialização em uso de talheres, memorização de carta de vinhos e referências cruzadas relacionando-os ao total histórico de chuvas em várias regiões da França e do Vale do Reno... e ainda estragar tudo por esquecer quem é o chefe. Seu brilho resulta do auxílio que você presta ao I-Chefe para fazê-lo brilhar, não do sucesso em ofuscá-lo.

Seu conhecimento superior em boas maneiras à mesa pode marcar pontos com seu chefe idiota quando você usa esse conhecimento para poupá-lo de constrangimentos. Se você não conhece bem as regras de etiqueta à mesa, pesquise on-line, vá à biblioteca ou matricule-se numa escola de etiqueta. Até mesmo os chefes idiotas parecem apreciar dicas sutis sobre maneiras refinadas, como qual garfo usar para cada alimento. "Adoro uma salada crocante", você comenta a caminho do restaurante onde seu I-Chefe vai encontrar um grande empresário para almoçar. "E é claro que usarei o garfo pequeno, da parte de fora da fileira, para comer essa salada."

Seu chefe idiota vai olhar para você e repetir:

— É claro — como se ele sempre soubesse disso.

— A menos, é claro, que me ofereçam um garfo gelado — você continua.

— É claro — ele concorda — Gelado é sempre melhor.

Ele não vai admitir, mas está disposto e até ansioso para aprender, observando suas maneiras à mesa. Isto é, a menos que ele seja um idiota completamente sem noção e, nesse caso, é cada um para si. Na eventualidade de ele estar aberto a sugestões, faça-as. Quanto mais dependente você puder torná-lo com relação a um comportamento social aceitável, mais ele estará em débito com você. Se, como eu disse, conhecimento é poder, então saber se comportar durante uma refeição servida com luvas brancas é um poder extraordinário.

Ponha sua capacidade de reunir informações para funcionar e descubra tudo que puder a respeito das particularidades do tal empresário poderoso. Normalmente, a secretária de um grande *kahuna* divulga com alegria, quando interpelada, qual é seu vinho favorito, se ele prefere o filé bem passado ou mal passado, e tudo que puder ajudar você a tornar essa experiência agradável para ele. Depois se vire e transmita a seu chefe tudo que descobriu. Esperamos que ele seja brilhante o bastante para perceber como usar tais informações em proveito próprio. Melhor ainda, que ele reconheça que foi você a fonte dos dados que contribuíram para fazer avançar sua carreira.

Quando surgem questões interculturais, você se vê diante de uma via ampla o bastante para dirigir um caminhão. Você sempre disse a seu chefe idiota para não tirar os sapatos sob a mesa de jantar. Agora você pode esclarecê-lo sobre todos os tipos de etiqueta alimentar, desde tirar os sapatos num elegante restaurante japonês (é bom levar um par de meias extra, caso as dele estejam furadas no dedão), até nunca mostrar a sola do sapato para um coreano. Detalhes de qualquer cultura podem ser facilmente pesquisados na Internet. Tudo que você precisa fazer é manter-se à frente do jogo, antecipando toda e qualquer gafe que seu I-Chefe possa cometer, realizar sua pesquisa e instruí-lo. É muito provável que ele aprecie seus esforços.

Suporte os tolos com bondade

Em defesa dos chefes idiotas, nem todos os empregados são Einsteins. Em muitas organizações o jogo de quem é o maior idiota nunca termina. O chefe do departamento de uma universidade me convidou para ser membro adjunto da instituição enquanto tomávamos café num estabelecimento fino e caro. Eu bebia um desses drinques com nomes exóticos e preço exorbitante, uma surpresa de goiaba, manga e banana, e ele saboreava uma mistura gelada à base de café.

Meu drinque saudável foi servido em uma pequena garrafa plástica com tampa amarela e hermética. Por que um produto voltado para a saúde e aceito pela elite intelectual dos comedores de granola, encontrados na cultura universitária, é vendido em uma embalagem que leva seis milhões de anos para se decompor, é algo que está além da minha compreensão. Mesmo assim, tranqüilizei minha consciência pensando que, se minha garrafa vazia de surpresa de goiaba, manga e banana ainda estiver incomodando alguém daqui a seis milhões de anos, eles, sem dúvida, terão a tecnologia para transformá-la em combustível para foguete.

Meu novo chefe falava sobre os cursos que daria na universidade quando eu peguei a garrafa e comecei a sugar a bebida pelo canudinho. No mesmo instante me dei conta de que não estava bebendo minha surpresa de goiaba, manga e banana.

O canudo em minha boca pertencia ao drinque de café de meu chefe e era a mistura gelada que eu estava bebendo. Sem me abalar, deixei o copo entre nós sobre a mesa e peguei a garrafa plástica com a surpresa de frutas como se nunca a tivesse soltado. Se ele percebeu, não disse nada, nem mesmo quando pegou seu coquetel de café e começou a bebê-lo pelo canudinho comunitário.

Eu o imitei bebendo um gole da minha garrafinha de seis milhões de anos. Foi um daqueles momentos em que você deseja poder voltar a fita e apagá-la, como se fosse um comercial ou filme. Se ele notou o que eu fiz e fez o meu jogo, ou estava precisando muito de membros adjuntos na faculdade ou estava disposto a aceitar o idiota que existe em todos nós.

Eu penso que, se ele está disposto a aceitar a estupidez que eu levo para o relacionamento, é justo que eu retribua na mesma moeda. Se reunirmos a coragem necessária para pôr sob um microscópio as queixas relativas ao nosso local de trabalho, poderemos ver que as atitudes e os comportamentos problemáticos que projetamos em nossos chefes têm nossas digitais. Admito tudo isso e anoto no meu inventário.

Quando chegar nossa vez de assumir a chefia, teremos de aceitar os sujeitos que vão beber nos nossos canudinhos de vez em quando. Felizmente, para mim, ele mostrou ser um chefe bom. Assim eu nunca saberei ao certo se ele não estava prestando atenção ou se, graciosamente, poupou o idiota que bebeu alguns goles de drinque gelado de café e fingiu que nada havia acontecido.

11

Idiotice: raízes teóricas, teológicas e biológicas

Se os idiotas não existissem, nós os criaríamos?

O décimo primeiro passo:

*"Por meio da prece e meditação, busco
aumentar o contato com Deus, como eu O
interpreto, rezando pelo conhecimento de
Sua vontade e pela coragem para realizá-la."*

O original (e mais amplo) décimo segundo passo refere-se a Deus "... como O entendemos". Isso não equivale a dizer que produzimos nossa própria imagem para idolatrá-Lo e pedir Sua ajuda? Deus, como O imaginamos, parece e soa como um prêmio Nobel elevado à centésima potência, embora Ele provavelmente não precise de óculos nem de um Ph.D. de Harvard.

Programas de recuperação de doze passos inspirados por Bill W., por mais maravilhosos e eficientes que sejam, todavia preconizaram a correção política. Como Deus deve estar cansado da nossa restrição humana "... como O entendemos". Somos incapazes de entendê-Lo. Ele é Deus, nós não somos.

"Crianças", Ele suspira retoricamente, repousando Seu queixo de barbas brancas na palma de sua sagrada mão. "O que há para entender? Eu sou quem sou. Eu lhes dei um programa de dez passos para o bem-viver. Agora precisam de doze? Francamente!"

Acredito que Deus tem uma vontade e um plano muito mais avançado e potencialmente positivo de tudo que posso criar. O segredo consiste em entrar em contato com Sua vontade e Seu plano para saber como investir nosso tempo e nossa energia. E não acredito que isso inclua ressentimento e frustração. Ele não mandou Moisés descer a montanha carregando duas tábuas pesadas contendo dez sugestões. Para isso ele poderia ter dado um *palm pilot* a Moisés.

Quero um Deus que esteja além da minha compreensão. Alguém tão onipresente que Sua proteção signifique alguma coisa, tão onipresente que, se for seguido, Seu plano seja um sucesso garantido e tão onisciente que nada O surpreenderá. Não há como se esconder de um Deus onipresente. Ele está em todos os lugares onde estou e em todos os lugares onde todos os outros estão ao mesmo tempo.

Muitos de meus colegas na academia, o clube que você passa a integrar quando conquista um Ph.D., zombam da idéia de que uma baleia engoliu Jonas. Eles acham que só tolos inocentes podem acreditar em tais contos de fadas. O teólogo Charles Swindoll disse que o Deus em que ele acredita podia ter feito Jonas engolir a baleia se quisesse que as coisas acontecessem assim. Vou acreditar nesse Deus, obrigado. E não O entendo. Não sei quantas pessoas entendem realmente a si mesmas, muito menos Àquele que as criou.

A graça de Deus e seu I-Chefe

Ouvi a graça de Deus ser definida como bênçãos que não mereço e Sua misericórdia definida como aquilo que me poupa da punição que mereço. Quaisquer que sejam as bênçãos com que Ele me cobre, Ele também cobre meu I-Chefe com elas. Essa é a coisa mais surpreendente sobre a graça. Se você eleva o suficiente sua perspectiva, não verá mais pessoas espertas versus pessoas burras, verá apenas pessoas. Acredito que um Criador divino fez (1) um ambiente que perdoará quase todo desastre ecológico, (2) corpos baseados em carbono que curam a si mesmos de muitos males, apesar de todos os abusos sofridos, e (3) mentes que podem refletir a condição humana — passado, presente e futuro — e fazer melhorias.

Talvez os chefes idiotas não sejam um erro, afinal. Talvez Deus tenha feito os chefes idiotas para manter-nos honestos e humildes. É possível que I-Chefes não sejam as falhas de evolução que inicialmente os consideramos? Precisamos dos I-Chefes em nossas vidas e somos apenas orgulhosos demais para admitir? Quem mais podemos culpar por nossas continentais frustrações na carreira? Odiamos nossos chefes idiotas por merecerem, ou por que eles não podem se defender? Somos nós os briguentos, e nossos I-Chefes os fracos de cinqüenta quilos?

Os I-Chefes são parte da mesma cadeia alimentar que inclui o resto de nós? Se o piso de uma pessoa é o teto de outra pessoa, o I-Chefe de um indivíduo é o herói de outro? Embora às vezes estouremos com nossos clientes, no final do dia somos todos clientes de outras pessoas? Estou fazendo muitas perguntas? O que você acha?

Às vezes inventei os chefes idiotas em minha vida para evitar a captura e a punição por minhas transgressões. É mais fácil encontrar bodes expiatórios do que soluções. Por que gastar energia planejando um futuro melhor se posso gastá-la completamente me queixando do presente e do passado? Criamos idiotas para podermos contar com o apoio de ombros alheios e mantermos nossas cabeças fora da correnteza de estupidez para a qual todos contribuímos. As histórias sobre idiotas são muitas. Eles entopem o ciberespaço como fios de cabelo no ralo do chuveiro. Apesar dos relatos não estou tão certo de que todas essas pessoas sejam idiotas. Eles podem ser apenas idiotas de conveniência que nós criamos para nos sentirmos melhor.

Entre meus estimados colegas há um grande professor e um tremendo jogador de golfe, tudo num só pacote, uma distinção que reservava para mim mesmo até nos conhecermos. Ele é cientista e eu sou filósofo. Sua disciplina é a ciência exata. A ciência comportamental, apesar de seu apelido, é uma forma de arte. No mundo preciso onde operamos, os tolos são facilmente quantificáveis e ele os caça sem nenhuma hesitação. Meu amigo enviou-me uma coleção de respostas verdadeiras para perguntas de provas formuladas por alunos para professores de ciência e saúde. Elas podem ter aparecido em seu e-mail em algum momento:

1. H_2O é água quente e CO_2 é água fria.
2. Quando você sente o cheiro de um gás inodoro, ele é provavelmente monóxido de carbono.
3. A água é composta de dois gins. Oxigênio e Hidrogênio. O oxigênio é gim puro. O hidrogênio é gim com água.
4. Momentum: o que você dá a uma pessoa quando ela está indo embora.
5. Vácuo: um grande espaço vazio onde mora o Papa.
6. Germinar: tornar-se um germânico naturalizado.

Isso mesmo, vá em frente e ria. Eu mesmo posso ter dado algumas dessas respostas em momentos de desespero e suor frio quando me submetia a exames finais de graduação, depois de faltar às aulas por todo o semestre. É fácil para as pessoas inteligentes, especialmente os cientistas, pensarem que todos nós somos idiotas. Suas perguntas só têm uma resposta correta. Olhe para essas respostas de forma filosófica ou artística e você poderá apreciar a tendência para as inteligências múltiplas, que é outra maneira de dizer que nem todos nós somos cientistas. Não há somente uma resposta correta quando lidamos com seres humanos.

Idiotas: reais ou não?

Idiotas no local de trabalho podem ser reais ou imaginários. Se eles são reais, precisamos lidar com eles. Se são imaginários, precisamos de ajuda psiquiátrica. O ex-secretário de Estado dos Estados Unidos, Dean

Acheson, escreveu: "Um memorando não é redigido para informar o leitor, mas para proteger o redator". Não se você for um idiota. Experimente analisar alguns desses comentários feitos por supervisores reais:

- "Equipe de trabalho é um monte de gente fazendo o que eu mando."
- "Fazer corretamente não é desculpa para não cumprir o prazo."
- "Minha esperança é que possamos reduzir esses dois documentos a três."
- "Esse projeto é tão importante que não podemos permitir que coisas mais importantes interfiram nele."
- "O e-mail não deve ser usado para a transmissão de informações ou dados. Ele deve ser usado apenas para negócios da companhia."
- "Sabemos que a comunicação é um problema, mas a companhia não vai discuti-lo com os empregados."

Existem duas maneiras de garantir que suas palavras sejam memorizadas: dizer alguma coisa excepcionalmente inteligente ou excepcionalmente estúpida. Os administradores que fizeram os comentários acima julgaram a própria lógica tão sólida quanto Gibraltar. Um até me deu um panfleto que um ex-empregado havia publicado, cheio de sua lógica conturbada. Ele considerou a publicação um tributo. Eu agradeci pelo panfleto e me despedi. Estava atrasado para uma reunião no planeta Terra.

Se você quer mesmo saber a resposta para a pergunta no início deste capítulo, "Se os idiotas não existissem, nós os criaríamos?", deve primeiro aceitar que essa é uma questão estúpida. Os chefes idiotas existem pela definição de qualquer pessoa. Uma pergunta melhor é: "Como sobreviver a eles?" Uma questão mais profunda e fatal é: "Sou realmente um idiota tentando viver uma vida de negação e disfarce?" Talvez eu esteja até projetando minha estupidez num chefe idiota fazendo-o parecer pior do que realmente é.

Está no sangue

A genética é ainda outra forma pela qual devemos poder nos ligar a nossos chefes idiotas em algum nível. Alguns têm sangue irlandês, outros têm sangue alemão, ou pior, irlandês *e* alemão. O que se pode esperar da mistura de povos naturalmente conquistadores com uma fraqueza pelo álcool? Muito provavelmente luteranos ou católicos irlandeses. Algumas pessoas têm sangue italiano, outras, francês. Faça o cálculo. Se montarmos as árvores genealógicas de nossas famílias, é bem possível que encontremos um número suficiente de idiotas para transformá-los em lenha.

Tente variar e olhe para seu I-Chefe usando uma lente distorcida. A hereditariedade não o favorece. Isso explica sua anêmica capacidade de compreensão. Quando você tenta persuadir um I-Chefe a fazer algo, sua primeira tarefa é ajudá-lo a captar o conceito. Dê a ele o benefício da dúvida. Chefes idiotas querem ser apreciados, apesar de serem tão pouco apreciáveis. Continue dizendo para si mesmo: "Ele é realmente bem-intencionado". Isso não significa que dizer tal coisa possa fazer tudo ficar inteiro outra vez. Mas pelo menos serve para levantar o véu das más intenções. Compare seu I-Chefe a outros tipos de chefe com intenções realmente maliciosas e você vai gostar mais dele.

Chefes bons são sempre bem-intencionados e geralmente têm a inteligência necessária para se dar bem. Muitos chefes idiotas seriam chefes bons se pudessem manter um pensamento por algum tempo sem se sentirem entediados e tentarem brincar de administradores. A linha que separa os chefes bons dos I-Chefes é, às vezes, tão fina quanto alguns pontos no compasso da inteligência. Chefes bons se preocupam primeiramente com o crescimento e o desenvolvimento de sua equipe porque eles sabem que pessoas motivadas são altamente produtivas.

O fator de inteligência separando chefes bons de um I-Chefe inclui o reconhecimento de que tarefas insignificantes impostas por I-Chefes aos seus subordinados são contraproducentes ao crescimento e ao desenvolvimento do indivíduo e, conseqüentemente, para a organização. I-Chefes não agem de forma deliberada para prejudicar o desempenho de sua equipe, apenas o fazem naturalmente. I-Chefes falam em atingir os objetivos da companhia enquanto repetem como papagaios os mantras de autores motivacionais. Mas, no final, eles acabam prejudicando todo o trabalho com tarefas irrelevantes, avaliações de desempenho impróprias e comunicação defeituosa. Eles não capturam a noção de que todo o pequeno caos que criam diariamente eventualmente contribui para um caos maior. Está tudo no resultado do exame de sangue.

Evitando conceitos

A inteligência em mãos certas torna eficiente um chefe bom. A estupidez em mãos erradas transformará uma organização, antes eficiente, em um circo. Bons chefes sabem que a integridade no décimo andar depende da integridade dos nove andares abaixo dele. Imagine que você está conversando com seu chefe idiota enquanto almoçam no restaurante da cobertura de um prédio de cuja construção ele participou.

— Economizamos dinheiro misturando subprodutos de materiais de construção com produtos de boa qualidade — explica o I-Chefe enquanto tenta remover uma semente de gergelim de seu primeiro molar.

Você interrompe o gesto de levar o garfo à boca e pisca duas vezes. Depois deixa o garfo com salada em seu prato.

— Você disse que o prédio alto, em cujo topo estamos agora, foi construído com subprodutos de materiais de construção?

— Recebi um memorando pedindo redução de custos — o I-Chefe explica, jogando a semente de gergelim por cima de um ombro. — Presumi que isso significava cortar despesas de mão-de-obra e material e, com o sindicato e todo o resto, teria sido difícil reduzir os custos da mão-de-obra, por isso comprei alguns itens de marca X.

O I-Chefe passa manteiga em outro pão de gergelim e o enfia na boca.

— Consegui coisas muito boas de um cara chamado Freddie Trapaça — ele conta enquanto mastiga o pão. — Tudo muito barato, também.

— Não está preocupado? — você indaga, tentando evitar olhar para o que ele está mastigando.

— Ah, não — o I-Chefe engole e bebe um grande gole de água. — Ficamos dentro do orçamento e eu tive um bom aumento de salário.

— Quero dizer, sente-se seguro em um prédio construído com material de qualidade inferior? — você pergunta, olhando em volta em busca de rachaduras nas paredes e no teto, ou outros sinais indicadores de falha estrutural.

O I-Chefe ri.

— Você deve pensar que sou estúpido.

— Eu não disse isso — você dispara, esperando que o pensamento, tão presente em sua mente, não tenha escapado.

— Para sua informação — ele garante — usei o aço e o concreto da mais alta qualidade nos andares superiores, onde ficam os escritórios dos executivos. O concreto e o aço mais baratos, mais propensos a falha estrutural, ficaram nos andares mais baixos, onde trabalham os peões.

— Foi um golpe de mestre — você diz com tom agradável enquanto se levanta da mesa e sai do prédio o mais depressa possível.

A educação é, provavelmente, um desperdício numa pessoa obtusa demais para perceber que a saúde e o bem-estar global dependem da saúde e do bem-estar de suas partes componentes. Um chefe bom entende isso e se importa o suficiente para fazer alguma coisa a respeito. Um bom chefe demonstra de forma consistente inteligência, caráter e bom senso. Só o bom senso pode cobrir uma infinidade de pecados.

Muito da frustração que experimentamos no trato com chefes idiotas vem de esperar que eles demonstrem bom senso. O sangue dos idiotas não deve ser suficientemente oxigenado para captar mentalmente o conceito do bom senso. Eles podem fazer coisas sensatas, mas não será porque alguma coisa é sensata. Isso será o resultado de seus esforços para conduzi-los nessa direção.

Sacrifício de sangue

I-Chefes podem ser diferenciados dos outros tipos por mais do que a presença ou ausência de inteligência. Considere como a inteligência é usada. Pessoas em posições de poder que realmente acreditam serem deuses combinam pensamento ilusório com inteligência superior para produzir o curioso coquetel de conhecimento que guia o comportamento dos chefes deuses. A habilidade de focar e permanecer focado na tarefa pode ser o ponto mais forte de um chefe deus "como ele se entende". Sua tarefa principal não é a aquisição dos objetivos organizacionais. O comportamento enganador de um chefe deus raramente se relaciona com aquilo que ele está sendo pago para fazer.

Notei que líderes mundiais, bem como líderes em corporações, que acreditam ser realmente divindades tendem a possuir características subliminares de paranóia. Essa é a única maneira de um chefe deus se manter no poder. Ele deve reprimir ou eliminar qualquer um e tudo que possa apontar sua condição de mero mortal. Minha mãe sempre omitiu o trecho do conto de Hans Christian Andersen, "As roupas novas do Imperador", no qual a criança que expunha o truque era presa e torturada pela polícia secreta. Sei que minha mãe estava tentando me proteger, mas se ela tivesse contado essa parte também, eu teria sido melhor preparado para a vida corporativa.

Como mencionei antes, chefes deuses não podem permitir que qualquer pessoa em sua esfera de influência tenha voz ou base para expô-los como fraudes. Mas silenciar as pessoas e ocultar seus corpos sem chamar atenção requer planejamento. Um chefe deus vai demonstrar sua inteligência em esquemas astutos, porém diabólicos, necessários para anular os defensores e divulgadores da verdade. O trabalho de um chefe deus nunca é feito porque parece sempre haver alguém com um desejo natural de revelar a verdade, exceto quando ela se relaciona a pagar impostos, preencher propostas de emprego e explicar para a esposa o verdadeiro motivo que os fez chegar tarde em casa. Criar um círculo de defensores subdeuses exige toda a energia do chefe deus, mas esses defensores atacarão e anularão todo e qualquer indivíduo suspeito que não prestar a devida homenagem.

Embora um chefe deus nunca se entregue abertamente a comportamentos paranóicos como faz um chefe paranóico, essa autoproteção supervigilante sugere que o chefe deus sabe que não é realmente um deus. Mesmo com todos os subordinados se ajoelhando e entoando cânticos de louvor, o chefe deus está convencido de que muitos deles, se não todos, representam uma ameaça. Se o chefe deus fosse, de fato, onipresente e onisciente, ele não sentiria a necessidade de defender-se contra insurreições reais ou imaginárias.

O Deus no qual eu creio despreza toda e qualquer rebelião contra Ele, balança Sua Sagrada cabeça e toma uma sagrada aspirina. Para Ele a insurreição é uma decepção, não uma ameaça tangível. Chefes deuses me lembram figuras históricas, de algumas eras anteriores à administração do presidente Bill Clinton, que ordenavam que membros da família fossem mortos só para se certificarem de que eles não seriam assassinados durante uma reunião comemorativa. Todos vimos O poderoso chefão II, certo? Se os chefes deuses não existissem, nós os criaríamos? Provavelmente não. Eles não são úteis para ninguém.

Chefes maquiavélicos também aplicam constantemente sua inteligência superior a propósitos maliciosos. Não há nada errado no desejo de atingir o sucesso. Espero que todos tenham esse desejo de progredir. O desejo desempenha um papel importante na criação do padrão de vida. A diferença entre o típico padrão de um cidadão de classe média e o padrão de vida em qualquer outro lugar está na definição de sucesso. A antiga União Soviética, por exemplo, é essencialmente igual aos Estados Unidos em termos de recursos naturais e força de trabalho. Creio que suas reservas de petróleo são ainda maiores.

Por que, então, a média da população economicamente ativa americana tem um rendimento maior, uma casa mais confortável, uma televisão colorida maior e um carro mais confiável na garagem do que os russos? As últimas estatísticas que vi indicavam que, nos Estados Unidos, uma mãe solteira recebendo o Auxílio para Famílias com Filhos Dependentes

(AFDC), somado ao salário e à assistência pública, tem um rendimento maior do que 90 por cento da população mundial. Isso não significa que ela é rica. Significa que o mundo está cheio de pessoas muito pobres.

Na antiga União Soviética, Boris foi vítima da definição errada de sucesso. Antigamente, no tempo dos Czares, o sucesso era definido como manter a cabeça baixa e fazer o possível para não ser preso e torturado pela polícia secreta. A revolução Bolchevique pôs um fim nisso. Com o partido comunista no poder a definição de sucesso mudou para manter a cabeça baixa e fazer o possível para não ser preso e torturado pela polícia secreta.

Na nova Rússia o sucesso é a capacidade de traficar jeans Calvin Klein, armas russas e óculos de visão noturna no mercado negro internacional, ou abrir uma franquia do McDonald's e usar seus lucros para sustentar a polícia secreta que, dessa forma, o deixará em paz. Só quando se define o sucesso no contexto do que se é capaz de fazer, não só do que se tem permissão para fazer, a vida pode se tornar realmente rica. Infelizmente, para os maquiavélicos, o desejo de alcançar o sucesso exclui todos os outros.

Enquanto um chefe deus elimina alguém que ele pensa ser uma ameaça de exposição, um maquiavélico elimina as pessoas simplesmente por se colocaram entre ele e seu desejo. Chefes deuses e maquiavélicos, sendo inteligentes e enganadores, não falam em voz alta, não fazem birra nem chamam atenção para suas atividades. Como meu chefe na Disney, um chefe deus e um chefe maquiavélico agem de forma precisa e firme para remover cirúrgica e silenciosamente toda e qualquer ameaça. Esses chefes vão um passo além para enviar uma mensagem psicológica. Uma pequena gota de sangue, deixada em local visível sobre o teclado do computador da vítima para que outros membros da equipe a vejam, é uma lembrança eficaz sobre o preço da irreverência ou da interferência.

Como o chefe deus sofre de paranóia subliminar, o maquiavélico sofre de narcisismo subliminar. Um chefe idiota tem ausência de noção subliminar, o que me surpreende por não ser uma categoria de diagnóstico de acordo com a Associação Psicológica Americana. O fato permanece:

Chefes deuses, maquiavélicos e idiotas existem, por isso não precisamos pensar se os criaríamos em caso de ausência.

Uma exceção para tudo

Se não há ninguém no escritório a quem causar dor e sofrimento, um masoquista faz as honras pessoalmente... a si mesmo. Mesmo assim ele não precisa ir muito longe para encontrar ajuda, desde que haja um chefe idiota, deus, maquiavélico ou sádico por perto. Chefes idiotas normalmente causam dor sem ter essa intenção. Chefes deuses causam sofrimento e angústia como forma de garantir lealdade e apoio. Os maquiavélicos provocam dor e angústia em sua contínua batalha para transferir tudo o que pertence aos outros para sua conta no exterior. Os sádicos adoram causar dor e sofrimento.

Acho que os chefes sádicos são mais toleráveis do que os masoquistas. Talvez tolerável não seja a palavra correta. Mas eles são mais comuns e seu comportamento parece ser mais natural numa forma doentia de ser. Os chefes masoquistas são líderes relutantes até perceberem as dramáticas oportunidades de autopunição proporcionadas pela liderança. Um departamento cheio de subordinados pode ser transformado num bando de indivíduos furiosos com armas pontiagudas, caso ele os antagonize e aborreça o suficiente.

Os sádicos querem ser chefes desde o início porque esse é o cenário perfeito para punir e abusar de vítimas desavisadas. Os masoquistas adoram trabalhar para sádicos porque o sádico proporciona uma dose estável e confiável de dor. Os sádicos, por outro lado, não suportam ninguém que aprecie a dor. Como resultado masoquistas não duram muito em um departamento liderado por um sádico.

Mobilidade vertical e advogados

Com os departamentos de RH correndo contra as ações trabalhistas, a maneira mais segura de livrar-se de componentes indesejáveis no seu departamento é ajudá-los a serem promovidos. Ninguém move um processo por ter sido promovido. Com estúpidos incompetentes subindo a escada do progresso corporativo, os verdadeiros trabalhadores no caule do cogumelo sustentam uma crescente copa de chefes improdutivos, malucos e autodestrutivos.

Quando os masoquistas são removidos do departamento do sádico, as pessoas que restam têm uma reação natural à dor: elas gritam. O chefe sádico tem agora o grupo de vítimas que sempre sonhou ter. Os ferimentos físicos e emocionais causados pelos sádicos são difíceis de provar no tribunal. Chefes sádicos mantêm os membros de sua equipe trabalhando até tarde sem que haja necessidade disso, privando-os assim de um tempo precioso com suas famílias. Se um membro da equipe tenta alegar que seu divórcio ou perda de custódia está diretamente ligado às ausências prolongadas do lar, o astuto chefe sádico pode testemunhar na corte sobre como ouviu rumores a respeito de dificuldades conjugais e, apesar de seus repetidos esforços para mandar para casa esse subordinado, ele o via buscar no trabalho o refúgio para a frustração afetiva.

Trata-se de uma manobra tática brilhante e próxima do crime perfeito. As cargas de trabalho desumanas que os chefes sádicos gostam de colocar sobre os ombros de seus subordinados podem levar a privação, desnutrição e institucionalização. Em cada caso um astuto e inteligente chefe sádico alegará sob juramento que o subordinado sempre foi muito ambicioso, o que levou cada vez mais ao desespero e ao comportamento autodestrutivo. Se chefes sádicos não existissem, eu os criaria? Prefiro um idiota.

Desafiando a lógica

Não conheço nenhuma evidência física ou biológica que explique os chefes paranóicos. Eles existem em um mundo teórico ou, mais especificamente, imaginário de sua própria criação. Mesmo que nunca tenhamos a capacidade de explicá-los, os chefes paranóicos são insuportáveis. Nada do que você faça os satisfará ou agradará e é difícil permanecer motivado quando tudo que você pensa, diz e faz está sob suspeita. Como com toda a energia negativa do universo, o ciclo da paranóia se auto-alimenta, autoperpetua e adquire vida própria. O movimento perpétuo de uma máquina pode ser um mito, mas a imaginação do chefe paranóico prosseguirá para sempre.

Se um chefe paranóico é difícil de ser explicado, tente uma combinação entre um chefe camarada e paranóico. Não um de cada, mas personalidades coexistindo em um mesmo indivíduo. Não uma personalidade dominante e subdominante, mas uma divisão igual. Como já discutimos, existem numerosas maneiras de abordar e lidar com os vários tipos de chefes em várias questões. A personalidade camarada/paranóica me confunde inteiramente. Se digo:

— Oi, chefe. É bom vê-lo — a fim de agradar a personalidade camarada, a personalidade paranóica pergunta:

— Por quê?

— Oh — eu gaguejo. — Porque sim.

— Por quê?

— Porque...

— Por quê, o quê?

Se você puder sustentar sua parte do pingue-pongue por tempo suficiente, talvez ele desista e vá embora. Por outro lado, se você atender à personalidade paranóica e confirmar que há uma conspiração, a personalidade camarada se inquietará com a idéia de que um grupo de pessoas não gosta dela. Pense em um problema de múltiplas personalidades. Se você é dono de uma empresa, talvez considere vender seu negócio só para se livrar da combinação paranóico/camarada.

Medidas extremas

Não recomendo que você venda sua companhia para se livrar de um problema com empregados. Seria como queimar a casa para se livrar dos cupins. Infelizmente, com certos problemas de pessoal, queimar o prédio com as pessoas dentro pode parecer uma sugestão tentadora.

Quando eu era um adolescente e tocava em uma banda de rock, nós resolvíamos disputas usando o método "explodir e reagrupar". Se alguém passava a ser um problema, todos os outros abandonavam a banda, atravessavam a rua para entrar na garagem de alguém, e reformulavam a banda sem o culpado pela dissolução anterior. Fiz isso mais de uma vez e fui vítima do truque. Como adultos, precisamos ter melhores habilidades.

Chefes camaradas lembram sempre chefes idiotas, mas não são desprovidos de noção. Chefes camaradas podem ser bem inteligentes. Eles são apenas solitários, o que toca as vulnerabilidades de co-dependentes como eu. I-Chefes não são sagazes o bastante para perceber que estão sozinhos. É o mesmo que ser muito pobre e não perceber a pobreza. Se você tem um chefe camarada, faça uma coleta e compre um cachorro para ele.

Um gato não vai funcionar. O gato o ignorará e não hesitará em sair de casa e nunca mais voltar. Os cães são mais caros e podem manter seu chefe camarada ocupado por tempo suficiente para que você consiga passar um final de semana com sua esposa e seus filhos. Seu chefe camarada vai ter de ir para casa alimentar o cachorro, o que reduzirá significativamente a necessidade de passar longas noites em sua companhia. Se os chefes camaradas não existissem, eu nem pensaria neles.

Levado ao limite

Quando um indivíduo perturba a eficiência e a coesão de um departamento, e não responde aos esforços de solução de conflito ou às exaustivas tentativas de construir soluções funcionais, é tempo de o supervisor separar a ovelha negra do rebanho. Por mais desagradável que seja uma demissão, às vezes, ela é a melhor solução. Uma situação insustentável relacionada a um problema com um subordinado prejudica mais os membros da equipe do que a chefia. Os chefes têm o poder e a obrigação de cuidar de problemas do pessoal, enquanto os subordinados devem esperar e torcer. Eu não queria confrontar a técnica cronicamente atrasada da Disney, mas os outros membros da equipe mereciam mais do que aquilo.

Um dos piores cenários que se pode imaginar para um local de trabalho é aquele onde um subordinado abusado e irritante tem liberdade para importunar seus colegas enquanto o chefe se nega a interferir. É bem provável que você já tenha estado nessa situação. É difícil. Seu chefe tem consciência do problema embora finja o contrário. Para aqueles que nunca enfrentaram a situação como chefe, é difícil de explicar.

Parte de você não quer admitir sua falta de capacidade para cuidar da questão. A outra parte não quer abrir uma caixa de Pandora abordando o problema e acendendo o pavio de uma bomba só para depois descobrir que, legalmente, você não pode se livrar dela. Você não aprecia a idéia de fazer dessa pessoa um inimigo. Você espera que surja alguma solução milagrosa.

Para um chefe, enfrentar o exaustivo e delicado processo de demitir alguém é tão agradável quanto um tratamento de canal. Mas, se você é um dos subordinados que sofre enquanto seu chefe é consumido pela indecisão, há várias coisas que você pode fazer. Tendo estudado a linguagem empregada por seu chefe e o que motiva sua personalidade, você pode abordá-lo da maneira mais diplomática e razoável possível e informá-lo sobre a situação e como ela está afetando o moral e a produtividade do departamento.

Com diferentes tipos de chefes, você vai precisar determinar, da melhor forma possível, o que constitui perturbação e problema na definição desse superior. Espero que você não tenha de passar por cima dele e ir ao RH, mas essa é uma opção. Alguém na organização vai se importar o suficiente com produtividade e moral para iniciar algum tipo de ação. Tenha certeza de identificar essa pessoa antes de levantar a mão.

Use a cautela quando for procurar seu chefe por alguma razão. Se você for surpreendido fora da sua baia sem autorização, essa infração pode ser mais passível de punição do que o verdadeiro problema para o qual está tentando chamar a atenção. Se você tem de encontrar alguém na organização, com fibra, faça sua pesquisa. Descubra se pessoas já foram punidas antes. Qual foi a causa? Que funcionário do RH cuidou do caso? Quem é mais indicado para assumir a questão agora?

Já levei problemas a pessoas numa organização com o cargo e o poder para resolvê-los e acabei descobrindo que eles não tinham a energia necessária para agir. Infelizmente pessoas que demonstram maior preocupação com a eficiência, a produtividade e o moral na população organizacional do que com a proteção do próprio terreno na propriedade corporativa são exceções, não a regra. O problema para o qual você está tentando chamar a atenção pode se tornar uma batata quente.

Presuma estar sozinho até conseguir encontrar garantias razoáveis de que será apoiado. Não assuma que será apoiado, mesmo que o manual de procedimentos padrão de sua companhia dê essa garantia. Um executivo com poder suficiente para assisti-lo, na eventualidade de você se ver obrigado a passar por cima de seu chefe, deve ser um dos líderes dentro da empresa. Saiba com quem está lidando antes de se expor a eventuais retaliações. Informação é poder. Nada o impede de reuni-la da melhor forma possível.

Seja grato

Se seu I-Chefe não permite que um problema irritante e sem solução exploda, alegre-se. Independentemente de quaisquer explicações teóricas, teológicas ou biológicas para os chefes idiotas, seja grato. Fique feliz por eles não terem consciência do caos que criam e por suas consciências não serem motivo de insônia. Deixe-os cochilar. Se perdemos o sono odiando-os, a culpa é nossa e de mais ninguém. Não estou dizendo que se os I-Chefes não existissem nós os criaríamos. Não vamos exagerar. Mas eu substituiria alegremente por um I-Chefe qualquer chefe deus, maquiavélico, sádico, masoquista, paranóico ou camarada.

Com gratidão em seu coração, pratique elogios genéricos que possa oferecer ao seu chefe idiota. Use as palavras de maneira a não mentir...

exatamente. Esteja preparado para, a qualquer momento, dizer: "Puxa, chefe, você realmente faz a diferença por aqui". Ou: "Se você não estivesse por perto, as coisas seriam realmente diferentes". Esses comentários têm múltiplos significados, permitindo que você mantenha ao menos um pé no terreno da verdade.

Imagine as pobres almas que não leram este livro. Elas ainda culpam seus chefes idiotas pelas frustrações na carreira. Você, por outro lado, é uma criatura esclarecida e percebe que, sem seu I-Chefe, as coisas poderiam ser muito piores.

12

A mão aberta

Finja por um momento que acabou de entrar na sala de seu chefe idiota tomado por uma raiva indignada. Você se planta diretamente na frente da mesa com o peito aberto. Cerra os punhos, coloca um deles diante do rosto do chefe e diz: "Seu miserável, isso e aquilo. Sou mais inteligente e talentoso do que você. Trabalho mais e produzo mais em um dia do que você em um mês inteiro. Se tivesse metade de um cérebro, você me trataria com o respeito que mereço, dobraria meu período de férias, me daria um aumento e suplicaria para eu não me demitir".

É gostoso, não é? Por um momento, sim. Quando está dirigindo na estrada, você mostra o punho cerrado para outros motoristas e diz: "Seu ignorante, isso e aquilo... onde aprendeu a dirigir? Se eu não estivesse atrasado para o trabalho, iria até aí e socaria um pouco de bom senso para dentro da sua cabeça". Quando chega ao escritório, você conta aos colegas as ofensas patéticas que gritou para os outros motoristas? Esse é o ponto alto do seu dia?

Quando ficamos presos atrás de motoristas vagarosos, pisamos no acelerador na primeira oportunidade e os ultrapassamos. Se o tráfego inteiro é lento, agarramos o volante e sentimos o sangue ferver. Quando estamos em uma longa fila no caixa do café ou no banco, nos agitamos nervosos ou começamos a ferver por dentro. Se um caixa do banco ou um funcionário da lavanderia tem o privilégio de nos atender depois de um dia de trânsito lento, é possível que ele sofra conseqüências que não tem nada a ver com ele. É bom, não é?

Permitir que a raiva cresça e depois extravasá-la significa sobreviver a longos períodos de tensão crescente intercalados por breves episódios de alívio. Alterar a forma como você confere valor ao seu tempo e esforço significa longos períodos de realização intercalados por ocasionais momentos de tensão. Só porque alguma coisa parece ser familiar não quer dizer que seja boa. Ficar zangado não faz bem. E se você nem se zangar? Como seria isso? Permanecer sereno e calmo diante de situações que, de outra forma, seriam irritantes, tensas, nervosas... isso é bom. É assim que funciona para o chefe idiota.

Finja mais uma vez que entrou na sala de seu chefe idiota tomado por uma raiva indignada. Você se planta diretamente diante da mesa com o peito aberto. Abra as mãos e afaste os dedos. Mantenha-as dessa maneira, coloque-as diante do rosto dele e diga: "Seu miserável, isso e aquilo. Sou mais inteligente e talentoso que você. Trabalho mais e produzo mais em um dia do que você em um mês inteiro. Se tivesse metade de um cérebro, você me trataria com o respeito que mereço, dobraria meu período de férias, me daria um aumento e suplicaria para eu não me demitir".

Diferente, não é? Tratamos aqui de punhos cerrados versus mão aberta, tenso versus relaxado, raiva versus razão. Quando tudo for dito e feito, o programa dos doze passos para idiotas em recuperação abrirá sua mão, sua mente e suas opções. Apertar alguma coisa entre os dedos requer energia. Soltar alguma coisa põe em movimento a energia do universo. Apertar alguma coisa entre seus dedos emocionais aperta boa parte da vida para fora disso. Segurar a mão aberta permite que a vida flua por ela.

Seu ego reativo pode preferir uma abordagem em estilo punhos cerrados, especialmente com os idiotas. Seu coração prefere a mão aberta. Seu ego reativo quer a tensão. Seu coração deseja relaxar e deixar as coisas fluírem. Sua porção punhos cerrados diz: "Não darei a esse 'isso e aquilo' o prazer e o benefício do meu melhor trabalho ou uma gota de esforço extra". Seu coração diz: "Posso fazer o que consta da minha descrição de cargo com os olhos fechados. Farei o melhor porque isso me faz sentir bem. E se isso ajuda mais alguém, que seja".

Você quer prosperar ou apenas sobreviver no trabalho? Se prosperar soa atraente, abra os punhos e relaxe.

— Mas, dr. John — você diz. — Sinto-me familiar e confortável com a raiva, a frustração e o ressentimento.

— Sim, você se sente familiar e confortável com a raiva, a frustração e o ressentimento — eu concordo. — Mas eles o fazem feliz?

Eu já sabia que não. Abra os punhos e relaxe. Todos os dias, quando acordar com os punhos cerrados, abra-os e relaxe. No meio da manhã, quando as pressões idiotas do sistema o fizerem desejar cerrá-los novamente, abra os punhos e relaxe. Na hora do almoço, quando se sentir como se uma semana tivesse transcorrido e pensar em colocar o punho cerrado diante do rosto de alguém, relaxe. No meio da tarde, quando estiver decidindo que viver com a mão aberta é para os pássaros, lembre-se de que pássaros nem têm mãos.

Muitas criaturas não precisam de polegares por não refletirem sobre suas condições nem calcularem como estão infelizes e furiosas. Portanto, elas não precisam de punhos cerrados cheios de raiva, frustração e ressentimento. Vivem realmente o momento, olhando para o número um, vivendo um dia de cada vez, fazendo o melhor com aquilo que têm. Os animais não se ressentem pelo que não têm.

Olhe para as coisas boas de sua vida, para as coisas ruins, e entregue todas ao seu Poder Superior. Se você descobrir que é simplesmente incapaz de viver sem raiva, frustração e ressentimento, há muito mais disponível. Quando sentir a diferença entre viver com os punhos cerrados e as mãos abertas, você relaxará seus dedos assim que os sentir se fechando.

Dê o crédito

No local de trabalho, como em todos os outros lugares, aplica-se o velho ditado: Elogios são como fertilizantes. Não servem para nada enquanto não são espalhados. Distribua-os de forma generosa. Você não pode errar divulgando palavras de encorajamento. Elas podem ser apenas fertilizantes, mas fertilizantes fazem as coisas crescerem mais e mais depressa.

Não aja como um maquiavélico sentindo que está roubando de si mesmo por permitir a aclamação do próximo. Há muita bondade para todos. Quanto mais crédito você der aos outros, mais provável será uma retribuição. Se você distribui créditos com o único propósito de ser recompensado, vai se sentir ressentido caso não haja retribuição. Doe livremente, sem esperar nada em troca, e você não se decepcionará. Sua generosidade emocional, no entanto, estabelece um tom que, provavelmente, vai atrair mais generosidade. Se não, você terá a satisfação de saber que fez o que é certo. Não há limite para poder fazer o que é certo e não há limite para a satisfação.

Descrevi como oferecer elogios aos chefes idiotas e outros com o objetivo de posicionar-se. Dar crédito a quem o merece é um pouco diferente. É sempre apropriado parabenizar um esforço superior e não é mais do que você deseja para si. Permitir que o crédito por suas idéias seja atribuído a outrem pode fazer você sentir vontade de cerrar os punhos novamente, a menos que você ponha a situação em perspectiva. Se está vivendo uma vida ampla, você não vai se desgastar por detalhes sem importância nem ficar anotando quando recebe ou não todo o reconhecimento a que tem direito.

Se você adota como política pessoal permitir intencionalmente que seu chefe e outros membros da equipe sejam os primeiros a beber da taça do reconhecimento, você vai se impressionar. Também impressionará a todos que estiverem prestando atenção. E, mesmo que ninguém mais perceba, você não ficará ressentido porque estará exercitando seu livre-arbítrio. Como dizem alguns de meus amigos batistas, você estará acrescentando outra jóia à sua pesada coroa. Meus amigos judeus diriam que você está poupando. Eu diria que é como pôr minha máscara de oxigênio primeiro.

Seja parte de algo grande

Por mais que você trabalhe ou faça em qualquer que seja seu ramo, você pode se orgulhar de integrar o grande cenário. Uma das ocasiões em que dei os créditos por uma de minhas idéias a meu chefe foi durante uma consultoria para uma grande companhia da Califórnia. Fui contratado para integrar a equipe de treinamento dos técnicos e criar um departamento de treinamento unificado. A tarefa era semelhante à integração cultural necessária para transferir os técnicos de áudio e iluminação da divisão de manutenção da Disney para a divisão de entretenimento, e teria sido simples, não fosse por uma rede de agendas secretas, velhos ressentimentos e rixas alimentadas durante anos.

Na minha maneira usual busquei algo em comum entre os participantes. Isso é o que estabelece o cenário para a cooperação entre os indivíduos e facções que, sob a civilidade falsa do ambiente estéril de colarinhos brancos, querem realmente se atacar com barras de aço. Essas pessoas estavam tão imersas em seus próprios poços de amargura que há muito haviam perdido de vista a importância do trabalho que realizavam. Eles construíam motores de foguetes para a NASA. Seus produtos conduziam homens e mulheres ao espaço. Eles participavam da exploração espacial passada, presente e futura. Então, por que andavam por ali como pós-lobotomizados, com protetores de vinil nos bolsos da camisa oxford de mangas curtas?

Minha primeira idéia foi restaurar aqueles indivíduos ao estágio anterior. Quando trabalhava para a divisão de entretenimento da Disney, eu me sentia orgulhoso por integrar algo tão importante e mundialmente conhecido.

Com o programa de gestão Estilo Disney, iniciado por Mike Vance em 1970, os candidatos à supervisão passavam um tempo no parque como personagens da Disney. A idéia parecia engraçadinha quando a ouvi pela primeira vez. Mas era mais do que isso. Eu passava pelos diversos portões da área dos palcos uma dúzia de vezes por dia. As placas em cada um deles eram lembranças de que estávamos subindo nos palcos, entrando em cena. Sob cada placa havia um espelho. Mesmo quando vestia um terno que não chamava a atenção dos visitantes do parque, eu me sentia parte integrante daquela orgulhosa cultura.

Todos tinham esse sentimento. Pipoqueiros, atores e varredores de rua, todos sentiam o orgulho Disney quando "entravam em cena". No entanto, só percebi plenamente esse sentimento quando entrei em cena com meus colegas de Estilo Disney que participavam do seminário vestindo fantasias de personagens. As fantasias eram distribuídas de acordo com a estatura. Eu fui Ió, o burrinho amigo do ursinho Pooh. Entramos em cena na Terra da Fronteira, perto da Terra dos Ursos. Eu havia passado pelo portão milhares de vezes antes. Naquela ocasião, vi todos se viraram para mim e sorrirem diante dos personagens do Estilo Disney. Eles nos recarregaram.

Levei quase um minuto para compreender o que estava acontecendo. Pessoas de todas as idades e nacionalidades corriam, me abraçavam e começavam a falar como se me conhecessem desde sempre. Sim, eles falavam com Ió. Uma mulher segurou minha cauda. "Você precisa cuidar dela para não perdê-la outra vez", comentou séria. O mesmo acontecia com os outros personagens.

Naqueles poucos minutos percebi como nunca o quanto eu fazia parte de algo que integrava as vidas das pessoas em todo o mundo. Numa fantasia de personagem você não fala. Eu só ouvia e experimentava como era a vida enquanto minha identidade se dissolvia naquela coisa muito maior. Nutrir ressentimentos e hostilidades significa que tudo gira em torno de você. Quando isso muda e as coisas passam a se relacionar a um esquema maior, o ressentimento e a hostilidade desaparecem.

Depois de ter ajudado a mover a divisão de manutenção da Disney para a divisão de entretenimento, mas antes de meu chefe maquiavélico ter executado seu brilhante movimento para tomar o poder, uma passagem aérea foi posta sobre a minha mesa. "O que é isso?", perguntei ao mensageiro da Agência de Viagens Disney.

— Você vai embarcar no vôo das 3h30, sem escalas de LAX para o Kennedy — ele explicou a caminho da porta.

Eu o teria chamado, mas meu telefone tocou.

— Já recebeu sua passagem? — Era o diretor de desenvolvimento de show, aquele cuja secretária se atirava sobre a mesa.

— S... sim— gaguejei. — O que significa isso?

— Recebemos autorização para pesquisar o mercado de Nova York, depois Toronto, Winnipeg, Calgary, Edmonton, Vancouver, Seattle e São Francisco. Queremos que você identifique possibilidades teatrais em cada uma dessas cidades. Você embarca para Nova York hoje à tarde. Boa sorte.

Às oito da manhã do dia seguinte (cinco da manhã na Califórnia), eu estava diante do Lincoln Center. Comecei a experimentar as portas. Todos os edifícios estavam trancados. Contornei a área pela rua lateral e tentei as portas do fundo, também sem sucesso, até alcançar a porta de entrada para o palco em Avery Fisher Hall. Girei a maçaneta e ela se abriu. Eu entrei e passei pela primeira porta aberta no corredor. Era o escritório do zelador do prédio, exatamente a pessoa que eu devia encontrar. "Preciso reservar um teatro", eu disse.

Ele olhou para mim como se dissesse: "É claro que sim, garoto. Com licença. Vou telefonar para Bellevue e perguntar se algum paciente fugiu da psiquiatria hoje cedo". Não sabia por que ele duvidava da minha sinceridade. Ele parecia mais irritado do que curioso e estendeu a mão para o telefone com a intenção de chamar a segurança. Eu tirei do bolso um cartão de visitas e o coloquei sobre a mesa. O homem examinou o documento e desistiu do telefone. O cartão continha uma réplica dourada do castelo de Cinderela e meu nome sobre as palavras "divisão de entretenimento da Disney". Pude quase ouvir os pensamentos do homem. "Agora a coisa muda de figura."

Uma transformação radical ocorreu em seu rosto e, em vinte minutos, eu tinha minha reserva garantida. Menos de 16 horas depois de ver a passagem aérea sobre minha mesa em Anaheim, Califórnia, eu havia reservado uma data em um teatro em Avery Fisher Hall no Lincoln Center em Nova York graças ao poder de meu cartão de visitas e à companhia por ele representada. É a reputação mundial de Walt Disney e de sua organização que fazem as pessoas se sentarem e prestar atenção.

Uma semana mais tarde, retornei a Anaheim depois de reservar datas em teatros de Nova York a São Francisco e em várias cidades do Canadá. Em algumas eu aterrissei, peguei um táxi, fiz a reserva e voltei imediatamente ao aeroporto, de onde decolei para a cidade seguinte. Ninguém questionava a força daquele cartão. Ninguém pedia identificação adicional ou pagamento adiantado. Eles reagiam como a um integrante da organização Disney, não ao indivíduo John Hoover.

Só depois de deixar a Disney, eu comecei a perceber completamente o incrível poder que detinha como integrante daquela equipe. Depois da Disney alcancei um sucesso financeiro muito maior do que teria conquistado lá dentro, mas nunca mais desfrutei do status que tive como jovem representante daquela organização. Como o programa espacial, a Disney é muito maior do que a soma de suas partes.

Perspectiva perdida pode ser recuperada

Apesar de seu lugar na história, algumas das pessoas que entrevistei nessa consultoria para os construtores de motores para foguetes estavam no ramo há vinte anos ou mais e já não tinham o mesmo entusiasmo. Eles haviam perdido a perspectiva daquilo que integravam. O foguete havia perdido seu brilho, literalmente. O motor em forma de cone diante do prédio da sede da empresa tinha seis metros de altura e estava coberto por fezes de pássaros. Não uma ou outra, aqui e ali. A escultura havia servido de banheiro para nossos amigos emplumados por muito tempo. Eles devem ter pensado que o objeto era um imenso automóvel.

Comecei a sugerir como o pessoal do programa espacial devia sentir orgulho do papel que desempenhavam na construção da história. A sujeira permaneceu. Finalmente eu disse: "Se eu fizesse parte da equipe que mandou o homem para a lua e enviasse foguetes para o espaço regularmente, aquela escultura lá fora seria um símbolo das minhas realizações profissionais".

Cerca de uma semana mais tarde, a peça foi limpa e polida, parecendo pronta para entrar em órbita. Ela exerceu efeito visível sobre os cientistas. Todos pareciam mais animados. O diretor de treinamento ficou muito satisfeito por ter pensado em limpar e reformar o foguete ornamental. Quando ele descreveu como havia tido a idéia e como subiu para vendê-la usando o argumento do orgulho corporativo, eu o elogiei.

Era importante que ele se sentisse bem. Eu precisava mais do meu pagamento do que do crédito pela idéia de reformar um foguete ornamental. Quando as pessoas usam o eufemismo cientista espacial estão falando sobre aqueles sujeitos.

Eu sabia, como meu pai sabia, o que era fazer parte de algo maior do que qualquer indivíduo. Ele trabalhou por quase quarenta anos no departamento de relações públicas da Maytag Company. Em todos os lugares e com todos que conversava, meu pai ouvia referências a experiências positivas vividas com a lendária qualidade superior da empresa. Depois da criação do personagem Reparador Solitário na década de 60, todos que meu pai encontrava falavam sobre a criação.

Que fantasia você usa?

Você usa a fantasia do Reparador Solitário, da Maytag? A verdadeira equipe de manutenção da Maytag nos Estados Unidos se orgulha de usar o mesmo uniforme. Eles integram um legado. Por décadas, as fábricas da Maytag em Newton, Iowa, chamadas fábrica I e II, fechavam por duas semanas durante o verão. Esse era o período de férias para todos os funcionários que se espalhavam pelos quatro cantos do país em suas peruas e *trailers*. E quase todo os veículos levavam um adesivo com os dizeres: "Somos de Newton, Iowa, o Lar da Maytag, o Povo da Fidelidade".

Quantos empregados colam adesivos em seus carros hoje em dia anunciando seu local de origem e a companhia para a qual trabalham? A Maytag jamais teria conquistado sua impressionante reputação de qualidade não fosse por uma população organizacional orgulhosa e dedicada. O orgulho e a qualidade Maytag integravam aquelas pessoas e cada produto.

Se você não conhece a parte norte dos Estados Unidos, é provável que nunca tenha feito compras na loja de laticínios de Stew Leonard. Stew Jr., Jill, Beth e Tom estão levando adiante a inspirada cultura de serviço ao consumidor que o pai deles iniciou há décadas. Mais importante que o serviço ao consumidor de primeira classe e o ambiente único da loja é o compromisso dos empregados; um compromisso que rendeu a eles um lugar, segundo ranking da revista "Fortune", entre as 30 melhores empresas onde se trabalhar na América.

Nas palavras do próprio sr. Stew, "Você não pode ter um bom lugar para comprar sem antes fazer dele um grande local de trabalho".

Na Stew Leonard's, como em qualquer cultura de excelência, um uniforme é mais do que tecido e estilo. É o que você sente por você mesmo e pelo que faz. É seu manto de ligação. Você pode não usar um uniforme de verdade, como o pessoal da UPS ou da Federal Express. Policiais, bombeiros, enfermeiras, médicos, jogadores de futebol e soldados usam roupas que são funcionais e ajudam a identificar seus ofícios. Mas isso não significa que você não possa ter o mesmo orgulho. Se você se veste de maneira profissional está usando o uniforme de um profissional.

Você não só pode encontrar algo de que se orgulhar naquilo que faz, como também pode orgulhar-se de como faz. Você pode não ter tanto orgulho da empresa que o emprega quanto da profissão que você representa. Sente-se orgulhoso de ser contador, redator publicitário, engenheiro, advogado, eletricista, atendente do correio? Um verdadeiro ator dramático vai aceitar o menor papel e fazer o melhor dele. Profissionais orgulhosos tornam especial tudo que realizam.

Se sua fantasia está literalmente em seu corpo ou figurativamente em sua consciência, ela o conecta a algo maior do que você como indivíduo. Você nunca é tão insignificante a ponto de seu trabalho deixar de ser importante. Faça seu trabalho de forma pobre e estará criando uma demanda que outros terão de compensar. Pergunte a eles se o que você faz tem importância. Faça um trabalho fantástico e a importância de sua contribuição será ainda mais evidente.

O sofrimento ocorre quando seus melhores esforços não são reconhecidos por idiotas na liderança. É aí que você tem uma decisão a tomar. Seu trabalho é bem feito porque você é o único que o faz? Você faz seu trabalho com fervor e paixão, apesar da falta de reconhecimento, porque é com esse tipo de pessoa que quer ir para casa depois do expediente? Cabe a você, não ao chefe idiota, decidir como você vai se sentir como profissional.

Seja parte do melhor

Durante boa parte da minha vida adulta senti necessidade de ser o melhor em tudo. Nunca encontrei nada em que tenha sido o melhor, exceto em ser eu mesmo. E posso sempre melhorar. Encontrei grande paz em abrir mão da minha fantasia de ser o melhor e o mais brilhante. Aquela decisão removeu um grande peso de meus ombros. Você pode se matar tentando ser o melhor.

Se não sente mais um impulso maquiavélico de ser o melhor em detrimento dos outros, então não sentirá a necessidade de competir com seu chefe para ver quem é o melhor. Hoje em dia muitas pessoas são mais brilhantes, talentosas e produtivas do que seus chefes. E daí? O chefe ainda é o chefe. E chefes não gostam de ser suplantados publicamente. Lembre-se de que ele, como você, é só um componente do grande cenário. Não precisa competir.

Despressurize sua situação concentrando esforços em fazer da organização, da causa ou do projeto em que está envolvido "o melhor". Se for uma organização, uma causa ou um projeto — e não você — , a necessidade que sente de competir com seu chefe, idiota ou não, se dissipará. Permitir que outros recebam incentivos e elogios públicos vai aliviar grande parte da pressão e tornar sua vida mais agradável.

Seja realista

Se você ainda está tentando decidir se deve dar crédito ao seu I-Chefe pelo bom trabalho que você faz, considere que ele vai ficar com o crédito de qualquer maneira. Isso deixa duas opções: você pode lutar com seu I-Chefe pelo centro do palco ou abrir mão. Se lutar com seu I-Chefe, ou qualquer outro chefe que tenha, terá pelo menos uma das mãos amarrada às costas. Você pode pensar que tem o poder de superá-lo pela força ou pela inteligência e talvez esteja certo, mas só se tiver de lidar apenas com ele.

Concentrar-se no grande cenário e em seu papel nele porá uma nova expressão em seu rosto. É o tipo de expressão que deixa confortáveis executivos de alto nível. Não haverá morte em seus olhos. Você caminhará com mais leveza e se movimentará de maneira mais fluida. Pode até ganhar o título de "homem da empresa". Isso o tornará menos popular entre os cínicos, mas essa é a população miserável da qual sua nova versão deseja distanciar-se.

Na verdade você não desistiu de quem é, a menos que seja apenas um ressentido briguento de punhos cerrados. Você libertou seu ser interior para fazer seu melhor trabalho. O que mudou, basicamente, é a razão pela qual está fazendo o que está fazendo. Você é parte de um grande sistema e pode aumentar ou diminuir suas contribuições (dentro do razoável), de acordo com sua disposição. Quando levar uma proposta ao seu I-Chefe, algo a que ele atrelará seu nome ou o nome do departamento, você estará dando a suas idéias uma maior chance de adoção, abrindo mão da necessidade de reconhecimento imediato. O reconhecimento virá.

Falando em termos organizacionais, desafiar seu I-Chefe pode colocar seus superiores numa posição incômoda e potencialmente insustentável. Se eles são espertos por que têm idiotas em sua organização? Se são idiotas, com quem acha que vão se aliar, com você ou com seu I-Chefe? Mesmo que pensem que você está certo, a burocracia para transferir alguém dentro da organização é proibitiva. E, como já mencionei, demissões atualmente são praticamente impossíveis.

Quanto mais você se sentir de forma positiva com relação ao chefe idiota, mais confortável ele vai se sentir com você. Essa é a realidade. Com o tempo, você certamente terá a oportunidade de progredir, não por seus talentos ou habilidades, que seu I-Chefe jamais entenderá de qualquer maneira, mas por ele se sentir confortável com você. Isso também é a realidade. Uma vez promovido, não esqueça quem o promoveu. Seja um líder eficiente para seus subordinados. Seja solidário e simpático com suas causas e queixas sobre o chefe e peça a ajuda da equipe para evitar os mesmos surtos de raiva e ressentimento. Detenha o ciclo da idiotice.

O décimo segundo passo:

"Esses passos me deixaram tão animado que desejo dividir minha alegria com o mundo e aplicá-las a todas as áreas da minha vida."

Apesar do provérbio "Nenhum bem escapa impune", dar crédito aos outros acaba por trazer bons resultados aonde quer que você vá, não só no trabalho. Quando você aceitar o valor de dividir o palco com outras pessoas, você o fará em todos os momentos e em todas as situações. Poucas coisas podem revitalizar uma relação romântica mais depressa do que abrir mão da necessidade de estar certo. As três palavras que aprendi para restaurar a vitalidade de qualquer relacionamento, seja ele pessoal ou profissional, são: você está certo.

Esse é o ponto do décimo segundo passo. O investimento na realização dessa tremenda mudança em seu paradigma pessoal deve ser aplicado a todos os aspectos de sua vida. Se você acha que tratamos apenas de questões relacionadas ao trabalho, então não mudou realmente. E, se não mudou realmente, os novos comportamentos no trabalho não se manterão sob pressão e você vai acabar retornando às antigas atitudes e aos comportamentos que causavam frustração.

Você pode ser uma pessoa boa ou ruim, mas não pode ser as duas coisas. Não acredite no mito de que pode ser ruim no trabalho e bom em casa. Um ou outro será fingimento. Você pode ser realmente uma boa pessoa que tenta agir de maneira miserável em questões profissionais, como eu fiz imitando Moe Green em *O poderoso chefão*. Se você é capaz de dar credibilidade a esse ato, devia estar em Hollywood ou na Broadway porque tem talento de verdade. Se é uma pessoa inescrupulosa e tenta agir como uma boa pessoa, os cães vão rosnar para você quando passar pela rua e os espelhos não refletirão sua imagem.

Prefiro lidar com uma pessoa rabugenta, azeda e ríspida a tratar com alguém que finja gostar de mim. Quando um profissional de telemarketing telefona e pergunta como eu vou, começo a tremer de raiva. Fico um pouco aborrecido quando pessoas que conheço perguntam automaticamente: "Como vai?". Elas podem até se importar, se eu responder, mas vão ficar chocadas. Mas um profissional de telemarketing não me conhece, não quer saber como estou, exceto para ter idéia da minha situação financeira, e ainda tentar iniciar uma conversa indesejada, fingindo ser meu amigo. Não estou tão desesperado por amigos.

Se você é uma pessoa inescrupulosa, com habilidade para convencer as outras de que realmente se importa com elas, esqueça Hollywood e a Broadway. Vá direto para a área de vendas por telefone e ganhe muito dinheiro. Você tem uma desordem de personalidade histriônica que vale seu peso em ouro.

As pessoas são como são e fazem o que melhor reflete sua natureza essencial, o que traz sempre um maior sentimento de realização. Quando você está fazendo alguma coisa que vai contra sua natureza essencial, seja no trabalho ou na vida pessoal, você ficará infeliz e não terá nenhum prazer. Se você quer sobreviver e prosperar, apesar do seu chefe idiota, ser um aborrecimento para os outros não vai ajudá-lo em nada.

Sou culpado por permanecer em empregos que odiava, trabalhando para pessoas que desprezava, imaginando que assim ganharia tempo até ser promovido e poder sair da minha miséria. Isso nunca aconteceu. Fui um aborrecimento para todos que me cercavam, especialmente para meu chefe.

Eu realmente acreditava que alguém superior na cadeia alimentar ia dizer: "Hoover é uma pessoa talentosa com uma atitude lamentável. Vamos promovê-lo para que ele possa espalhar sua má vontade por uma área mais ampla da nossa organização?" Pessoas talentosas e inteligentes, cheias de raiva e ressentimento continuam sendo esquecidas em favor de idiotas porque os superiores realmente esperam que elas desapareçam levando suas atitudes.

Terry

Seu Chefe idiota pode surpreendê-lo sob circunstâncias apropriadas. Quando Big Bill e eu compramos a produtora independente de áudio e vídeo, contratamos uma jovem chamada Terry para ser nossa recepcionista. E que recepcionista ela era! Sempre pontual. Eu raramente conseguia chegar antes dela no escritório. Se o telefone tocava às oito da manhã, ela o atendia. Ela era respeitosa e útil com todos e muito atenciosa a tudo. Não conhecia as palavras "não sei". Se alguém fazia uma pergunta sobre algo que estava além de seu conhecimento, ela simplesmente dizia: "Vou me informar antes de responder".

Terry mantinha a informação fluindo. Ela sabia quem estava na empresa e fora dela e podia prever com precisão impressionante quando uma pessoa retornaria. Ela era quase clarividente. Até hoje não conheci outra pessoa com conduta profissional tão impecável. Elegante, ela se vestia bem dentro de seu orçamento limitado. Tinha uma filha na préescola e as duas tinham uma aparência encantadora.

Terry tinha sobre Bill e eu o efeito que qualquer bom funcionário exerce sobre chefes idiotas. Nós estávamos sempre tentando avaliá-la. E imitá-la. Ela estabelecia o padrão de excelência no escritório mais do que nós mesmos. Eu me orgulhava dela e, por associação simples, me orgulhava mais da pequena companhia. Não havia nela ressentimento ou competição, apenas apreciação, gratidão e profissionalismo focado.

Eu a elogiava com tanta freqüência que ela finalmente dividiu comigo a alegria que encontrava em seu programa de 12 passos. Foi como receber um golpe na cabeça. Naquela época eu não sabia nada sobre esses programas, exceto que as pessoas ingressavam neles por terem problemas. Terry deixou seus problemas na pequena cidade onde nasceu, ela disse. Estava sóbria havia vários anos e sentia uma nova paixão pela vida.

Não sei com que freqüência ela ia às reuniões do programa, mas sua atitude era impecável todos os dias quando se apresentava para trabalhar. Terry tinha a inteligência e a capacidade de organização necessária para administrar nosso negócio tão bem, se não melhor do que nós. Eu admirava como ela conseguia levar e buscar a filha na escola e ainda se apresentar no escritório todos os dias com pontualidade. Pessoas com menos responsabilidades que ela não eram tão pontuais.

Nós brincávamos dizendo que acertávamos nossos relógios por Terry. Assim, não me surpreendi quando ela começou a demonstrar um certo cansaço. Ela era humana, afinal, eu pensei. E a aconselhei a ser um pouco mais flexível no uso de seu tempo, talvez até tirar algum tempo de folga caso tivesse de atender a algumas necessidades da filha. Constrangida com minha preocupação, Terry me disse para não ficar preocupado e garantiu que tudo estava bem.

Ela nunca mais esteve bem. Terry finalmente adoeceu. Ela aparecia com freqüência cada vez menor e, a cada afastamento, percebíamos mais e mais como sua atitude e seu comportamento elevavam nosso desempenho como equipe. Os médicos não conseguiram identificar uma causa exata para sua misteriosa doença. No meio da década de 80, a informação e o treinamento da comunidade médica ainda eram limitados com relação ao vírus da Aids, que estava incubado nela havia anos. No final, Terry nunca mais voltou ao trabalho. Nosso plano de saúde arcou com as despesas médicas e Bill não criou problemas para continuar pagando seu salário integral. Quando a situação de Terry começou a se tornar realmente preocupante para nós, ele reafirmou a decisão de manter o pagamento. As preocupações financeiras, sempre tão presentes na vida de Bill, não faziam parte da relação com Theresa. Ela nos havia conquistado.

Interrompi minha contrariedade com a atitude maternal de April enquanto ela passava a maior parte do dia ao lado do leito de Terry no hospital. Todos nós íamos visitá-la. Terry, tão lúcida quanto sempre, nos fez lembrar de vários projetos e seus prazos. O sentimento de impotência era algo indescritível. Seu belo rosto de traços delicados estava magro, impossível de reconhecer, e os rins haviam deixado de funcionar, fazendo com que ela fosse envenenada pelas próprias toxinas. Eu me preparava para ir visitá-la no hospital quando, no meio de uma certa manhã, April telefona avisando que não havia mais necessidade de fazer visita alguma.

Tivemos de aceitar a partida de Terry. Punhos cerrados jamais poderiam ter retido o que ela nos deu. O único recipiente apropriado para seu espírito e sua paixão pela vida é o coração.

Você pode usar as manobras, os métodos, as técnicas e as estratégias que descrevi neste livro. São todas eficientes, dependendo das personalidades e das circunstâncias que você está enfrentando. Você pode fazer sua pesquisa e reunir conhecimento. Mas nunca vi melhor exemplo de integrante de equipe do que Terry. Ninguém foi mais dedicado, esforçado, altruísta ou satisfeito consigo mesmo.

Na minha opinião ela ainda é o exemplo brilhante de como sobreviver e prosperar trabalhando para um idiota — com coração e espírito maiores do que a pequenez e o orgulho pessoal. Você e eu não precisamos nos preocupar com quem vai entrevistar Deus primeiro e mandar de volta as respostas para a nossa lista de perguntas. Theresa respondeu as mais importantes antes de partir.

O movimento é seu

Como você vai abordar o resto do seu dia hoje? Vai começar agora mesmo a recuperar o controle de aspectos de sua vida profissional que havia deixado em outras mãos? Não estou falando sobre tentar controlar o universo e tudo que acontece com você. Essas coisas estão, geralmente, além do nosso controle e tentar enfrentar a vontade de Deus é uma proposta derrotada. No entanto Ele nos deu o livre-arbítrio para fazermos o que quisermos com nossas vidas.

Pare e pense quanto de seu livre-arbítrio você deixou de utilizar. Livre-arbítrio é poder... um poder que ninguém pode tirar de você. Suas vidas, pessoal e profissional, estão interligadas e seu poder de tomar decisões é suficiente para mudar o curso das duas. Você pode considerar tudo o que foi dito aqui sobre lidar com seu chefe e decidir que não vale a pena. Se você decidir dar um passo ousado, espero que seja uma decisão informada e não impulsiva.

Se você decidir transitar de subordinado ressentido e furioso a membro de equipe sereno e reconhecido, espero que entenda como isso pode ser difícil. Eu, por exemplo, ainda luto contra um retorno aos dias de cinismo e intermináveis críticas e queixas. Naquele tempo eu pensava estar melhorando. O fato era que eu não sabia de nada. Agora sei, e você também.

Ser cínico e ser realista podem parecer semelhantes em alguns aspectos. No entanto, ser cínico engendra negatividade. Ser realista é uma fundação para realizar progresso positivo. Seu eu cínico pode dizer: "Não estou satisfeito com isso e não vejo possibilidade de melhora". Seu eu realista vai observar a mesma coisa e dizer: "Não estou satisfeito com isso e as circunstâncias podem não mudar num futuro próximo. É hora de reposicionar-me física e mentalmente, ou os dois, para tirar melhor proveito disso".

Formando novos anéis

Quanto mais tempo vive uma árvore, mais anéis ela desenvolve. À medida que vive várias estações a árvore passa por ciclos e seu crescimento diminui, sendo até mesmo interrompido para todos os fins e propósitos. Novos anéis se formam quando começa um novo ciclo de crescimento. Embora de forma mais esporádica a vida humana também passa por esses ciclos de velocidade de crescimento.

Não podemos desfazer más decisões tomadas anteriormente, assim como as árvores não podem reformar anéis existentes. Cada um de nós forma novos anéis, querendo ou não. Mas temos uma vantagem sobre as árvores já que podemos influenciar os anéis que desenvolveremos. Podemos mudar quase todas as características de nossos novos anéis. Como serão os novos? Teremos orgulho deles ou desejaremos esquecê-los?

Quando sair da sua cama amanhã, você vai querer lembrar o dia de hoje como um desperdício ou um passo na direção certa? O passo na direção certa pode significar aproximar-se de seu chefe idiota em vez girar sobre os calcanhares e fugir dele para se esconder. Pode significar permitir, até encorajar, a manifestação de seus melhores anjos que falarão com uma pessoa que seus demônios teriam preferido estrangular. Se você é como eu, fugir de quem não gosta é fácil. Dou passos longos e calmos. Aproximar-me de alguém por quem tenho reservas requer passos curtos, deliberados e calculados.

Sobreviver e prosperar com um chefe idiota é como escalar uma montanha. Não se pode fazer por procuração. Seu sucesso é condizente com a quantidade de esforço investido. Em alguns momentos será mais importante manter posição, como uma árvore quando adormece. Haverá situações em que você escalará trezentos metros e, em outras, só subirá doze passos. De qualquer maneira todo dia haverá um progresso.

Você pode fazer do trato com seu I-Chefe um jogo como sugerem muitos dos métodos e técnicas. Você também pode fazer disso um sério, estratégico e desafiador jogo de xadrez. De qualquer maneira é preciso jogar para ganhar. Não espere que um esforço moderado produza satisfatórios e duradouros resultados. Mas espere que sua paixão retome a temperatura ambiente durante a noite. Essa é a realidade.

Cada manhã você deve decidir novamente se vai continuar subindo a montanha. Se decidir prosseguir na escalada, vai precisar reviver as brasas da paixão de ontem e reacender o fogo em seu ventre. Olhar para seu I-Chefe como um ser humano, com todos os prejuízos típicos dos humanos e mais alguns, é algo que, talvez, você só consiga fazer um dia, uma hora ou um minuto de cada vez. Qualquer que seja seu nível de tolerância, nunca esqueça que você pode reiniciar sempre que for necessário.

Cada vez que recomeçar a escalada e vencer mais um metro da montanha, lembre-se de que está fazendo isso primeiro por você; segundo, por aqueles que se importam com você e de quem goste; e, finalmente, por beneficiários anônimos que talvez nunca venha a conhecer. Creio que Deus quer a felicidade para todos nós e Ele nos deu uma poderosa ferramenta chamada empatia para transformar chefes insuportáveis em criaturas toleráveis. Cabe a você decidir o que virá em seguida... e fazer.

Bibliografia

Al-Anon's Twelve Steps & Twelve Traditions. Virginia Beach, VA: Al-Anon Family Group Headquarters, Inc., 1981.

BEEBE, Steven A.; MASTERSON, John T. *Communicating in small groups*, 7ª edição. Boston, MA, Allyn & Bacon, 2003.

BELASCO, James, A. *Ensinando o elefante a dançar*. Rio de Janeiro, Campus, 1992.

BELASCO, James A.; STAYER Ralph C. *O vôo do búfalo: decolando para a excelência, aprendendo a deixar os empregados assumirem a direção*. Rio de Janeiro, Campus, 1994.

COMMONS, Michael L.; STEVENS-LONG Judith. *Adult life: developmental processes*, 4ª edição. Mountain View, CA, Mayfield Publishing Company, 1992.

COX, Danny. *Sem limites: quebrando as barreiras no desenvolvimento pessoal*. São Paulo, Market Books, 2000.

COX, Danny; HOOVER John. *Leadership when the heat's on*, 2ª edição. Nova York, McGraw-Hill, 2002.

_____. *Seize the day: seven steps to achieve the extraordinary in an ordinary world*. Franklin Lakes, NJ, Career Press, 2002.

CRABB, Lawrence, J. *Como compreender as pessoas. Fundamentos bíblicos e psicológicos para desenvolver relacionamentos saudáveis*. São Paulo, Editora Vida, 2001.

FRANKL, Victor E. *Man's search for meaning*, 3ª edição. Nova York, Touchstone/Simon & Schuster, 1984.

GERBER, Michael E. *Empreender. Fazendo a diferença*. Curitiba, Editora Fundamento, 2004.

HOOVER, John. *Can television shape corporate culture?* Ann Arbor, MI, UMI Dissertation Services, 1997.

HOOVER, John; HOOVER Robert J. *An american quality legend: how maytag saved our moms, vexed the competition, and presaged America's quality revolution*. Nova York, McGraw-Hill, 1993.

HOOVER, John; VALENTI Angelo. *Fearless leadership: lead the way you like to be led*. Manuscript in submission, 2003.

JAROW, Rick. *Creating the work you love: courage, commitment, and career*. Rochester, VT, Destiny Books, 1995.

KRAMES, Jeffrey A. *Jack Welch de A a Z*. Rio de Janeiro, Campus, 2001.

MILLER, Keith J. *Compelled to control*. Deerfield Beach, FL, Health Communications, Inc., 1992.

SENGE, Peter M. *Quinta disciplina. A dança das mudanças*. Rio de Janeiro, Campus, 1999.

VANCE, Mike; DEACON Diane. *Think out of the box!* Franklin Lakes, NJ, Career Press, 1997.

Impressão e acabamento: Corprint